I0803173

NO HAY NIÑO MALO 3.0

TERESA GARCÍA HUBARD

NO HAY NIÑO MALO 3.0

Doce mitos sobre la infancia
y **una advertencia**
sobre el uso de las pantallas

PAIDÓS

© 2017, 2023 María Teresa García Hubard

Diseño de portada: Planeta Arte & Diseño / Genoveva Saavedra García
Fotografía de portada: © iStock / Nadezhda1906
Fotografía del autor: © Paulina García Hubard

Derechos reservados

© 2023, Ediciones Culturales Paidós, S.A. de C.V.
Bajo el sello editorial PAIDÓS M.R.
Avenida Presidente Masarik núm. 111, Piso 2
Colonia Polanco V Sección
Delegación Miguel Hidalgo
C.P. 11560, Ciudad de México
www.planetadelibros.com.mx
www.paidos.com.mx

Primera edición en formato epub: agosto de 2023
ISBN: 978-607-569-553-2

Primera edición impresa en México: agosto de 2023
ISBN: 978-607-569-531-0

No se permite la reproducción total o parcial de este libro ni su incorporación a un sistema informático, ni su transmisión en cualquier forma o por cualquier medio, sea éste electrónico, mecánico, por fotocopia, por grabación u otros métodos, sin el permiso previo y por escrito de los titulares del *copyright.*

La infracción de los derechos mencionados puede ser constitutiva de delito contra la propiedad intelectual (Arts. 229 y siguientes de la Ley Federal de Derechos de Autor y Arts. 424 y siguientes del Código Penal).

Si necesita fotocopiar o escanear algún fragmento de esta obra diríjase al CeMPro (Centro Mexicano de Protección y Fomento de los Derechos de Autor, http://www.cempro.org.mx).

Impreso en los talleres de Litográfica Ingramex, S.A. de C.V.
Centeno núm. 162-1, colonia Granjas Esmeralda, Ciudad de México
Impreso y hecho en México –*Printed and made in Mexico*

Contenido

Introducción

Muchas personas piensan que ser padres implica controlar las conductas de los niños y entrenarlos para actuar como adultos. Yo creo que ser padre implica controlar mi propia conducta y actuar yo mismo como un adulto. Los niños aprenden lo que viven.

L.R. KNOST

Para muchos padres y madres, los hijos son lo más valioso en la vida, y por lo general anhelamos que sean felices. Sin embargo, la vida cotidiana se va llenando de forcejeos, desencuentros y cansancio, y la tarea de ser padres conscientes y divertidos se vuelve casi imposible. De eso se trata: de hacer que la educación de nuestros hijos sea una tarea emocionante y gozosa. En mi experiencia, un estupendo recurso para lograrlo es no enfrentar solos esta tarea. Eso es lo que busca este libro: acompañarte y propiciar que logres un permanente diálogo interno que te permita ser compasivo contigo mismo y con tus hijos.

Educar es difícil, requiere esfuerzo y sacrificio; la crianza de nuestros hijos es para muchos de nosotros la tarea más importante en esta vida. Estamos hablando de la formación de seres humanos, pero esto no tiene que implicar perder el gozo y la conexión emocional. Si logramos relajarnos sabiendo que hacemos nuestro mejor esfuerzo, aprenderemos a reírnos de nosotros mismos y de las circunstancias; si confiamos en nuestros hijos y en los recursos que ellos tienen y aprendemos o, quizá deba decir, si recordamos cómo jugar, podremos estar tranquilos de saber que estamos cuidando uno de los aspectos más importantes de la educación: el vínculo con nuestros hijos.

La idea de este libro es revisar algunas de las ideas falsas o mitos que dificultan nuestro quehacer y que convierten la relación entre padres e hijos en una cuestión de poder y autoridad, en lugar de fomentar la confianza, el amor y, claro, el establecimiento de los límites. Esperamos que al revisar estas ideas o mitos encontremos el espacio mental para ejercer una parentalidad consciente en la que nuestras reacciones automáticas sean sustituidas por reacciones empáticas y claras que nos conecten con los niños y les ofrezcan estructura.

A lo largo de más de treinta años he acompañado a un sinnúmero de mamás y papás en la apasionante tarea de educar. He visto a padres y madres profundamente preocupados por el bienestar presente y futuro de los niños; tan pero tan preocupados que se olvidan de relajarse y gozar de sus hijos. Una y otra vez he visto surgir dudas y temores que hacen que los padres busquen estrategias educativas "garantizadas" centradas en la disciplina, la autoridad y la excelencia académica; pero a menudo se olvidan de la empatía, el vínculo y la diversión entre ellos y sus hijos.

Vivimos en una sociedad muy curiosa, la cual considera que para afrontar esta "misión imposible" es suficiente el sentido común y la confianza en nuestra propia experiencia de haber sido niños un día. Por suerte, querido lector, si tienes este libro en tus manos, es porque crees que estas herramientas ya no son suficientes y buscas "algo más". Ese "algo más" que este libro te ofrece es la posibilidad de analizar algunas de las creencias dominantes para que puedas desmantelar los mitos que fundamentan la manera en que vemos y pensamos a los niños, mitos que nos llevan a tomar decisiones que determinan una serie de medidas que aplicamos en la crianza cotidiana.

Los mitos son parte del conjunto de creencias que nos permiten reaccionar sin reflexionar, son el atajo que justifica la reacción automática, irreflexiva y generalmente punitiva con la que creemos estar educando "correctamente", porque así nos educaron a nosotros y así hemos visto educar a los demás.

Te invito a cuestionar algunas de estas creencias, a mirarlas como mitos y no como verdades. Solo haciéndolas conscientes podremos cuestionar las ideas que tenemos sobre la infancia y, en su caso, cambiarlas. De otra manera se van convirtiendo en leyes silenciosas e inconscientes que organizan nuestra experiencia y relación con nuestros hijos y que nos roban la posibilidad de mirar la vida con humor y con amor.

Si abandonáramos las certezas que nos brindan estos mitos, podríamos mirar la vida desde un lugar nuevo; es decir, seríamos capaces de replantearnos las preguntas sobre las conductas o acciones de nuestros hijos: ¿Qué sucede en el interior de los niños? ¿Qué los hace actuar de determinada manera? ¿Qué está pasando en su vida? Y, claro, ¿qué sucede con la nuestra? Esta nueva visión puede permitirnos hacer la pausa necesaria para elegir de manera consciente cómo interpretamos sus conductas, cómo reaccionamos y qué reglas establecemos en la vida cotidiana.

La conducta humana puede describirse recurriendo a una metáfora musical: hay momentos en los que las interacciones son como una pieza musical en la que el tema se repite una y otra vez, tal y como sucede en el *Bolero* de Ravel. Nuestros hijos hacen *x* y nosotros reaccionamos predeciblemente diciendo o haciendo *y*, y esto sucede un sinnúmero de veces. Y, claro, nos enojamos con los niños, nos parece increíble que no aprendan y no cambien, pero en ningún momento nos preguntamos si nosotros somos los que deberíamos cambiar, o al menos cambiar el libreto de nuestra interacción. Somos nosotros los primeros en reaccionar sin conciencia y sin reflexión. Si nos relacionamos con nuestros hijos desde las creencias automatizadas de la infancia, con frecuencia acabaremos atrapados en estas interacciones repetitivas en las que los niños aparentemente no aprenden y nosotros tampoco. Al perder de vista lo que verdaderamente le está pasando al niño y a nosotros, favorecemos que el tema se repita una y otra vez. Partiendo de ideas inamovibles —"Los niños tienen que obedecer", "No es posible que los niños hagan siempre lo que quieren", "Ellos tienen que aprender"—, nos engancharemos en una relación desgastante y nos implicaremos en una lucha de poderes que no se resolverá nunca, aunque a veces adquiera otros matices.

Estas interacciones repetidas tienen una constante: son aburridas y sin embargo intensas, ya que todos acabamos enojados, desconectados y sintiendo que algo no funciona. En realidad, viéndolo detenidamente, la repetición nos brinda un gran regalo: *la posibilidad de predecir el conflicto*. Como papás es posible detectar (con observación y reflexión) estas interacciones circulares que acaban mal para todos y que no obstante se perpetúan. ¿Por qué pretendemos que los niños cambien si nosotros no lo hacemos primero? ¿Por qué brincamos a la conclusión de que el problema es que "el niño quiere manipularnos"? ¿Por qué nos damos por vencidos ("que haga lo que quiera") o bien decidimos que lo que necesita es más autoridad rígida y castigos?

Si predecimos el conflicto, podemos cambiarlo antes de entrar en él, podemos sorprender a nuestros hijos y así promover un desenlace distinto para esta representación desgastante. Pero esto requiere conciencia, trabajo y empatía. Hacerlo nos brinda una estupenda oportunidad para divertirnos; para ello, tan solo hay que cambiar el guion, sorprender la mente del niño y la nuestra con una reacción diferente, juguetona, empática y humorística. ¿Parece fácil? Generalmente no lo es, pero, con todo, podría ser divertido.

Este libro invita a los lectores a construir una relación sustentada en el amor, el diálogo, la disciplina empática y el gozo. Se trata de quitarnos los prejuicios que nos hacen creer que el niño es una criatura inconsciente y manipuladora, que quiere tomarnos la medida y controlar nuestra vida a toda costa. Quiero mostrar esa otra mirada que permita reconocer en el niño a una criatura que necesita ser vista, amada y tomada en cuenta. Se trata de construir una nueva relación centrada en la conexión emocional, en hacer que el otro se sienta *sentido*, y que determine límites claros y consistentes, en un amor que se sostenga en otra creencia más productiva: la de aprender a ser padres para que el niño crezca acompañado y aprenda a regular sus impulsos y sus emociones, reconociendo el impacto que sus conductas tienen en otros y sintiéndose amado de manera incondicional.

Estas páginas buscan crear en los padres conciencia de que el activo más valioso en la relación con sus hijos es *la relación misma*. Se trata, primero, de acompañarlos a crecer, para después educar. Buscar empatía primero, educar después. Un niño que se siente amado es un niño motivado a aprender y a respetar las reglas.

Esto no quiere decir que siguiendo las sugerencias de este libro se podrá evitar el conflicto. El conflicto es inevitable; nuestra atención no debería enfocarse en evitarlo, sino en no añadirle violencia y en reparar la conexión con el vínculo lo antes posible. El ciclo de conexión-ruptura-reconexión es característico de todas las relaciones humanas y, cuando termina en reconexión, tanto las relaciones como la capacidad de enfrentar el conflicto se fortalecen confiando en que siempre habrá reparación. Con frecuencia podemos observar cómo esa hermosa criatura se transforma frente a nuestros ojos. Ese niño hermoso y razonable va desapareciendo y se convierte en ese pequeño monstruo atrapado en su propio torbellino emocional, como si alguien lo hubiera embrujado. ¿Cómo descienden esos sortilegios sobre nuestros hijos? ¿Se pueden evitar? ¿Se pueden detener? ¿O simplemente hay que ignorarlos porque, una vez más, estas criaturas ilógicas e incomprensibles que son los niños nos están manipulando?

Estas son algunas de las preguntas que espero ayudar a responder en las siguientes páginas. Para lograrlo haremos un recorrido por las teorías y el conocimiento que hoy nos permiten cuestionar los mitos que durante tantos años han predominado en la crianza de los hijos.

Iniciaremos revisando lo que para mí es un concepto básico de las relaciones humanas exitosas: la *empatía*. Hablaremos de la importancia de ejercer esta capacidad en la relación con nuestros hijos, pues solamente si nos ponemos en sus zapatos y tratamos de entender su mundo interno y su lógica infantil, lograremos conectarnos emocionalmente con ellos y, como veremos a lo largo de este libro, la conexión es la mejor manera de obtener su colaboración y de hacerlos sentir amados.

Posteriormente hablaremos de la *teoría del apego*. Esta teoría surgida en el siglo pasado es la clave para entender muchas de las reacciones emocionales de los niños (y nuestras también), pues claramente expone cómo la cercanía y la disponibilidad emocional de los cuidadores resultan absolutamente vitales para el bienestar y el equilibrio emocional del niño. También nos ayuda a entender que muchas de las conductas infantiles más desconcertantes y molestas no son sino intentos desesperados por restablecer la conexión, aun cuando esta se encuentre cargada de enojo.

Hablar sobre la infancia después de haber entendido las conductas de apego es el siguiente paso. Para poder ser empáticos y conectarnos con el mundo emocional del niño es necesario conocer las características, las tareas y capacidades de esta etapa; de otra forma es fácil pensar que ciertos miedos son ridículos o que "el chamaco" no sigue una instrucción porque no quiere, y no porque no puede.

Hoy, debido a los grandes avances en neurociencias, esta información estaría incompleta si no habláramos del cerebro infantil, de su crecimiento y sus posibilidades, entendiendo que a este órgano en desarrollo no le podemos exigir lo que le pedimos a un cerebro adulto. Así, confío en que al llegar a este punto al lector no le quedará la menor duda de que desde sus conductas programadas biológicamente hasta la inmadurez de su corteza cerebral, los niños nos necesitan para sentirse seguros, para empezar a descifrar el mundo y regular sus emociones.

Dedico todo un capítulo justamente a las emociones, dado su papel protagónico en el funcionamiento cerebral y su poder de vinculación. Las emociones son como olas de mar: no se pueden detener, pero si las comprendes y las reconoces es más fácil saber qué hacer con ellas, desde surfearlas hasta bañarnos en ellas.

Estos capítulos sientan las bases para poder abordar la crianza y la disciplina. Ambos temas requieren mucha reflexión. Para transitar hacia un educación empática y consciente es indispensable trabajar en nosotros mismos y en la relación parento-filial. Y como este trabajo ha de ser cotidiano, aquí encontrarás un encarte para que lo recortes y puedas colocarlo en un lugar visible, de manera que tengas presente cómo puedes trabajar con tu estado de la mente durante el proceso de educar. Este encarte, a cinco años de la primera edición, sigue siendo un recurso maravilloso. Con todo, quisiera destacar la parte de “mantenerse presente y consciente, conectado con mi cuerpo, reconociendo” (creo que no subrayo lo suficiente en este libro este aspecto de la conexión con el propio cuerpo y lo esencial que es para la autorregulación). Ya será tema del siguiente libro hablar más a fondo de la importancia de la regulación emocional y la corregulación, para profundizar en lo complicado que es pedirles a nuestros hijos que se regulen por sí mismos: es pedirle peras al olmo. La fantástica teoría polivagal (también tema del siguente libro) nos explica que la opción realista es invitarlos a corregularse con nosotros con la ayuda de nuestra presencia regulada; todo como un proceso biológico entre sistemas nerviosos, no como una decisión cognitiva. En fin, querido lector, ese ya será tema para otra ocasión.

Finalmente llegaremos al capítulo central de este libro: *doce mitos sobre la infancia*. Confío en que, al cabo de este recorrido, también para ti, lector, será evidente la falsedad de estas creencias. En los años que han pasado desde la primera edición, el mundo no se ha quedado estático; no solo atravesamos una pandemia, sino que esta evidenció el papel protagónico que tienen hoy en día las pantallas y la tecnología. Por eso me pareció esencial añadir un capítulo sobre nuestra relación con las pantallas; la intención no es satanizarlas, sino generar consciencia respecto a la importancia de reflexionar e informarnos para tomar mejores decisiones en cuanto a cómo y cuándo las usamos nosotros y nuestros hijos.

Este libro no quiere decirte cómo educar a tu hijo, pero sí busca proporcionar un bagaje informativo que te permita replantear tus objetivos y estrategias en cuanto se refiere a la crianza. Pretendo dejar claras cuáles son las necesidades infantiles y cuáles las responsabilidades que como adultos tenemos, pero también me interesa invitarte a aceptar el reto de la educación sin dejar a un lado sus partes divertidas y gozosas.

Por último, quiero agradecer a mi familia, José Manuel, María y Julia, por acompañarme en el proceso de escribir este libro, apoyarme incondicionalmente y, de vez en cuando, estorbarme un poco. A Laura, por ser la interlocutora perfecta para realizar este trabajo. Y a todos mis pacientes, que me han permitido acompañarlos a lo largo de los años y me han regalado sus historias, algunas de las cuales he tenido el privilegio de presentar en este libro.

TERESA GARCÍA HUBARD

CAPÍTULO 1

La empatía

La causa principal de la mayoría de los problemas conductuales no es la falta de disciplina, sino la falta de conexión.

DOCTORA ALETHA SOLTER

Si de todo el vocabulario existente tuviera que elegir una sola palabra para entregarla a los papás y mamás con que trabajo, sin duda sería *empatía*.

La empatía es, según el *Diccionario de uso del español* de María Moliner, "la capacidad de una persona de participar afectivamente en la realidad de otra". Esa participación nos permite conocer al otro, conectar y validar su experiencia al tratar de ponernos en la realidad que está viviendo y evitar reaccionar desde nuestros prejuicios. Es un elemento fundamental de las relaciones humanas. Cuando logramos ser empáticos unos con otros, las relaciones se vuelven una fuente de apoyo y adquieren profundidad. La relación con nuestros hijos no es la excepción. Cuando nos ponemos en el lugar del otro, en este caso nuestro hijo, es posible imaginar lo que siente y piensa, y entonces podemos conectarnos con él. Sin embargo, cuando pensamos en educar, pensamos en enseñar, corregir, mostrar y hasta en castigar, pero muy poco pensamos en ser empáticos y menos en conectarnos emocionalmente. Esto no es raro: simplemente estamos repitiendo la educación que recibimos o que hemos visto a nuestro alrededor. ¿Acaso recuerdas que cuando eras niño alguien te preguntara qué sentías, si estabas triste o enojado, si tenías alguna preocupación? Lo más seguro es que no recuerdes a nadie haciéndote este tipo de preguntas, porque lo más probable es que nadie nunca te lo haya preguntado.

El siglo XX fue el siglo de la efervescencia de la psicología, del desarrollo de muchos tipos de psicoterapia, de la toma de conciencia del mundo interior que posee cada ser humano. Esta toma de conciencia también abarcó a los niños, y empezamos a caer en cuenta de que no eran testigos neutros e imperturbables de lo que sucedía a su alrededor, sino que los hechos y las relaciones influían en ellos. Películas como *Fanny y Alexander*, de Ingmar Bergman, o libros como *Mi planta de naranja-lima*, de José Mauro de Vasconcelos, son obras que manifiestan un nuevo interés en recordar cómo es ver el mundo a través de los ojos de un niño, y cómo los niños perciben el mundo y sus complejidades, y tratan de descifrarlo y entenderlo con o sin ayuda de los adultos. A pesar de estos testimonios de la complejidad del mundo infantil, las ideas dominantes sobre la infancia la siguen considerando un período simple y sin preocupaciones; en consecuencia, tratamos a los niños como si no fueran seres humanos con emociones profundas, ni interlocutores inteligentes.

Pero sí lo son, y por eso la empatía debería ocupar un lugar central en cualquier libro sobre crianza. La empatía es el eje central de una educación consciente que se fundamente en el amor, el respeto, la comunicación y la disciplina empática; es la manera de construir una relación positiva que dé al niño un apego seguro y las condiciones que permitan un desarrollo integrado de su cerebro, y que a nosotros nos permita educar desde el amor y el gozo.

Estudiosos de la neurociencia y la infancia como Daniel Siegel y Bruce Perry dan un lugar central a la empatía en sus trabajos y teorías sobre el desarrollo del cerebro y la crianza. Saben que la empatía no es solo un sentimiento cálido y agradable, sino lo que da cuerpo a las sociedades. Perry afirma que la empatía permite que unos a otros nos aliviemos el estrés y nos hagamos felices.[1] La esencia de la empatía es la habilidad

---

1 Bruce Perry, *Born for Love*, Nueva York, Harper Collins Publishers, 2011.

para ponerse en los zapatos del otro, dice Perry, sentir cómo se siente estar ahí y, cuando las circunstancias son dolorosas, preocuparse por mejorarlas. Cuando sientes empatía por alguien, tratas de ver el mundo desde su perspectiva. ¿Cuándo fue la última vez que en lugar de preguntarte qué le tenías que enseñar a tu hijo te preguntaste qué podía estar sintiendo tu hijo?

Perry afirma que la empatía tiene dos componentes: la parte emocional y la parte cognitiva.

a) La parte emocional tiene que ver con reconocer los sentimientos del otro a través del contagio emocional. Esta capacidad está presente desde el momento del nacimiento, y la podemos observar en la manera en que los recién nacidos lloran al unísono, o cuando los niños entran a preescolar: si uno empieza a llorar, pronto contagiará a otros.

b) La parte cognitiva va evolucionando poco a poco desde el nacimiento a través de la experiencia de ser atendido y cuidado. Implica comprender que las personas tienen una mente propia y diferente a la de uno, pero que podemos tratar de conocer su perspectiva, así como lo que perciben, sienten y conocen. Entender esto es lo que llamamos tener una *teoría de la mente*.

Los descubrimientos de la neurociencia demuestran que el cerebro está cableado para resonar con los estados emocionales de otra persona, para, desde el nacimiento, conectarnos emocionalmente con otros seres humanos. Posteriormente, explica Perry, somos capaces de tomar la información de esa resonancia, examinar nuestro propio estado interno y, conectándolo, tratar de adivinar lo que le pasa a la otra persona. Cuando tratamos de entender a los demás, usamos como referencia nuestra experiencia interna.

Una de las maneras que el cerebro tiene para resonar con otras personas y ser empático son las *neuronas espejo* (hablaremos más de neuronas en los capítulos 4 y 5). Estas neuronas, descubiertas en los años ochenta, ayudan a explicar los mecanismos que permiten la empatía de manera biológica. Mamá y bebé establecen una relación que es placentera para ambos: se miran, se sonríen, establecen un diálogo de interacciones y a veces de sonidos. Se reflejan el uno en el otro; este *espejeo* (llamémoslo así) se da de manera espontánea por las neuronas espejo.[2] Estas neuronas son fascinantes. Pongamos un ejemplo: el bebé sonríe y un conjunto de neuronas se activan; luego el bebé ve a la mamá sonreír, y ese mismo conjunto neuronal se activará en el futuro aun cuando el bebé no esté sonriendo, lo que hará altamente probable que el bebé sonría a su vez, estableciéndose un círculo virtuoso de comunicación y conexión entre mamá y bebé. Estas células, en esencia, copian el esquema de actividad que experimentarías si tú estuvieras haciendo lo que observas hacer al otro, pero sin completar el movimiento muscular. Las neuronas te muestran *cómo es* experimentar lo que otros hacen. Si miramos la cara triste de una persona en duelo, en nuestro cerebro se activan las neuronas que se activarían si nosotros fuéramos los de la tristeza, sin necesidad de que nosotros copiemos el gesto. Y si la expresión es de alegría, sucederá lo mismo. Esto nos permite compartir el gozo y el dolor con los otros.

Todos tenemos neuronas espejo, y no solo las utilizamos para ser empáticos, sino para aprender a pronunciar correctamente una lengua, para bostezar cuando el otro lo hace o para

---

2 *Ibidem.*

copiar un paso de baile. Pero si queremos que sus funciones evolucionen y lleguen a formar parte de un cableado cerebral complejo llamado *inteligencia emocional*, entonces necesitamos practicar la empatía cotidianamente; los niños aprenden a ser empáticos recibiendo empatía.

SER PAPÁS CULTIVANDO LA EMPATÍA

Cultivar la empatía es el primer paso para educar conectándonos emocionalmente con nuestros hijos, y en muchos momentos no será una tarea sencilla. Lo más sencillo es ser empáticos cuando la lógica del otro es igual que la nuestra. Como padres, inmediatamente sentimos el dolor de una madre que tiene a su hijo enfermo, o el miedo de un padre cuando su hijo adolescente está en problemas. Con los hijos funciona de manera similar: es fácil ser empático cuando le duele algo al niño o cuando lo vemos triste. Pero es mucho más difícil hacerlo cuando está pateando y aventando cosas, o cuando sus intereses o puntos de vista están en conflicto con los nuestros (como cuando mamá tiene prisa y el niño se quiere poner él solo los zapatos); por eso, la habilidad para ser empático en un rango más amplio de situaciones requiere que cultivemos la empatía de manera intencionada.[3]

Cuando cultivamos la empatía constantemente nos preguntamos "¿Por qué actuó así mi hijo? ¿Qué estará sintiendo y pensando? ¿Cuál es su lógica (créanme, 90% de las veces tienen una lógica)?". Tratamos de ver las cosas desde el punto de vista de nuestro hijo, algo que nos exige retomar la lógica del

---

[3] Myla y Jon Kabat-Zinn, *Everyday Blessings, The Inner Work of Mindful Parenting*, Nueva York, Hyperion, 1997.

mundo infantil y darles a sus emociones la misma importancia que otorgamos a las nuestras. Hay que intentar entender lo que están sintiendo o experimentando para poder aproximarnos a comprender por qué reaccionan de una u otra manera y así poder conectarnos con ellos. En lugar de descalificar sus reacciones de forma inmediata como cosas infantiles y sin sentido, los niños necesitan que les digamos de manera genuina: "Veo a qué te refieres", "Entiendo tu enojo", "A mí también me daba miedo eso". En el capítulo 6 retomaremos este tema cuando hablemos de buscar siempre el porqué, pues lo que queremos es sustituir nuestras respuestas condicionadas por los mitos de la infancia, por respuestas empáticas basadas en lo que tratamos de entender sobre los niños y su mundo interior.

Para poder ser empáticos y conectar, necesitamos establecer un estado mental que nos permita estar calmados y no ser reactivos. Es lo que más adelante, en el capítulo 4, llamamos un *estado integrado de la mente*. Este estado mental nos abandona con frecuencia, en ocasiones por dificultades y preocupaciones exclusivamente adultas, y en otras porque los niños no responden a nuestras expectativas. Esos son los momentos en que resulta más difícil ser empáticos. Sin embargo, es vital para el desarrollo integral de nuestros hijos que seamos empáticos y nos conectemos emocionalmente con ellos. Siegel no duda en resaltar la importancia que tiene el trabajo interior para que nuestra historia y nuestras necesidades no interfieran con nuestra capacidad de ser empático con nuestros hijos. Cada papá o mamá, en función de su propia historia, tendrá más dificultad en empatizar con ciertos temas que con otros. Por ejemplo, hay papás para los que sentir empatía por la vulnerabilidad de un niño puede ser un recordatorio muy doloroso de su propia vulnerabilidad.

En el siguiente capítulo hablaremos de la teoría del apego, que explica cómo los niños desarrollan un apego seguro cuando la comunicación con sus padres es sintonizada y estos responden a sus necesidades; es decir, cuando los padres son empáticos. Crecer en un ambiente empático desarrolla la inteligencia emocional; en cambio, veamos lo que el autor de *La inteligencia emocional* tiene que decir sobre la falta de sintonización:

> La ausencia prolongada de sintonía entre padres e hijos supone un enorme perjuicio emocional para estos últimos. Cuando un padre sistemáticamente deja de mostrar empatía en un aspecto especial de las emociones del niño —alegrías, llantos, necesidad de mimos— este empieza a dejar de expresar, y tal vez incluso registrar, sentir, esas emociones. De esta manera, suponemos, pueden quedar anulados rangos completos de emociones del repertorio de relaciones íntimas, sobre todo si a lo largo de la infancia esas emociones continúan siendo oculta o abiertamente desalentadas.[4]

Cultivar la empatía de manera intencionada es una tarea de largo plazo, tan largo como dure la maternidad o paternidad; además, hacerlo no solo mejorará la relación con nuestros hijos sino con todas las personas a nuestro alrededor. Es importante tratar de ser empático sobre todo en los momentos en que los niños se ponen difíciles (en el capítulo 4 veremos que cuando los niños tienen hambre, sueño, están cansados, se sienten aislados o desconectados emocionalmente —lo que podemos llamar *condiciones de cuidado*—, estarán más vulnerables al caos y a la desorganización, por lo que nosotros como adultos deberemos estar más alerta para ser empáticos y conscientes); hay que mantenernos empáticos aun cuando

---

[4] Daniel Goleman, *La inteligencia emocional. Por qué es más importante que el cociente intelectual,* México, Punto de Lectura, 2003.

el cansancio físico y la falta de tiempo para nosotros mismos sean la norma (¿quién dijo que ser padre era sencillo?). La empatía también hay que cultivarla cuando nuestros hijos llegan a la adolescencia. En este período, por ejemplo, mantenerse receptivo cuando un hijo nos rechaza no es nada sencillo: requiere que nuestros propios sentimientos de dolor no borren el dolor que vemos en nuestro hijo.

El cultivo de la empatía tiene que ir de la mano de un trabajo personal que nos permita estar conectados con lo que pasa en nuestro interior y entender cuál es nuestro estado mental al momento de interactuar con el niño (¿Qué estoy sintiendo? ¿El día de hoy estoy irritable por circunstancias ajenas a mi hijo? ¿Eso que está haciendo me enoja tanto porque...?). Cuando somos conscientes de nuestro propio estado mental, así como de las emociones que ciertas actitudes de nuestros hijos nos provocan, podemos evitar reaccionar de manera automática. Las reacciones automáticas suelen ser completamente *egocéntricas*, desconectadas por completo del estado emocional del niño. Cuando reaccionamos de esta manera (y todos lo hacemos, pero el trabajo debería estar dirigido a reducir al máximo estas reacciones automáticas), la conexión con nuestro hijo se interrumpe, y es responsabilidad del adulto repararla para restablecer la conexión y el vínculo. Cuando un padre logra empatizar con el mundo interno de su hijo, el niño tiene la experiencia de sentirse valorado, y esto lo hace sentirse bueno y valioso. De acuerdo con Siegel (2004), la conexión emocional crea sentido para el niño e influye en la comprensión que tiene de sí mismo y de sus papás.

El trabajo interior como padres, afirma Daniel Siegel, debería incluir buscar entender nuestra propia historia y la manera en que esta nos marcó. Ya hablaremos más de la importancia de esta comprensión en el capítulo siguiente. No solo se trata de elaborar nuestras experiencias infantiles para convertirnos en el tipo de padres que pueden apoyar el desarrollo de un apego seguro, sino también para entender qué sentimientos y creencias han producido en nosotros las vivencias antiguas. Por ejemplo, cuando una persona creció como el hermano menor que fue víctima de abuso y maltrato por el hermano mayor, puede llegar a ser verdaderamente intolerante frente a cualquier reacción agresiva de su hijo mayor frente al menor, aun en circunstancias en las que dicha reacción se justifique, o en las que sería mejor no intervenir.

Recordemos que nadie espera una relación padres-hijos sin momentos difíciles ni rupturas; esto sería imposible. Lo que buscamos es un constante trabajo por parte de los padres para reflexionar qué fue lo que sucedió, tratando de entender lo que nos pasó a nosotros y lo que le pasó a nuestro hijo. De esta reflexión surgirán las herramientas para reconectar, reflexionar junto con nuestro hijo y seguir cultivando la empatía.

DIALOGAR CON NUESTROS HIJOS PARA CONSTRUIR LA EMPATÍA

Los niños crecen y su cerebro se desarrolla al tiempo que tratan de entender el mundo y su funcionamiento, las relaciones humanas y las reglas que las gobiernan. Si incluimos de manera clara y explícita la práctica de la empatía dentro de esta búsqueda de comprensión, el cerebro del niño se cableará diferente, y su inteligencia emocional florecerá.

Educar desde la empatía nos da un criterio educativo más allá de los conceptos abstractos de bien o mal; si lo acompañamos de manera empática, el niño aprenderá a ver cuál es el impacto de su conducta en los demás, y entonces aprenderá a regularse desde la regla de oro que dice "no hacer lo que no queremos que nos hagan". El niño aprenderá paulatinamente a actuar así; es decir, aprenderá a tomar en cuenta a los otros, porque él se siente a su vez tomado en cuenta. Es muy diferente decir "No se pega" a un niño de casi 2 años, que decirle "Cuando me pegas me duele y me enoja" o "¿Viste cómo le dolió a Laura cuando le pegaste? No debes pegar porque cuando lo haces lastimas a los demás". Es distinto decir "No se mastica con la boca abierta", a decir "Si masticas con la boca abierta, es muy desagradable para todos los que estamos comiendo contigo". Sue Gerhardt describe cómo un niño de 4 años al que se le ha apoyado empáticamente a regular sus emociones con frecuencia podrá posponer la gratificación, y podrá ser socialmente competente. Sin embargo, un niño de 4 años que ha crecido en una relación coercitiva con sus padres no podrá ponerse en los zapatos de otros, ni pensar en el efecto de sus conductas en los demás; esto como consecuencia de que nadie lo ha hecho por él.

Así, el diálogo con nuestros hijos debería ser una constante: primero nos ponemos en su lugar y solo entonces les pedimos que gradualmente sean capaces de ponerse en el lugar de otro. Sin lugar a dudas, la mejor forma de que un niño desarrolle la empatía es tratándolo con empatía. Es fundamental que nosotros cotidianamente nos pongamos en su lugar y tratemos de entender, y por eso uno de los criterios básicos de este libro es *primero conectar y luego educar, disciplinar o enseñar.*

Saúl, de 5 años, es un niño sensible e inteligente. Desde pequeño ha sido un niño que puede verse desbordado con facilidad por los estímulos del medioambiente (más adelante, en el capítulo 5, hablaremos de cómo cada ser humano tiene diferentes ventanas de tolerancia para los estímulos que recibe, pero también cómo aprendemos a tolerar o no nuestras propias reacciones emocionales en función de la reacción de los padres). A Saúl lo abruman los abrazos y los besos, excepto cuando él los pide en situaciones muy específicas (como cuando tiene frío). Hasta hace unos meses se negó a ir a fiestas infantiles, y cuando empezó a ir, tan solo aguantaba una hora y luego pedía irse. Cuando entró a la escuela a los 2 años, después de aumentar paulatinamente el número de horas que asistía cada día, tuvo un pequeño accidente en el que no le pasó nada grave; sin embargo, él se asustó mucho. A la siguiente semana se rehusó a volver. Alicia, su mamá, una mujer muy sensible, decidió que podía dejarlo sin ir a la escuela seis meses más. Casi a los 3 años, Saúl regresó a la escuela sin problema, aunque ayudó que ahora iría a la escuela de su hermano mayor.

Actualmente, Saúl tarda en interrumpir lo que está haciendo frente a cualquier indicación de su mamá; Alicia es una mamá muy empática, le avisa con anticipación: "en 15 minutos es hora de bañarse, te aviso para que te prepares porque se ve que tu juego está muy bueno", "ya solo faltan cinco minutos, ¿*okey*?". Pasado ese tiempo, le dice "Saúl necesito que dejes de jugar y vengas a bañarte". Saúl no hace caso, su mamá se acerca, se agacha, lo toca y le dice: "Lo siento, hijo, hora de bañarse". "Sí, ahorita", responde Saúl, pero no hace caso. Evidentemente, llega un momento en que Alicia se desespera y grita, Saúl se para y se dirige al baño y ahí le dice a su mamá: "No me gusta que me grites". ¿Podemos hacer algo para no llegar al grito? Muchas veces no, pero siempre podemos tratar de mantener la calma, monitorear a través de las sensaciones físicas cómo va aumentando la desesperación o el enojo en nosotros, irlo avisando a nuestros hijos y poner el límite antes de perder el control. La cuarta vez que Alicia le pide a Saúl que vaya a bañarse, además de agacharse, tocarlo y hacer un breve contacto visual, puede decirle que ya se está desesperando, y que si se lo dice una quinta vez, tendrá que ser con un grito. Él decide si hará caso. Quizá llegue al grito de cualquier manera, pero esta vez Alicia alzará la voz para conseguir un impacto en Saúl, y no para descargar sobre él la frustración. Saúl de cualquier forma tardará varias veces en hacer caso, como todos los niños (pero quizás él un poquito más) tarda en decidirse a dejar de hacer lo que le gusta y empezar a hacer lo que tiene que hacer (¿no nos pasa lo mismo a los adultos?).

La madre o el padre "eficiente" que todos llevamos dentro no piensa en conectar; pareciera que entender la experiencia interna de nuestros hijos es una minucia comparada con enseñarles las grandes reglas de la vida y convertirlos en hombres y mujeres de bien. Olvidamos que si nos conectamos con su mundo interior, si tratamos de entender lo que siente, piensa y quiere, el niño tendrá un cerebro más integrado (véanse los detalles de este proceso en el capítulo 4) y la posibilidad de ser receptivo y razonable. Conectarnos emocionalmente con nuestro hijo no quiere decir permitirle ni concederle todo, sino buscar educarlo desde el corazón y el respeto, y no desde el miedo o el caos.

En la vida diaria, es común que le pidamos al niño que se ponga en el lugar del otro, que comparta lo que está comiendo, que preste su juguete, que no diga palabras ofensivas, antes de ponernos nosotros en su lugar, antes de nombrar su experiencia y validar lo que está sintiendo.

Juan cumple 6 años el sábado y le están preparando una fiesta. José, su hermano, tiene 8, y llevan toda la semana peleando por cualquier motivo. El viernes José se acerca a Julieta, su mamá, para hacerle una confesión: está muy celoso de Juan y su fiesta. La mamá lo escucha y lo valida. Hasta aquí todo bien. Sin embargo, Julieta brinca al "pero…". Es fascinante lo difícil que es aguantarse el *pero*, callarnos, simplemente escuchar en ese momento en que el niño se abre y nos cuenta, dejar la oportunidad de educar para más tarde. Julieta dice "pero" y se suelta hablando para recordarle que él ya tuvo seis fiestas a lo largo de sus seis primeros cumpleaños, etc. No les damos la oportunidad a los niños de hacer el viaje completo, es decir, de expresar sus celos, envidias o lo que sea que estén sintiendo, para luego mirar la escena completa y que ellos mismos reflexionen. Es probable que José llegue solo a esa conclusión (que él ya tuvo seis fiestas), pero necesitará tiempo para moverse desde una emoción intensa, como los celos y la envidia, hasta el momento en que su corteza cerebral se reconecte y pueda ser reflexivo. No, no siempre llegan a la reflexión necesaria, pero aleccionarlos cuando están en plena emoción o cuando nos están haciendo una confesión sincera tampoco les permite escuchar realmente, simplemente se sienten juzgados y se desconectan.

Conectar realmente implica sintonizar con el niño para "sentir" nosotros lo que probablemente esté sintiendo él (recuerden, no es darle el avión) y no solo hacerle una descripción racional de lo que observamos. Es muy diferente un "pero no te enojes" a hacer una pausa en nuestras propias reacciones y preguntarnos cuál es la experiencia de nuestro hijo. Dejar que nuestras neuronas espejo hagan su trabajo al poner atención a sus gestos y a su lenguaje corporal y, desde nuestra experiencia interna, permitirnos contestarle: "Tienes razón en estar enojado, da mucho coraje no poder comerse todas las galletas cuando uno tiene antojo". Simplemente, se trata de conectarse con la frustración que implica no poder hacer lo que uno quiere, de no poder actuar a partir del impulso, de tener que ser pequeño y seguir órdenes y reglas que muchas veces no parecen tener sentido. Aunque el límite se mantenga inamovible, generalmente el niño estará en mejor condición de oír lo que tengamos que decirle si primero nos conectamos de manera genuina haciendo que se *sienta sentido,* y así le mostramos cómo se cultiva la empatía.

Mantenernos empáticos es un gran reto que requiere estar en el momento presente con conciencia de lo que estamos sintiendo y pensando para así ser capaces de elegir la manera en que vamos a intervenir, y no solamente reaccionar de manera automática y sin considerar las circunstancias de nuestro hijo. Cuando lo logramos, construimos una atmósfera en la familia que le permite al niño crecer sintiéndose entendido. Se genera una conexión emocional que favorece la cooperación y nos brinda mayores momentos de felicidad compartida.

CAPÍTULO 2

Apego

El amor es una necesidad primaria básica, como el oxígeno y el agua.

SUE JOHNSON

La teoría del apego, surgida a mediados del siglo pasado, sentó las bases para el estudio de las relaciones afectivas con un fundamento biológico muy importante. Gracias a ella se empezó a mirar la necesidad de contacto y afecto que tenemos los seres humanos como una necesidad biológicamente programada y no solo como un capricho de niños maleducados o adultos inmaduros y "codependientes". Sue Johnson, terapeuta de parejas y familias, lo explica de la siguiente manera:

> Los psicólogos usan palabras como *indiferenciados, codependientes, simbióticos,* o hasta *fusionados* para describir a las personas que parecen incapaces de ser autosuficientes o imponerse con otros. En contraste, Bowlby habló de "dependencia efectiva" y de cómo el ser capaz de, desde "el nacimiento hasta la tumba", buscar a otros para soporte emocional es un signo y una fuente de fortaleza.[1]

Reconocer que la dependencia emocional no es una debilidad sino una parte biológica de la condición humana, reconocer que necesitamos a los otros para estar bien, nos puede hacer crecer como personas y también abre la posibilidad de mirar las necesidades de acercamiento y conexión que tienen nuestros hijos con nosotros, sus figuras de apego, como algo natural y necesario, algo vital para su sobrevivencia.

---

1 Sue Johnson, *Hold Me Tight: Your Guide to the Most Succesful Approach to Building Loving Relationships,* Londres, Hachette Digital, 2011.

Susana está con sus hijos de 2 y 4 años, que han jugado tranquilamente la mayor parte de la tarde. Suena su celular, contesta y, cuando escucha que es una llamada de trabajo, se levanta y sale de la habitación. En menos de un minuto, sus dos hijos empiezan a pelearse; ella regresa a la habitación y trata de calmarlos con frases suplicantes, luego retoma su llamada. Es fácil adivinar lo que pasó: no se dejaron de pelear y Susana prefirió posponer la llamada para después. ¿Niños caprichosos y manipuladores o niños programados biológicamente para recuperar la conexión con su figura de apego cuando creen que pueden perderla, ya que la presencia de la figura de apego garantiza su sobrevivencia? De acuerdo con la teoría del apego, es muy probable que sea lo segundo. Esto no quiere decir que no haya nada que hacer y que nunca debamos tomar una llamada cuando estamos con nuestros hijos pequeños, pero sí puede cambiar nuestra interpretación del porqué de la conducta de los niños y, por tanto, la manera en que manejemos las muchas situaciones en las que lo que se activa en los niños es la necesidad de comprobar si seguimos estando emocionalmente disponibles para ellos.

El primero en desarrollar la teoría del apego fue John Bowlby (1907-1990), psicoanalista inglés que tuvo que combatir muchas de las creencias establecidas en su época para cambiar la manera en que sus contemporáneos concebían la infancia y sus necesidades. Era la época en que se pensaba que había que evitar que un niño se encariñara con un solo cuidador, por lo que en los orfanatos se rotaba deliberadamente al personal, en la idea de que así se fortalecía a los niños. También se pensaba que el contacto afectuoso y la atención de los padres los malcriaban, por lo que había que evitarlos a toda costa. Como consecuencia de su propia infancia (criado por una nana que a los cuatro años renunció, y enviado a un internado a los 7 años), Bowlby fue muy sensible al sufrimiento de los niños; él empezó a llamar la atención sobre el trauma que representaba para cualquier niño ser hospitalizado, no por la enfermedad o la intervención médica sino por el hecho de ser separado de sus padres. Observó cómo los niños hospitalizados primero reaccionan protestando (llanto, ansiedad y gritos), luego con desesperanza (depresión y desinterés) y al final con desapego (indiferencia a las visitas maternas). En un inicio sus teorías fueron rechazadas por la mayoría del mundo médico, que lo acusó de exagerado; sin embargo, el trabajo de psicoanalistas como Winnicott ya apoyaba la importancia del vínculo mamá-bebé en el sano desarrollo. A pesar de toda la oposición que tuvo que enfrentar, con el tiempo los avances en psicología y neurociencia le han dado la razón a Bowlby y sus colegas.

Siguiendo los pasos de la etología (estudio de la conducta animal), Bowlby empezó a considerar el interjuego entre el instinto y el medioambiente en la relación madre-hijo.[2] Los bebés humanos, afirma Bowlby, como otras especies, están preprogramados para desarrollarse de manera socialmente cooperativa; que lo hagan o no depende en gran medida de cómo sean tratados.[3] Bowlby llamó *conducta de apego* a esta predisposición a la interacción social, la cual consiste en un programa cerebral innato que determina ciertas conductas (llorar, succionar, agarrarse, sonreír, fijar la mirada) cuyo objetivo principal es mantener al cuidador o figura de apego cerca. Esta información es de vital importancia cuando hablamos de crianza. Entender que los niños necesitan tenernos emocionalmente conectados con ellos puede ayudarnos a explicar muchas conductas que de otra manera parecerían necedad y manipulación.

---

2 Terry Levy y Michael Orlans, *Attachment, Trauma and Healing, Understanding and Treating Attachment Disorder in Children and Families*, Washington D.C., CWLA Press, 1998.
3 John Bowlby, *Una base segura*, Buenos Aires, Paidós, 1989.

Sofía me cuenta del viaje familiar, un campamento al que ella no tenía ningunas ganas de ir, pero, sabiendo lo importante que era para su marido, Rogelio, decidió apoyarlo. Después de cinco días de acampar y lidiar con buena cara con todo lo que ella odia (bichos, bolsas de dormir, letrinas, etc.), Sofía está feliz porque ese día regresan. En el camino se detienen en una tienda y Sofía elige unos regalos para sus padres y sobrinos. Antes de pagar, su hija Roberta necesita ir al baño. Le pide a su esposo que pague las cosas mientras ella lleva a Roberta al baño y quedan de verse en el coche para irse al aeropuerto. Sofía y Roberta salen del baño, Rogelio y los otros dos niños están esperándolas en el coche. Se van al aeropuerto, y al llegar y bajar las maletas Sofía pregunta por sus compras. Rogelio pone cara de preocupación. "Las olvidé", dice y trata de justificarse. Sofía se siente invadida por una inmensa tristeza: una vez más lo suyo queda al final, otra vez Rogelio no aprecia ni le agradece el esfuerzo para ir a unas vacaciones que para ella son casi un suplicio. Se registran y entregan las maletas y Roberta le dice a su mamá: "Prometiste comprarme un peluche, quiero un peluche". Sofía voltea sorprendida. "Yo no prometí nada. Además, el día que llegamos tu papá le compró un peluche a cada uno. Yo no prometí nada". De ahí Roberta se dedica a decirle que sí se lo prometió una y otra vez, lo injusta que es por no cumplir sus promesas, etc. Sofía no cede y el viaje termina sin peluche. "Quizá lo único bueno fue que me distrajo de mi tristeza, era tan grande...". Se queda pensativa. "Quizá fue mi tristeza lo que hizo que Roberta se pusiera tan necia...".

Sofía tiene razón. Es probable que cuando Roberta sintió que a su mamá la "ahogaba" la tristeza aislándola, haya experimentado la urgencia de reconectarse con ella, de jalarla hacia la interacción, aunque sea por la mala y desde el enojo. Y, en efecto, lo consiguió. Las diferencias entre sus papás y el dolor de Sofía se volvieron secundarios frente a la necedad y la insistencia de Roberta por conseguir un peluche.

Siegel retoma la teoría del apego y en pleno siglo XXI la integra a su visión del desarrollo del cerebro y de la crianza.[4] Este autor de-

4 Daniel J. Siegel, *The Developing Mind. How Relationships and the Brain*

fine el apego como un sistema innato del cerebro que evolucionó para garantizar la sobrevivencia. Este sistema le permite al niño:

1. Buscar la proximidad con su mamá o papá.
2. Refugiarse en sus padres en momentos de aflicción.
3. Internalizar la relación con la figura de apego como una base segura desde la cual puede explorar el mundo.

Un apego seguro le permitirá a nuestro hijo, cuando sea el momento correcto, independizarse; pero este es un proceso que podemos facilitar dándole al niño el tiempo necesario para que esté listo, en vez de apresurarlo.

El apego es un sistema que se activa en situaciones que el bebé o el niño percibe como peligrosas o estresantes, por ejemplo: la separación de su cuidador primordial, la enfermedad o el cansancio. Cozolino, psiconeurólogo colega de Siegel, afirma que el proceso del apego es, en el fondo, una forma en que los animales sociales inicialmente regulan el miedo y posteriormente sus vidas afectivas.[5] Por eso emociones como la ansiedad y el miedo aumentan las conductas de apego y la necesidad de mayor cercanía y contacto. Bowlby postuló que la privación maternal y la separación son traumáticas porque evitan que se satisfaga una necesidad biológica.[6] La necesidad de mantener cierta cercanía emocional con las figuras de apego tiene una base biológica que no desaparece nunca. Nuestra biología determina que en situaciones de estrés o franco peligro se activen nuestros

---

Interact to Shape Who We Are, 2a. ed., Nueva York, The Guilford Press, 2012.

5 Louis Cozolino, *The Neuroscience of Psychotherapy, Building and Rebuilding the Human Brain,* Nueva York, 2a. ed., W.W. Norton and Company, 2010.

6 John Bowlby, *Una base segura…*

patrones de apego y busquemos o no, dependiendo de lo que hayamos aprendido en nuestras relaciones primarias, el contacto y el confort en nuestras relaciones emocionales importantes.

El sistema de apego sirve para múltiples funciones, y con el tiempo atraviesa varias etapas hasta conformar, a través de las diversas experiencias que se repiten una y otra vez, un esquema mental de la relación con las figuras de apego. Este esquema se generalizará y determinará en gran medida cómo se relacione el niño con el mundo: "[...] las relaciones tempranas dan forma a la construcción de los circuitos neuronales, lo que guía cómo somos capaces de aprender, reaccionar al estrés, y apegarnos a otros".[7]

Cuando el esquema de apego representa seguridad, el bebé podrá explorar el mundo, separarse y madurar de una manera saludable. Si la relación de apego es problemática, entonces el esquema mental del bebé no le dará seguridad y no le servirá como una base segura a partir de la cual desarrollarse. El tipo de apego que desarrolle el infante hacia su cuidador está determinado, por un lado, por las interacciones entre ambos y, por otro, por el estado de la mente del cuidador.[8] El estado de la mente se refiere a la manera en que la mente del adulto filtra y organiza la información que recibe del niño y del mundo y cómo, en un segundo momento, este proceso determina el tipo de respuesta que se dé al bebé. Veremos algunos ejemplos más adelante.

El trabajo de Bowlby logró credibilidad científica cuando en los años setenta Mary Ainsworth, psicóloga americana y colaboradora de Bowlby, desarrolló la manera de aplicar las observaciones etológicas (de las conductas animales) y las teorías de Bowlby a la relación mamá-bebé. Para esta autora era fun-

---

[7] Louis Cozolino, *The Neuroscience of Psychotherapy...*

[8] Daniel Sonkin, "Attachment. Theory and Psychotherapy", *The California Therapist*, vol. 17, 1, 2005, pp. 68-77. Disponible en www.daniel-sonkin.com/articles/emotion_contagion.html

damental, además, comprobar que el apego fuera realmente una categoría que también funcionara en otras culturas. Por eso trabajó en Uganda, Estados Unidos e Inglaterra observando en su medio natural a las mamás con sus bebés, y posteriormente desarrollando y aplicando la *situación del extraño*. Este es un método de evaluación en el que se coloca al bebé de un año con su madre en una habitación. Primero se les observa juntos y solos; luego se les une un extraño. Pasados unos minutos la madre sale de la habitación. Finalmente, se observa a la pareja en el momento del reencuentro, cuando la madre regresa. La conducta del niño al momento de la reunión es evaluada para determinar su tipo de apego. Esta situación fue diseñada partiendo del descubrimiento de Bowlby de que cuando a los primates jóvenes se les deja en presencia de un extraño, se activaban en ellos las llamadas de socorro de manera inmediata.

Como resultado de las investigaciones con la *situación del extraño,* Ainsworth clasificó tres tipos de apego a los que llamó: *apego seguro*, *apego inseguro-ambivalente* (llamado apego preocupado en los adultos) e *inseguro-evitativo* (o apego desentendido en los adultos). En los años ochenta, Mary Main completó esta clasificación con una cuarta categoría, la del *apego desorganizado* (apego desorganizado o no resuelto en los adultos). Cada una de estas cuatro categorías se caracteriza por cierta secuencia de conductas observables en la *situación del extraño* (recordemos que son bebés de un año). Los niños con *apego seguro* se muestran afligidos cuando la figura de apego está ausente, pero cuando regresa buscan su proximidad, se consuelan pronto y regresan al juego y la exploración. Los *inseguros-ambivalentes* experimentan una ansiedad extrema durante la separación, buscan la proximidad en el momento del reencuentro, pero no se consuelan con facilidad y tardan en regresar al juego o a la exploración. A los *inseguros-evitativos* parece no importarles la separación y aparentan ignorar a sus madres en el momento del reencuentro. Sin embargo, cuando se toman medidas fisiológicas se puede observar que estos niños sí están ansiosos al momento de la separación, aunque no manifiestan sus emociones.[9] Por último estarían los niños con *apego desorganizado*, los cuales, al igual que los *ansiosos-ambivalentes,* experimentan una ansiedad extrema al momento de la separación. En el momento del reencuentro muestran conductas extrañas como moverse en círculos o caerse al piso. Estas conductas caóticas se manifiestan junto con conductas de apego seguro, inseguro evitativo y ambivalente, y con frecuencia están presentes en niños cuyas madres padecían un duelo o un trauma no resuelto, lo que las lleva a tener conductas en las que manifiestan su propio miedo o con las que asustan a los niños. El niño, entonces, entra en una paradoja biológica en la que su impulso innato de acercarse a su figura de apego cuando se siente amenazado lo lleva a acercarse a la misma figura que le resulta amenazante, o sea su madre. El miedo y el caos del mundo interno de la madre puede observarse en las conductas de su hijo.[10]

Desde el inicio de los trabajos de Ainsworth y Main, en la segunda mitad del siglo pasado, se han realizado cientos de investigaciones comprobando lo planteado por Bowlby y ampliando sus conclusiones. En los años noventa, diversos investigadores realizaron estudios también en adultos (como la *Entrevista para el apego adulto* de Mary Main, de la que hablaremos más adelante). Hoy en día son muchos los autores que trabajan con la teoría del apego, y sabemos que no solo los niños necesitan una cercanía física y emocional segura y continua, también

---

[9] Daniel Sonkin, "Psychotherapy with Attachment and the Brain in Mind", *The Therapist*, vol. 19, 1, 2007, pp. 64-70. Disponible en www.daniel-sonkin.com/articles/emotion_contagion.html

[10] Louis Cozolino, *The Neuroscience of Psychotherapy…*

los adultos la necesitamos, y el tipo de relación que hayamos establecido con nuestras figuras de apego tendrá múltiples consecuencias en el ámbito biológico y en el emocional y se manifestará de manera importante en nuestra relación de pareja. Recordemos que Cozolino afirma que los esquemas de apego tienen un papel central en la regulación afectiva. El apego es mediado por la regulación del sistema nervioso central en el cerebro social (hablamos de cerebro social para referirnos a que este órgano evolucionó a través de miles de años de verse obligado a establecer vínculos sociales, pues formar grupos con otros humanos favorecía la sobrevivencia, lo que provocó que la corteza cerebral se expandiera) y por una cascada de procesos bioquímicos que crean reacciones de acercamiento o evitación, así como emociones positivas y negativas.

Hablemos un poco de estas cuatro categorías y de cuál es el efecto en el desarrollo del niño siguiendo la presentación que hace Siegel de estos cuatro tipos de apego.

APEGO SEGURO

El apego seguro se desarrolla cuando los niños tienen padres o cuidadores consistentes, emocionalmente disponibles, perceptivos y cuya comunicación es sintonizada y dependiente de las señales emitidas por el niño. La sintonización implica la alineación de los estados de la mente en momentos de interacción durante los cuales el afecto es comunicado con expresiones faciales, vocalizaciones, gestos corporales y contacto visual. No se espera que esta sintonización suceda en todas las interacciones, pero sí que esté presente en los momentos de comunicación intensa. Los estados de alineación son estados psicobiológicos de actividad cerebral. Cada individuo se involucra en una corregulación mutua de estados resonantes y cada uno puede sentir que el otro *lo siente.* Imaginemos una bebé de 8 meses sentada en el piso que se entretiene con una serie de objetos que el papá le puso al lado; el papá espera que la niña vaya tomando uno a uno los objetos, los observe y se los lleve a la boca. Cuando se muestra excitada por alguno de ellos dice cosas como "Ah, ese te gustó, el colador te pareció interesante". La pequeña se va cansando y pierde interés por los objetos, se muestra molesta. El papá la carga, la pasea mientras le habla y la niña se calma un poco; pero luego vuelve a ponerse inquieta. Entonces el papá ve el reloj y le dice "Parece que ya tienes hambre. ¿Ya tienes hambre?". Va por la papilla a la cocina. La niña come con gusto.

Como aquí la respuesta inicial del padre es la de estar sintonizado con su hija, la niña se sentirá comprendida y conectada. La comunicación sintonizada le da a la niña la habilidad de lograr un sentido de balance interno. En un inicio le permite regular sus estados corporales, y posteriormente sus emociones y estados de la mente, con flexibilidad y equilibrio.

Conforme el niño crece, la sensibilidad y capacidad de respuesta de las figuras de apego debe extenderse a querer escuchar lo que el niño dice desde su propio punto de vista; de esta forma el niño siente que la madre está dispuesta a negociar las diferencias para poder llegar a un plan aceptado por ambos. En un apego seguro, cada uno de los miembros siente que comprende al otro y que es comprendido (recuerden, no todo el tiempo, pero sí la mayoría de las veces). Aun cuando el niño sea cognoscitivamente capaz de comunicarse y de tomar diversas perspectivas, su apego será ansioso si la figura de apego es incapaz de considerar su perspectiva.[11] Este último descubrimiento de Ainsworth deja claro que la empatía es una necesidad en

---

11 Mary Ainsworth, "Attachments Across The Life Span", *Bulletin of the New York Academy of Medicine*, 61 (9), 1985, pp. 770-881.

la interacción con nuestros hijos si queremos que desarrollen un apego seguro, y no solo un lujo o una cordialidad propia de personas amables. Tratar de entender su punto de vista, ponernos en sus zapatos y buscar hacerlos sentirse entendidos y validados marca una diferencia en el tipo de apego que desarrollan, y en consecuencia en la manera que se desarrolla su cerebro y sus esquemas de relación.

La necesidad de *sentirnos sentidos* y conectados emocionalmente no se agota con la edad. Ainsworth[12] afirma que a los 4 años sigue siendo importante que el niño perciba a la madre como accesible físicamente y responsiva; a partir de los 7 años la proximidad física se vuelve secundaria, pero el niño sigue necesitando saber que su figura de apego está disponible en ciertos momentos y circunstancias. Hoy en día sabemos que la necesidad innata de una conexión emocional segura perdura toda la vida.[13]

El niño con apego seguro

Tener un cuidador primario que se preocupe de manera sensible, que pueda detectar, darle sentido y responder a las necesidades del bebé, le dará un sentimiento de seguridad. Un ejemplo es cuando el bebé llora porque tiene hambre o sueño o el pañal sucio, y el cuidador descifra qué es lo que le pasa, conecta con el bebé y resuelve lo que necesita.

Cuando las experiencias de ser cuidado son repetidas y predecibles, el niño desarrolla un sentido interno de bienestar al que Bowlby llamó *base segura*, lo que quiere decir que el niño ha internalizado a la madre como una fuente de confort que le da seguridad. La base segura le da al niño la confianza ne-

---

12 *Ibidem*.

13 Sue Johnson, *Hold Me Tight: Your Guide to the Most Succesful Approach to Building Loving Relationships*, Londres, Hachette Digital, 2011.

cesaria para regresar a explorar y jugar. Esto no lo debemos confundir con los niños de temperamento tímido que tardan en animarse a explorar un ambiente nuevo; este rasgo no es apego inseguro, y si la madre respeta esta característica de su hijo y le permite quedarse junto a ella (por ejemplo, al llegar a una fiesta) el tiempo necesario para que él se sienta bien, el niño empezará a explorar poco a poco, siempre y cuando sepa que puede regresar a ella y será bien recibido.

El modelo mental de apego se construye a través de la repetición constante de cierto tipo de interacciones. Si el apego es seguro, el niño percibirá el mundo como un lugar seguro, confiable y habitado por personas en las que puede confiar. Esto lo hará más resiliente al estrés, aumentará su habilidad para balancear sus emociones, sus funciones cerebrales tendrán una mayor integración y gozará de una mayor capacidad para establecer relaciones significativas en el futuro.

Los padres que promueven un apego seguro

Los padres de los niños con apego seguro tienden a ser adultos clasificados como autónomos; es decir, ellos también tienen un modelo de apego seguro. Este tipo de padres son conscientes de la importancia que tiene el tipo de relación que se construye entre padres e hijos, y saben que como adultos ellos son los responsables de la calidad de esta relación.

A través de las *Entrevistas para el apego adulto*, Main y sus colaboradores encontraron que cuando los adultos autónomos hablan de su propia historia, son capaces de verbalizar sus sentimientos respecto a lo que vivieron y pueden hablar de experiencias traumáticas de manera integrada e incorporándolas a una red de información que incluye emociones y sensaciones, dándole un sentido a la propia vida.

Escuchando a los adultos hablar de su propia infancia se puede predecir el tipo de apego que tendrán sus hijos, pero no es por el tipo de experiencias que hayan tenido los padres, sino por cómo han elaborado su historia. Darle un sentido a nuestra vida, ser capaces de contar la propia historia de una manera coherente, es la mejor manera de predecir si nuestros hijos tendrán un apego seguro. La manera en que se cuenta la historia, y no su contenido, revela las características del estado de la mente de la madre o del padre en relación con el apego. Es decir, los padres autónomos saben que sus hijos los necesitan, entienden que las necesidades emocionales de los niños, así como sus capacidades intelectuales, son distintas a las del adulto, y por eso pueden ser flexibles. Entienden que en el pasado ellos fueron los niños que requerían ser cuidados (lo hayan sido o no), pero que en el presente sus hijos son los niños, y ellos, los adultos responsables. También saben que esto no durará para siempre y que el niño irá creciendo y haciéndose responsable de sí mismo. Estos padres son capaces de proveer un medioambiente social suficientemente bueno al ofrecer un balance entre seguridad y reto, sintonización y autonomía.[14]

Es muy importante subrayar que los padres autónomos no siempre son adultos que de niños tuvieron un apego seguro. Existe lo que los investigadores llaman *apego seguro ganado*; estos son los casos en los que a pesar de haber tenido experiencias infantiles complejas, dolorosas y con figuras de apego no disponibles, el adulto ha hecho un trabajo interior, ha establecido contacto con su sufrimiento infantil y le ha dado un sentido, generando una comprensión y una integración de su historia y, por tanto, de su persona.

---

[14] Louis Cozolino, *The Neuroscience of Psychotherapy…*

Pasemos ahora a los apegos inseguros organizados que son dos: el apego inseguro-evitativo y el apego inseguro-ambivalente. Hablamos de apego organizado en el sentido de que el niño desarrolla un modelo mental *organizado* que determina cómo percibe a sus padres y, en consecuencia, cómo se relaciona con ellos.

APEGO INSEGURO-EVITATIVO

Cuando la comunicación entre el adulto y el bebé no se sintoniza con las necesidades infantiles ni es dependiente de las señales emitidas por el bebé y esto se repite una y otra vez, se va generando un esquema inseguro de relación. Cuando la figura de apego constantemente no está disponible y rechaza al niño, el niño desarrollará un esquema de apego inseguro-evitativo.

Pensemos en un bebé de 8 meses que después de unos minutos de jugar solo llora. El padre no se toma el tiempo de tratar de entender a qué se debe el llanto, tiene prisa y necesita seguir trabajando, así que simplemente saca la botella y se la da. El bebé realmente no tiene hambre, pero está feliz de que lo hayan cargado, así que deja de llorar, da unos traguitos y juguetea con el chupón de la mamila. El padre se molesta, piensa "Si no es hambre, debe ser sueño". Lo acuesta y lo deja llorando en la cuna hasta que el bebé, agotado de llorar, se duerme. En ningún momento contempló la opción de que el bebé lo que buscaba era la cercanía con su figura de apego.

El niño con apego inseguro-evitativo

Estos niños aprenden a comportarse como si fuera más fácil regular sus propias emociones que buscar confort en sus figuras de apego, pues la falta de sintonización y la constante desacreditación de sus reacciones emocionales los obligan a adaptarse al mundo sin contar con una base segura (frases como "no, no tienes miedo" o "¿por qué te enojas si es una tontería?" o "claro que no estás triste, lo que quieres es un dulce" son todas formas de desacreditar la experiencia infantil). Parece ser que su respuesta adaptativa es reducir la dependencia emocional del cuidador que no está disponible.

Los niños con apego evitativo aprenden a desconectarse de su mundo emocional y de los demás, dando la apariencia de ser niños muy autosuficientes y poco expresivos. El mundo emocional se va volviendo para ellos un misterio, lo cual no significa que no sientan, simplemente les cuesta mucho trabajo saber qué están sintiendo.

Los padres que promueven un apego inseguro-evitativo

Los padres con apego evitativo y rechazante son adultos que de niños crecieron en un desierto emocional y aprendieron a desconectarse de sus necesidades emocionales, por lo mismo no le han dado un sentido a su difícil experiencia ni pueden percibir las necesidades emocionales de sus hijos, descartando sus reacciones y rechazándolos cuando se activan las conductas vinculadas al apego, por ejemplo, la necesidad de ser abrazados o consolados o la necesidad de mantenerse físicamente cerca de sus figuras de apego para sentirse tranquilos y seguros.

Cuando se les pide que hablen de su infancia, lo que cuentan refleja aislamiento y con frecuencia insisten en que no recuerdan detalles, hacen generalizaciones a través de afirmaciones como "fue una buena infancia, normal". A pesar de los mecanismos que utilizan para minimizar la importancia de las relaciones humanas, hay estudios que sugieren que tanto los niños como los adultos que se ubican en este grupo de apego tienen reacciones corporales que indican que su inconsciente aún valora la importancia de los otros en sus vidas.

En su vida emocional con otros adultos, puede haber un sentido de independencia muy marcado que hace que sus parejas se sientan solas y con una gran distancia emocional, ya que además suelen ser extremadamente racionales y muy poco empáticos.

Sin embargo, recordemos que haber crecido con un apego inseguro no es una condena perpetua al desierto emocional. En el capítulo 4 hablaremos de la plasticidad cerebral, y cómo existen muchas opciones terapéuticas para desarrollar una mayor integración personal y cerebral que le permitiría a la persona revisar su propia historia o empezar a conectarse con su mundo emocional y con el de sus hijos.

APEGO INSEGURO AMBIVALENTE

Un niño con apego ambivalente experimentará la comunicación con sus figuras de apego como inconsistente y, en ocasiones, intrusiva. Pensemos en la misma bebé que jugaba tranquila y concentrada con los objetos que su papá le dio, pero ahora el padre, mientras la observa jugar, empieza a tener recuerdos dolorosos de su propia infancia, y sin ser realmente consciente de lo que le está sucediendo, repentinamente y con urgencia toma a su hija en brazos y comienza a besarla, asegurándole que él va a cuidarla siempre. El bebé se sorprende y se asusta del arranque cariñoso de su papá, que no responde a nada de lo que ella estaba experimentando. Cuando el papá la quiere volver a sentar para que siga explorando los objetos, la niña llora y prefiere quedarse en brazos.

El niño con apego inseguro-ambivalente

Estos niños desarrollan una ansiedad y una incertidumbre respecto a si pueden o no depender de sus padres. No saben muy bien qué esperar y su ambivalencia crea un sentimiento de inseguridad que se desplaza de la relación con los padres al mundo social. Son niños que con facilidad se sienten rechazados o desplazados por otros. Cuando se sienten ansiosos es difícil calmarlos y la presencia de la figura de apego, aunque necesaria, no siempre es reconfortante.

Los padres que promueven un apego inseguro-ambivalente

Los adultos que crecieron con figuras inconsistentes, tanto en su disponibilidad como en su percepción de las necesidades del bebé y sus respuestas frente a ellas, suelen tener un apego adulto preocupado o inseguro y ambivalente. A estos estados mentales los caracteriza una ansiedad que llega a dañar la habilidad del padre o de la madre para percibir con precisión las señales de sus hijos o para interpretarlas atinadamente. Lo que les sucede es que confunden sus propias necesidades emocionales con las de sus hijos, por lo que sus respuestas con frecuencia no están sintonizadas con los niños.

Sus historias están llenas de anécdotas que muestran residuos del pasado que entran al presente y desvían la narrativa de la pregunta original. Cuando un adulto no trabaja para resolver los asuntos del pasado y no les da sentido, es muy posible que sus interacciones con sus propios hijos sean confusas y generen un apego inseguro en ellos.

APEGO DESORGANIZADO

El niño con apego desorganizado

Como ya dijimos al hablar de la *situación del extraño*, el apego desorganizado es una paradoja biológica que es profundamente conmovedora cuando vemos su manifestación en la conducta de un niño. El pequeño queda atrapado entre el programa biológico que lo lleva a buscar la cercanía con su figura de apego en situaciones de riesgo y el hecho de que la fuente de riesgo es esa misma figura de apego. Un niño con apego desorganizado puede quedar inmerso en el caos que es el legado parental interno de un pasado caótico.

Los padres que promueven un apego desorganizado

El trauma o la pérdida no resueltos en los padres se asocian con el tipo de apego más preocupante en los hijos, el apego desorganizado.

Estos padres parecen entrar repentinamente a estados de la mente que alarman y desorientan al niño. Algunos ejemplos de estos estados pueden ser enfurecimientos repentinos o ausencias cuando el niño está afligido. Esto se debe a un daño llamado *desregulación,* que es la incapacidad de uno mismo para obtener un balance emocional y mantener las conexiones con otras personas. La mente se ve invadida por un flujo de información que la persona no puede controlar y que provoca cambios abruptos y sin aviso. Es muy importante aclarar que no son malas personas, sino adultos que necesitan de manera urgente ayuda psicológica.

Cuando narran su infancia, el adulto se desorienta al abordar los asuntos relacionados con el trauma o la pérdida; el resto de la historia puede ser coherente, pero estos lapsos de confusión reflejan temas no resueltos. Es el caso de los adultos que sufrieron algún tipo de abuso infantil. Pueden estar hablando del padrastro que aventaba sillas y del que había que esconderse para no ser molido a golpes, y repentinamente guardan silencio. Es como si estuvieran de vuelta en la escena aterrorizante.

CONCLUSIONES

La conexión emocional no es solo una cuestión de empatía, es una cuestión de sobrevivencia y desarrollo óptimo. Aprender a sintonizarnos, conectarnos y comunicarnos con nuestros hijos en los primeros años crea un apego seguro que establece los fundamentos de un desarrollo saludable. El cerebro del bebé no necesita una gran estimulación a través de materiales sofisticados; lo que necesita para desarrollarse es una interacción recíproca con sus cuidadores que le permita compartir con ellos una regulación interactiva.

Al nacer, los infantes no son capaces de regular sus propias emociones y excitaciones; por lo tanto, requieren asistencia de sus cuidadores en este proceso. La manera en que el infante aprenda a regular sus emociones dependerá directamente de cómo el cuidador regule sus propias emociones. Cuando el apego es seguro, el niño aprende a tolerar y aceptar las emociones, sabiendo que si lo desbordan habrá formas de lidiar con ellas, ya sea recurriendo a estrategias de distracción o bien encontrando alivio a través de otras personas.[15] Conforme el niño mejora en la expresión de sus necesidades y emociones, su autorregulación también será mejor. Sin embargo, como buenos mamíferos, una parte de la autorregulación siempre estará conectada con la regulación que establecemos unos con otros, es decir, con el estado emocional en el que están las personas a nuestro alrededor. En el caso de los niños que tienen un sistema nervioso y un cerebro inmaduro, esto es mucho más notorio (hablaremos de esto detenidamente en el capítulo 4). ¿Cuántas veces pretendemos que sean los niños los que guarden la calma? ¿Cuántas veces

[15] Sue Gerhardt, *Why Love Matters, How Affection Shapes a Baby's Brain*, Nueva York, Routledge, 2008.

les reclamamos a gritos haber perdido el control? ¿Cuántas nos desregulamos y luego los acusamos a ellos, cuya regulación depende de nosotros, de ser los culpables?

Los niños nos miran a nosotros para sentirse seguros y protegidos, nos piden que les ayudemos a entender el mundo dándoles una estructura sólida y predecible. No solo anhelan una conexión emocional, sino que están programados biológicamente para conseguirla, lo que los lleva a buscarla aun cuando esta conexión sea desde el enojo o la furia de sus padres. Los niños están cableados biológicamente para buscar la cercanía y la conexión con sus cuidadores. No pueden evitarlo. Si nos perciben alejados, desconectados o emocionalmente ensimismados, es muy probable que su biología los impulse a hacer algo para conseguir recuperar la conexión con nosotros (como el ejemplo de los hijos de Susana cuando ella se desconecta para tomar la llamada telefónica). No es manipulación, es lo que miles de años de evolución los empuja a hacer. Esta necesidad de cercanía va cambiando poco a poco; ya mencionábamos que a partir de los 7 años la proximidad física de la figura de apego deja de ser un elemento esencial del sistema de apego; pero la disponibilidad emocional de la figura de apego (padres o pareja) en situaciones de estrés, cansancio, enfermedad, miedo, excitación o inseguridad emocional, seguirá siendo indispensable para el ser humano aun en la adolescencia y la adultez.

Lara está jugando en el jardín con sus hijos y su perro. Mientras juegan, ella recuerda que tiene que hablar para pedir la comida del perro. En ese momento Lino, de 10 años, abre la manguera a pesar de saber que es algo que no debe hacer. Lara le grita que no lo haga y corre a cerrar la llave. Entonces decide entrar a hacer la llamada telefónica. Lino se acerca a la llave y vuelve a abrir la manguera. Lara enfurece, pierde el control. "No vas a creer lo que hice, Tere. Hice algo horrible", me dice consternada y me cuenta que luego de cerrar la llave aprovechó que seguía saliendo un poco de agua de la manguera y mojó a su hijo acusándolo de desobediente y necio. Ahora es el turno de Lino de perder el control y acusarla de ser la peor mamá del mundo. Ambos entran a la casa furiosos y desconectados. Después de un rato Lara ya calmada buscó a Lino, le pidió disculpas y reparó la conexión entre ella y su hijo. Una vez restablecida la conexión, hablaron también de cómo Lino había faltado a las reglas y que eso no estaba bien.

Analizando lo sucedido desde la perspectiva de la teoría del apego, observamos cómo la primera mala conducta de Lino aparece justo cuando Lara se desconecta del juego y empieza a pensar en irse. ¿Estará Lino tratando de recuperar su atención? Es muy probable. Sin embargo, en el momento Lara solo lo ve como una desobediencia y le grita enfurecida, y justo después decide entrar a la casa, lo que Lino vive como una desconexión total y reacciona desesperada e inconscientemente. Ya había funcionado una vez para recuperar la atención de su mamá, ¿no? ¿Por qué no repetirlo? Viéndolo desde esta perspectiva, Lara siente que ahora sí entiende qué fue lo que sucedió y sabe que Lino no actuó de manera provocadora. En la sesión seguimos hablando de las distintas conversaciones que puede tener con Lino cuando regrese a casa. Le recomiendo iniciar diciendo: "Me gustaría que revisáramos lo que pasó y que veamos qué podríamos haber hecho diferente tú y yo".

No importa qué tipo de apego hayamos tenido cuando fuimos niños, si realizamos un trabajo interno, todos podemos acceder a un apego autónomo que permita que la relación que establezcamos con nuestros hijos construya en ellos un apego seguro. Este trabajo bien vale la pena; las relaciones de apego, como afirma Siegel, son cruciales en la organización de las funciones mentales como la memoria, la narrativa, la regulación de las emociones, las representaciones y los estados mentales; es decir, crean los cimientos en los que se sustenta el desarrollo de la mente.

CAPÍTULO 3

¿Qué es la infancia?

No hay padres perfectos y tampoco hay niños perfectos, pero hay muchos momentos perfectos a lo largo del camino.

DAVE WILLIS

La infancia es un período de desarrollo en el que se avanza y se retrocede, es un viaje desde la completa dependencia hacia la interdependencia (la realidad es que nunca somos absolutamente independientes, pues la condición humana es interdependiente); la infancia abarca cuatro etapas evolutivas: los bebés (0 a 1 año), los niños en edad de transición (1 a 3 años), los niños en edad preescolar (3 a 6 años) y por último los niños en edad escolar (6 a 11 años).

¿Cómo abarcamos un rango tan amplio en este libro siendo que las necesidades y las capacidades infantiles cambian tanto? Si bien la edad del niño es un elemento indispensable que debemos tener siempre en mente al considerar qué necesita de nosotros, qué podemos esperar de él y cuál es su nivel de desarrollo neuronal y emocional, la actitud y el estado mental que cualquier adulto debería tener al relacionarse con un niño no debe cambiar en función de la edad de este, pues el principio del vínculo afectivo como eje de la crianza, la empatía y el respeto como bases de la comunicación y la disciplina (disciplina empática) y el gozo compartido como fuente imprescindible de la conexión emocional son esenciales desde el nacimiento hasta la adolescencia.

CRECIMIENTO Y REGRESIÓN

Observar el desarrollo de un niño es verdaderamente fascinante. Sus logros, desde el bebé recién nacido hasta el adolescente universitario, son incontables y sorprendentes. Cuando miramos a un recién nacido podemos ver su estado de indefensión, así como los muchos recursos que utiliza para lograr captar la atención de su cuidador, desde el llanto hasta la sonrisa. Vemos a ese pequeño bultito que ya es capaz de sentir miedo intenso pero también bienestar absoluto, y sabemos que en la mayoría de los casos está en nuestras manos el permitirle transitar de un estado al otro.

Hablando del poder que tenemos sobre los bebés, es importante resaltar que dejarlos llorar no debería ser nunca una práctica de los padres, pues el sistema nervioso es todavía muy vulnerable. Un bebé al que se le deja llorar, lo cual es aún hoy una práctica común,[1] no está "fortaleciendo sus pulmones". Se le está causando un daño por el estado de estrés que se genera en el interior del bebé, lo que produce un aumento inmediato en la producción de la hormona del estrés: el cortisol. Esta sustancia puede llegar a inhibir el desarrollo saludable del cerebro. Los bebés suelen quedarse dormidos por agotamiento físico, desbordados emocionalmente, llenos de miedo y sin aprender nada más que el hecho de que sus cuidadores no los atenderán cuando lo necesiten. Evidentemente, esto no favorece el apego seguro, que, como ya vimos en el capítulo anterior, es la confianza en que el cuidador responderá a sus necesidades físicas y emocionales. El llanto en el bebé es una llamada desde la absoluta indefensión para recibir atención y cuidados. Esto, obviamente, no será así toda la vida. En el niño mayor el llanto manifiesta una emoción; se trata de la búsqueda de conexión, como en el bebé, pero en este caso no es necesario que su cuidador siempre le resuelva lo que lo

---

1 Sue Gerhardt, *Why Love Matters, How Affection Shapes a Baby's Brain*, Nueva York, Routledge, 2008.

está incomodando o estorbando. Un niño mayor necesita una respuesta empática del adulto, necesita conexión emocional; de esta forma, como lo veremos más adelante, el niño podrá ir aprendiendo a regularse y a adaptarse a las demandas sociales y a las reglas de la casa.

Aun cuando los bebés nacen completamente dependientes, muy pronto se activa en ellos el impulso de crecer, y esta dependencia se vuelve relativa. Los niños nos necesitan desesperadamente, pero también necesitan desesperadamente que les demos el espacio y los recursos para dejar de necesitarnos. Esta es una de las paradojas que hacen que la infancia sea un reto constante para los adultos que están acompañando a los niños en este viaje de desarrollo y crecimiento, que además nunca es lineal.

Los primeros años de vida se caracterizan por un desarrollo meteórico, un aprendizaje de múltiples habilidades día tras día; sin embargo, cuando hablamos del desarrollo infantil el avance siempre es inconsistente: tres pasos para adelante, dos para atrás, cuatro pasos para delante, uno para atrás. A los 4 años un niño es capaz de una coordinación física sofisticada y de mantener una conversación sobre temas abstractos y profundos; unos momentos después vuelve a ser un bebé que necesita que lo carguen y que llora sin consuelo porque le ganaron su taza favorita. Esto es así porque somos testigos del trabajo de autoconstrucción constante que es la infancia, un proceso de crecimiento y regresión. Esta falta de linealidad suele ser otro de los aspectos desconcertantes de la niñez para muchos adultos.

No existe crecimiento sin crisis, ya lo dice Brazelton cuando habla de sus momentos clave y los define como momentos en los que el niño tiene una regresión en anticipación de un salto evolutivo: las regresiones son situaciones que llevan a la reorganización.[2] Cuando esto sucede es normal que toda la familia entre en momentos de tensión, los padres se sienten irritados y en ocasiones el balance familiar se pierde. Saber que existen momentos así nos permite enfrentarlos de manera proactiva y no reactiva. Cuando un hijo entra en una racha difícil habría que preguntarnos: ¿está a punto de tener un brinco en el desarrollo (como aprender a caminar)? En otras ocasiones las rachas malas pueden tener otras razones, lo importante es buscarlas: ¿será que se va a enfermar y ya se siente mal? ¿Hay algo del ambiente que lo tiene tenso o enojado? Cuando los niños se están reorganizando lo que necesitan es comprensión y contención por parte del adulto, no presión o exigencias. No es cuestión de dejarlo hacer lo que quiera porque está en regresión (eso también lo angustiaría), sino de colaborar con él tratando de entender su forma de pensar y el significado de sus conductas, para brindarle una estructura flexible y empática.

Aun cuando la desorganización infantil sea momentánea, los niños necesitan nuestra contención, no nuestro juicio. Cuando después de una racha de estrés o de una situación difícil un niño se quiebra y solloza, nos necesita a su lado, acompañándolo, sin intentar razonar y silenciar su llanto, sin distraerlo, simplemente permitiéndole desahogarse en nuestro regazo o compañía. Existen muchos momentos en la infancia en los que lo único que necesita un niño es tiempo para llorar, mientras es contenido por la presencia física de un adulto que lo nombra y le valida lo que está sintiendo, incluso si el adulto no puede hacer nada para resolver la situación que provocó la desorganización.

---

2 T. Berry Brazelton, *Cómo entender a su hijo, Aprenda a interpretar y manejar las reacciones y problemas comunes de la infancia* [Gisela Wulfers de Rosas, trad.], Bogotá, Norma, 1997.

LAS TAREAS DE LA INFANCIA

Son muchas las tareas de un niño en crecimiento. Por un lado, están los aspectos que tienen que ver con su integración al mundo externo. Tiene que ir entendiendo cómo es y cómo funciona, debe desarrollar las habilidades que le permitan ser miembro de la sociedad (desde aprender un idioma hasta entender las reglas culturales), además tiene que ir adquiriendo gran parte del conocimiento que han desarrollado sus antepasados. Por otro lado, están las tareas que tienen que ver con su mundo interno y la construcción de su propia identidad; en este caso debe conciliar lo que él es (temperamento y habilidades innatas) con lo que el mundo espera de él.

En este rubro están las tareas psicológicas que el niño tiene que realizar para que su desarrollo y la adquisición de su identidad no se vean bloqueados. Hendrix y Hunt, especialistas en terapia de pareja y crianza consciente, señalan que la psique de los niños tiene ciertos impulsos básicos que no debemos combatir sino apoyar.[3] El primer impulso es el de apegarse, como vimos en el capítulo del apego (0-18 meses); luego viene el impulso de explorar (18 meses-3 años) y de individualizarse (3-4 años); sigue la necesidad de sentirse competentes (4-7 años), y a partir de los 7 años se presenta el impulso de cuidar de otros. Si bien las edades señaladas son los momentos en los que suele iniciar el impulso que hemos indicado, la realidad es que estos forman parte de la condición infantil y, aún más, de la condición humana, y permanecerán en el niño incluso cuando se convierta en adulto, pues el crecimiento saludable sigue un modelo en espiral que hace que los impulsos y las necesidades se repitan

---

[3] Harville Hendrix y Helen Hunt, *Giving the Love that Heals, A Guide for Parents,* Nueva York, Pocket Books, 1997.

una y otra vez. Tener conciencia de estos impulsos puede evitar que en nombre de la "buena educación" peleemos por tratar de cancelarlos; con conciencia podremos aprender a canalizarlos. Por ejemplo, en vez de querer que estén quietos sin hacer nada, mejor les damos un espacio donde se puedan mover o les encomendamos alguna actividad para entretenerse.

Con mucha frecuencia los padres creemos que los niños *no quieren* portarse bien; sin embargo, en muchas ocasiones, dependiendo del nivel de desarrollo de su cerebro, de su estado físico y emocional, y de estos impulsos ligados al crecimiento, los niños *no pueden* hacer lo que les pedimos.[4] Es sobre todo cuando los niños enfrentan uno de estos momentos difíciles en los que *no pueden* actuar como esperamos cuando nos necesitan cerca y emocionalmente disponibles. (Esta es una de las razones por las que los teléfonos inteligentes y las tabletas son grandes obstáculos para los vínculos conscientes entre padres e hijos. Un padre o una madre que le están prestando atención a un teléfono inteligente o a una tableta no están conectados más que con su dispositivo, al tiempo que simulan estar presentes y conectados con sus hijos). Cuando un niño sabe que estamos disponibles, busca nuestro apoyo, con él será más fácil sortear las dificultades; así podrá luego salir a explorar el mundo y regresar a nosotros siempre que lo necesite.

Poco a poco necesitan separarse de nosotros y vivir sus propias experiencias y aprendizajes, tener iniciativas y probar maneras distintas de hacer las cosas, incluso diferentes de como les hemos enseñado a realizarlas; por eso tan frecuentemente nos encontramos diciendo de manera desesperada: "Pero si yo ya le había dicho que lo hiciera de *esta* manera...". Necesitan

---

4 J. Daniel Siegel y Tina P. Bryson, *No-Drama Discipline. The Whole-Brain Way to Calm the Chaos and Nurture Your Child's Developing Mind,* Nueva York, Bantam Books, 2014.

practicar e ir dominando diversas tareas y actividades que los hagan sentirse capaces, y finalmente necesitan vincularse con chicos y chicas de su edad a los que puedan querer y cuidar. Y en todo este viaje nos necesitan cerca, curiosos de saber quiénes son y en quién se van a convertir; sin juicios, pues solo si los acompañamos como la base segura a la que pueden regresar cada vez que necesitan cargar las pilas, podrán permitir que la espiral del desarrollo se ensanche de manera integral.

Muchas personas piensan que cuando justificas ciertas conductas porque son niños, respetas diferencias individuales y trabajas en el nivel de desarrollo del niño, entonces estás dándoles tanto que los estás estropeando (ya hablaremos del miedo a la permisividad en el capítulo 6). Sin embargo, el respeto a los niveles de desarrollo y a las diferencias individuales son una parte muy importante de establecer límites. Los niveles de desarrollo y el temperamento deben tomarse en cuenta: no es lo mismo un niño con un "temperamento fácil" y una amplia ventana de tolerancia que uno de temperamento tímido y una ventana de tolerancia estrecha. En palabras de Hendrix y Hunt: "Buscamos un modelo en el que la relación padre-hijo esté en el centro. El énfasis está en mantener la calidad de la relación en lugar de satisfacer las necesidades de una de las personas a costa de las de la otra".[5]

Tomar en cuenta la voz de todos no es ser permisivo. Cuando una familia lleve a cabo una lluvia de ideas para acordar las consecuencias de lo que sucederá si no hacemos lo que debemos hacer, o si hacemos lo que no debemos hacer, se favorecerá el sentimiento de soberanía y justicia si todos participamos en el establecimiento de estas reglas. Lo que buscamos es el desarrollo de la autodisciplina y no el castigo en sí mismo.

---

5 Harville Hendrix y Helen Hunt, *Giving the Love…*

Es fundamental aprender a hablar con los niños sobre el mundo y su funcionamiento, sobre lo que esperamos de ellos, sobre lo que va a suceder así como de lo que ya sucedió, de lo bueno y lo malo. Estos diálogos deberían darse cuando ambas partes estén tranquilas para que el cerebro pueda funcionar de manera integrada: "Hablemos de lo que sucedió. Eso es algo que no debes hacer, así que cada vez que lo hagas yo voy a tener que detenerte. ¿Cómo crees que debería yo de ayudarte a detenerte? ¿Me puedes ayudar a buscar opciones? Dime qué debo hacer, porque aprender a no hacer *x* o *y* es tu trabajo y me gustaría que tú tomes algo de la responsabilidad en este asunto". Hacia los 4 o 5 años el niño ya puede decirle al adulto lo que podría funcionar involucrándose en el proceso de disciplina.[6]

LA INFANCIA, ¿UN MUNDO MÁGICO?

Los niños son seres complejos que enfrentan, desde el momento en que nacen, emociones intensas y un desarrollo neuropsicológico limitado. Al nacer, el tallo cerebral está totalmente formado y la amígdala también; por eso son capaces de sentir bienestar físico así como miedo, mucho miedo; pero la corteza prefrontal con sus funciones de regulación apenas inicia su desarrollo, de ahí lo inútil de pedir a los niños que se autorregulen por sí solos. En un inicio su único recurso para ayudarles a manejar sus experiencias tanto internas como externas somos los adultos. En su libro *The Magic Years,* Selma Fraiberg explica que el paraíso de la infancia solamente existe en la mente de los adultos. Los recuerdos de un tiempo dorado son

---

6 T. Berry Brazelton e I. Stanley Greenspan, *The Irreducible Needs of Children, What Every Child Must Have to Grow, Learn, and Flourish,* Cambridge, Da Capo Press, 2000.

una ilusión; además, irónicamente pocos tenemos un recuerdo nítido de esa época, a lo más memorias aisladas o los recuerdos promovidos por las fotografías.

En realidad, la infancia es un período que puede estar lleno de grandes gozos pero también de grandes sufrimientos, de asombro e incertidumbre, de fascinación y horror. (Imaginen por un momento que la persona de la que depende su vida y a la que su biología les impulsa a acercarse para sentirse seguros es la misma persona que en cualquier momento se convierte en una fuente incomprensible de peligro, amenazando su propia vida. ¿No es esta la esencia de muchas películas de terror?).

Para el niño, el mundo es un espacio mágico; cree que sus acciones y sus pensamientos pueden provocar que sucedan cosas. Más tarde extiende este sistema mágico y atribuye cualidades humanas a los fenómenos naturales y causas humanas o superhumanas a los eventos naturales.[7] El mundo infantil (sobre todo antes de los 6 años) es un mundo parecido a los sueños, o a las buenas películas de animación, donde suceden cosas maravillosas, pero que también, en un par de segundos, pueden convertirse en situaciones de horror. Un mundo mágico es un mundo inestable, y mientras crece, el niño debe luchar con las peligrosas criaturas de su imaginación, al tiempo que trata de darle sentido a un mundo del que está absorbiendo constantemente información que no siempre es clara y comprensible. Los niños ven cosas y escuchan conversaciones entre los adultos que posteriormente tratan de entender y acomodar desde su perspectiva infantil, como cuando creen que sus papás se divorciaron porque peleaban a causa de que él no había hecho la tarea, o que su mamá tuvo ese aborto involuntario

---

7 H. Selma Fraiberg, *The Magic Years, Understanding and Handling the Problems of Early Childhood,* Nueva York, Scribner, 2008.

porque él no quería a ese nuevo hermanito y la hizo brincar en la cama elástica, o cuando tienen horror de ver irse el agua de la tina por miedo a que ese pequeño remolino los absorba a ellos también. No exagero, todas estas son situaciones que los niños me han narrado en sesiones terapéuticas.

Es inevitable para los adultos que acompañan a los niños sentirse desconcertados periódicamente al mirar miedos y conductas que les parecen inexplicables. Lo importante es que esta falta de comprensión sea consciente y empática, de manera que en lugar de la exasperación y el enojo, nazca la curiosidad y el diálogo. El problema surge cuando reemplazamos nuestra falta de comprensión por una interpretación equivocada que hace que brinquemos a ciertas conclusiones carentes de empatía, buscando cambiar o erradicar los miedos y las conductas a través de las penalizaciones o la imposición de la lógica adulta que en realidad al niño no le sirve.

Gradualmente, a partir de los 6 años, el niño adquiere conocimiento de un mundo objetivo y puede liberar sus observaciones y conclusiones del pensamiento primitivo. Poco a poco su lógica infantil se va modificando con base en la experiencia, el desarrollo de la inteligencia emocional y del pensamiento abstracto; esto se manifiesta en sus nuevas capacidades para el aprendizaje escolar. Su cerebro alcanza un nuevo nivel de desarrollo, lo que le da nuevas capacidades cognitivas y emocionales y se vuelve capaz de mantener un funcionamiento integrado durante la mayor parte del tiempo. Sin embargo, aun entonces puede haber momentos donde la intensidad emocional provoque lo que Siegel llama un *secuestro emocional,* y entonces el niño pierde la posibilidad de funcionar desde los sistemas más evolucionados del cerebro (corteza prefrontal), reaccionando entonces desde los sistemas primitivos (tallo y sistema límbico), activando el miedo y el impulso a la sobrevivencia, lo que se manifiesta en reacciones automáticas como el ataque, la fuga o el congelamiento (hablaremos más de esto en el capítulo 4).

En estas circunstancias, una actitud flexible y consistente por parte del adulto es el camino para que el niño recupere el funcionamiento integrado del cerebro. Este es un proceso biológico que un niño no puede ejercer a voluntad. El adulto ayudará manteniéndose tranquilo a su lado, nombrando y validando las emociones y ayudándolo a respirar hondo y exhalar largo. Las visualizaciones, el movimiento y la actividad física también son recursos importantes. El niño de 3 o 4 años que quiere resolver el conflicto con su papá o que está dispuesto a esperar para comerse el helado para darle gusto a su mamá es un pequeño que confía en sus relaciones. Cuando los adultos responden de manera empática a las emociones del niño, este aprende que las relaciones son una fuente de placer y confort que vale la pena cultivar, lo que hará que no sea necesario educarlo a través del miedo.[8]

La inmadurez es un período temporal (prolongado, sí, pero temporal) si el niño recibe el apoyo requerido para ir madurando paulatinamente. Madurar significa aprender a controlar los impulsos y lidiar con la frustración, para encontrar una armonía entre las necesidades internas y la realidad externa. Esta labor es de tal envergadura que implica una tarea de vida, pero para los 3 años, siempre que no esté en una situación de cuidado (cansado, hambriento, aburrido, desconectado), el niño ya debería tener las habilidades que le permitan controlar sus impulsos. Sue Gerhardt, psicoanalista especializada en neurodesarrollo, afirma que las tres estrategias básicas para el control de los impulsos son la capacidad de distraerse, buscar

---

8 Sue Gerhardt, *Why Love Matters...*

consuelo y buscar información sobre el momento y la manera en que podremos dar cauce al impulso. Las tres habilidades son la base para el desarrollo de la capacidad de resolver problemas y la única opción para desarrollarlas es aprenderlas en una relación empática y consistente con los adultos que cuidan del niño. Estas características se desarrollan a lo largo de los años conforme el cerebro evoluciona y aprende a funcionar de manera integrada, a través de la experiencia y la contención adulta, que se manifiesta en la disciplina empática y la conexión emocional.

La opción es *trabajar con* nuestros hijos en la resolución de esos problemas que solemos llamar "malas conductas". Cuando abordamos estos comportamientos como situaciones a resolver y buscamos soluciones juntos, el niño aprende lo que está permitido y lo que no, así como lo que se espera de él, al tiempo que desarrolla su cableado neuronal. Necesitamos tener muy claro que como papás se trata de limitar las conductas, pero siempre validando las emociones.

Más adelante dedicaremos todo un capítulo a las emociones, pero aquí es oportuno recordar que, si bien, como dice Fraiberg, los niños han conquistado el "derecho" a tener emociones, que hace cien años se les negaban (como el enojo con sus padres y hermanos), los adultos no debemos confundir el "derecho" a sentir algo con la licencia de infligirlo a otros. El niño también tiene que ir aprendiendo a responsabilizarse del impacto de sus conductas y sus palabras en las personas que los rodean, aun cuando su intención no fuera lastimar. Un niño enojado necesita que conecten con él y validen su emoción al tiempo que se le marcan límites en sus conductas: "Entiendo que estés furioso porque tu hermano destruyó tu torre, y si necesitas puedes sacar ese enojo con el saco de boxeo o rompiendo las revistas que están en esa esquina para los momentos de enojo, pero golpear a las personas es inadmisible", o

"Entiendo que pensaste que la sopa de fideo era con caldo y es terriblemente frustrante cuando esperas algo con muchas ganas y resulta ser diferente. Si no quieres, no te la comas, y si lo necesitas, vamos afuera a que des una carrerita, pero no puedes arruinarnos a todos la comida poniéndote grosero".

EL VÍNCULO Y LA IMPORTANCIA DE LA RECONEXIÓN

Como padres debemos aprender a mirar a cada uno de nuestros hijos por lo que es y no por lo que "deberían ser". Se trata de soltar el control y buscar el conocimiento y desde ahí la conexión. Los niños no siempre se comunican con palabras; esto hace que con facilidad los adultos no perciban el sufrimiento infantil y lo acomoden en el lugar común de "los niños son felices". Un ejemplo lo encontramos en la película *Intensa-mente*, en la que ambos padres esperan que la niña se mantenga feliz, a pesar de todos los cambios y las pérdidas en su vida, como consecuencia del cambio de ciudad. No ven las manifestaciones de su sufrimiento, y cuando ella lo hace explícito poniéndose difícil y retadora, como sucede en la cena familiar, los padres simplemente ven en su conducta "falta de respeto".

Acompañar a un niño en su desarrollo es un camino largo y será inevitable cometer muchos errores. En toda relación hay momentos de estrés y conflicto, pero si reparamos el vínculo y nos reconectamos con nuestros hijos, podemos estar tranquilos de que vamos en la dirección correcta. Para los niños es fundamental aprender que la relación positiva y amorosa con sus padres puede restablecerse después de un momento difícil que provocó una ruptura, no importa si el enojo parental es justificado por la conducta del niño que no respeta las reglas o por una cuestión personal del padre o la madre, lo fundamental es reparar y reconectar. Mientras menor sea el niño más pronto debe hacerse esta reconexión, que restablece el sentimiento de continuidad de la buena relación. Un niño pequeño (todavía a los 2 o 3 años) no puede arriesgarse a perder el hilo de la relación que lo regula.[9]

Ejercer el tipo de disciplina que construye el cerebro, la inteligencia emocional y la relación es un aspecto de la crianza que es necesario aprender y practicar con conciencia. Fallar y perder el camino (y el control) no debe ser un motivo de tortura interna, pues siempre es posible disculparnos y reconectar. Cuando conectamos con lo que los niños están sintiendo y lo validamos, para luego redirigirlos, estamos ayudando a nuestros hijos a desarrollar la autorregulación emocional. Un niño que crece así entrará a la adolescencia con muchos más recursos para enfrentar este nuevo período de crecimiento emocional y cerebral.

Lo que los niños quieren es conexión emocional y luego límites. Quieren un mundo predecible, comprensible y un adulto a cargo que se conecte con ellos y entienda la frustración de tener que gobernar los impulsos y posponer la gratificación, así como la frustración de ser el pequeño que siente que todos lo mandan.

Los niños son seres inteligentes y sensibles que merecen ser tratados con el mismo respeto que cualquier otro ser humano. El hecho de que la infancia sea un período en el que el cerebro está inmaduro y, por lo tanto, las capacidades intelectuales y cognitivas todavía no alcanzan su pleno desarrollo, no justifica que devaluemos o cuestionemos los derechos de los niños a ser tratados como seres humanos conscientes. Desde bebés necesitan y merecen ser tratados con respeto, ser incluidos en el diálogo cotidiano. Los bebés y los niños se benefician enormemente de estar inmersos en interacciones que son mediadas

---

9 *Ibidem.*

por las palabras además de las conductas: "Ahora te voy a cargar, ¿está bien?". Favorecemos su organización y capacidad de planeación cuando les notificamos cuál es el plan para el día siguiente y qué esperamos de ellos. Estas son prácticas que fomentan la cooperación, sobre todo si, además de hablarles, los escuchamos. Así se construye una relación en la que los niños son considerados interlocutores válidos y no solo los receptores pasivos de nuestros cuidados.

En el capítulo de la crianza hablaremos de darles siempre voz, aunque no siempre tengan la posibilidad de tener voto, pues definitivamente uno de los derechos de la infancia es que haya adultos a cargo de su desarrollo y bienestar (no es necesario que sean un padre y una madre, sino adultos maduros que se conecten emocionalmente con ellos y les ofrezcan cuidados y protección).

Los niños nos necesitan, ninguna otra especie nace y crece en tal estado de absoluta vulnerabilidad y dependencia. Somos los padres quienes los traemos a este mundo. Nosotros, los adultos, somos los responsables de su sobrevivencia y de su bienestar emocional. Somos nosotros los que deberíamos contar con un nivel de integración personal que nos permita ser los adultos que los niños necesitan que seamos, a fin de garantizar su desarrollo integral. Evidentemente, como lo mencionábamos en el capítulo 2, esto no siempre se da de manera natural, y por eso muchos de nosotros necesitamos, además de educarnos en conocer las necesidades infantiles, hacer un trabajo personal que nos permita funcionar de manera más integrada y, en consecuencia, ser mejores padres.

Aun en la mejor de las relaciones siempre habrá momentos difíciles, momentos de desencuentro y caos; en esos casos, mientras no sean la constante, la opción es dejar pasar el caos y luego buscar reconectarnos.

Comprender a los niños no es una tarea para el hemisferio izquierdo en solitario; es decir, no debe abordarse desde la lógica racional adulta, pues el mundo infantil tiene muchos componentes mágicos que no responden a esta lógica.

Es la cualidad de nuestra comprensión, una comprensión que Fraiberg describe como la comprensión intuitiva de un padre que está en un *rapport* íntimo con su hijo, lo que nos proporciona los métodos correctos para educar en los momentos críticos.[10] La vida interna de un niño pequeño frecuentemente nos puede resultar inaccesible, pues es difícil entrar a su mundo y entender su lógica, por eso es tan importante ser profundamente respetuosos y tener presente que, aunque no entendamos del todo, el niño no actúa como lo hace al azar o porque nos quiere molestar.

Si tratamos de entender el proceso del desarrollo infantil, si buscamos información sobre cada una de las diferentes etapas, veremos que cada fase trae con ella retos y situaciones características. El método de los padres para apoyar al niño debe tener en cuenta el desarrollo del niño, sus capacidades mentales en cada fase específica, su temperamento y lo que esté sucediendo en la vida del niño en ese momento en particular.

Sofía me cuenta que su hijo Julián, de 4 años, ha estado muy irritable. No tolera la menor frustración. Si su primo gana la taza azul, llora y grita desconsolado; si su hermana no ve lo que él quiere ver en la tele, sucede lo mismo; si el *hotcake* queda muy blanco, malo, pero si queda muy café, también; cuando el papá se va a trabajar, otro motivo de llanto; si su mamá camina hacia la puerta en la casa de su amigo, Julián grita desesperado que no lo dejen. Me

[10] H. Selma Fraiberg, *The Magic Years*...

dice que todos están desesperados y que lo peor es que muchas veces, con tal de que no llore y grite con ese agudo tono que a todos ensordece, ceden. Empezamos a hablar de lo que ha estado sucediendo en casa, de darle la posibilidad de guardar aparte lo que no quiere prestarles a sus primos, etc. Hasta que llegamos al meollo: Aurelia, la nana, se fue sin despedirse. Primero dijo que se iba una semana a cuidar a su hija enferma y que luego volvería; se lo dijo a toda la familia, también a Julián. Cuando su mamá se dio cuenta de que Aurelia no iba a volver, se lo informó a sus hijos, pero Julián, sin dudarlo ni un poquito, aseguró que eso no era verdad y que sí iba a volver. Pasaron los días y Julián insistía en el retorno de Aurelia, pero Aurelia no regresó y la mamá de Julián olvidó retomar el tema con su hijo para poder hablar de los sentimientos que le provocaba la partida de Aurelia y para asegurarle a Julián que ni ella ni su papá ni su hermana se van a ir o lo van a dejar. Julián necesitaba oír que Aurelia se fue y eso es muy triste, pues él la quiere mucho y la extraña un montón, pero su familia no se va a ir a ningún lado sin él.

Son muchas las veces que los niños no utilizan las palabras para mandarnos mensajes. Sus conductas son todo un lenguaje que constantemente hay que intentar descifrar. Según Hendrix y Hunt, los niños tienen tres formas básicas de darnos retroalimentación, tres diferentes formas de reaccionar frente a nuestro estilo parental. Los niños pueden darnos retroalimentación ofreciendo constantemente resistencia, sometiéndose pasivamente o dando una respuesta positiva. Cuando los niños presentan constantes problemas conductuales, lo esencial es plantearnos las siguientes preguntas: ¿qué está mal en la relación?, ¿no estoy tomando en cuenta la edad de mi hijo?, ¿me estoy olvidando de su temperamento?, ¿estoy decidiendo qué es lo mejor para mi hijo en función de mis necesidades o de las suyas? y ¿me falta conectarme emocionalmente con él, escucharlo, jugar? Estas preguntas suelen dar respuestas mucho más productivas que cuando los padres asumen que el problema es del niño y simplemente redoblan las exigencias o se dan por vencidos. Cuando vamos a establecer límites, o a pedirle a un niño su colaboración, es importante tener claro el momento relacional en el que estamos. Después de un período de desconexión, es muy probable que obtengamos poca cooperación si no nos tomamos el tiempo de reconectarnos.[11]

EL PELIGRO DE NO CONECTAR CON LAS EMOCIONES DE NUESTROS HIJOS

¿Cuál es el riesgo de no conectar? Ya hablamos de que cuando un niño crece sin conexión emocional desarrollará en menor medida su capacidad para autorregularse, así como su inteligencia emocional. Pero también el vínculo con los padres se verá afectado cuando los niños desarrollen un modelo de apego inseguro. Ron Taffel, terapeuta de niños y familias y escritor de más de cien artículos para padres y maestros, profundiza en este tema. Los niños no necesitan padres que les administren el tiempo o que los llenen de objetos materiales; los niños necesitan crecer sintiendo la conexión emocional. Cuando esto no sucede los niños suelen estar tristes en primera instancia, luego se enojan y, finalmente, en algún punto, se acostumbran y buscan la conexión en otro lado, por ejemplo con los amigos y el atrayente mundo del consumismo y la cultura pop.[12]

No puede haber conexión emocional si no conocemos a nuestros hijos, y para eso hay que pasar tiempo con ellos, pero no llevándolos y trayéndolos, o supervisando sus actividades,

---

[11] T. Berry Brazelton e I. Stanley Greenspan, *The Irreducible Needs of Children…*

[12] Ron Taffel, *Childhood Unbound. The Powerful New Parenting Approach That Gives our 21st Century Kids the Authority, Love and Listening They Need to Thrive,* Nueva York, Free Press, 2009.

sino descubriendo quiénes son, qué les gusta, qué piensan y qué opinan. Hemos hablado de la importancia de conversar con ellos, de jugar y realizar actividades sencillas juntos. Constantemente, los niños manifiestan que lo que más desean de sus padres es que les dediquen tiempo en exclusiva, sin interrupciones, sin celulares, computadoras o tabletas. "La dura verdad es que los padres aman a sus hijos, pero no crean el tiempo para darles atención. En realidad no los escuchan. En realidad no los ven."[13]

Quiero mencionar otra forma posible de no conectar. Esta se presenta cuando aplicamos las "técnicas" que recomiendan los libros o los expertos, pero lo hacemos sin ver ni sentir a nuestros hijos. Les hablamos como si se tratara de una receta de cocina y sin ponernos verdaderamente en sus zapatos. Si cuando tratamos de nombrar sus emociones y de validarlas ellos se enfurecen, quiere decir que estamos "recitando" las emociones sin realmente conectarnos. Como dice Taffel, cuando hablamos con nuestros hijos hay que "decirlo con verdadero sentimiento o mejor ni te molestes". Las respuestas como de recetario simplemente irritan a los niños. Por eso, al educar y para poder conectarnos necesitamos como padres estar verdaderamente presentes y regulados. La buena regulación emocional sucede cuando permitimos que las emociones fluyan conservando la capacidad mental de notarlas y de reflexionar respecto a ellas, para poder elegir si actuamos o no.[14] Esta es precisamente la ayuda que nuestros hijos requieren de nosotros. Su cerebro es incapaz de lograr la regulación sin nuestro apoyo, pues las emociones no se controlan a través de la voluntad; la mente debe crecer y desarrollarse para poder trabajar con las emociones y llegar a usarlas como una guía para la acción.

---

13 *Ibidem*.

14 Sue Gerhardt, *Why Love Matters…*

ESTRATEGIAS PARA CONECTAR EN LA VIDA DIARIA

La conexión emocional no solo debería darse en los momentos críticos; en realidad, es como un hilo en el que hay que trabajar para que tenga continuidad y vaya formando un tejido hermoso y variado. La conexión es una cuestión cotidiana que se da a través del diálogo y la observación. Son las conversaciones cotidianas las que abren la puerta para entrar al mundo del niño, conocerlo y, claro, conectar.

Para establecer un verdadero diálogo con los niños (y con cualquiera), Taffel destaca seis aspectos:

1. Sintoniza con el niño a través de la fisiología; es decir, observa que tu tono de voz sea parecido al de tu hijo, así como la respiración y la velocidad de tus preguntas.
2. No interrumpas y no asumas nada. Espera a que termine y pide aclaraciones.
3. No intentes darle soluciones o consejos para resolver rápido el problema. Escucha y conecta con sus emociones.
4. Haz preguntas concretas. Una muy poderosa es "¿qué pasó después?".
5. Cuando haga falta, ayúdalo a moverse en su historia con cierto orden (principio, parte media y final), dejándolo hablar y sin intercalar juicios.
6. Evita el *por qué*; en cambio, *cuándo*, *qué* y *cómo* sí pueden ayudar.

Para conectarse es necesario tener tiempo, tiempo de simplemente *estar* juntos, haciendo cosas sencillas como colorear, poner la mesa, preparar el agua de limón. Cada niño tiene un momento u horario en el que le resulta más fácil abrirse, y es importante que como adultos busquemos cuál es el de cada uno de nuestros hijos. Yo recuerdo cuando recogía a mi hija de la secundaria y caminábamos a casa; en un principio, en mi urgencia de saber cómo le había ido, la bombardeaba de preguntas. Resultado: monosílabos y silencio. En cierto momento y gracias a las recomendaciones de este autor, cambié mi estrategia. María salía y yo le contaba algo de lo que me había sucedido a lo largo de la mañana o simplemente guardaba silencio. Generalmente, después de unos minutos ella comenzaba a hablar de lo que le había sucedido o de alguna preocupación.

Como resultado de miles de entrevistas con cientos de chicos, Taffel encontró que los mejores momentos para conversar y buscar conectar son los siguientes:

1. La hora de ir a la cama.
2. De camino a la escuela o de regreso de ella.
3. En el coche, cuando los viajes son cortos (digamos de unos 15 a 30 minutos).
4. Mientras se entretienen con un juego de mesa.
5. Al realizar tareas juntos.
6. En las comidas que realizan juntos.
7. Antes o después de ver una película o en los anuncios de un programa de televisión.
8. Al sentarse a trabajar cada quien en lo suyo en la misma mesa (claro, siempre y cuando el adulto esté listo y dispuesto a hacer pausas en su trabajo cada tanto y escuchar al niño).

Taffel insiste en que las mejores circunstancias para la intimidad surgen en esos momentos tranquilos y hasta aburridos que se dan en las interacciones cotidianas, como el momento del baño y la hora del cuento, porque cuando se trata de comunicar, dice Taffel, lo aburrido es el mejor momento. Cuando un niño se ha abierto a contarnos algo, es fundamental no interrumpirlo. Su comunicación debe ser tratada como un momento sagrado que ningún aspecto del mundo exterior (sobre todo si proviene de un celular o una tableta) debe interrumpir. Muchas veces los niños inician contándonos ciertos detalles que parecen irrelevantes, pero si los escuchamos, poco a poco llegarán a lo que es importante para ellos.

DIVERSIÓN ES CONEXIÓN

A lo largo de este libro hemos hablado de llevar al centro de la ecuación la relación y el vínculo con nuestros hijos. Este aspecto estaría incompleto si no habláramos de la importancia de compartir momentos de diversión, entretenimiento y gozo. Greenspan, especialista en psiquiatría pediátrica, explica que siempre debe haber un balance entre los límites y la nutrición afectiva. Greenspan le llama *tiempo en el piso* al tiempo relajado e individual que todo padre necesita tener con su hijo. (Cuando es bebé necesitará mínimo cuatro sesiones de 20 minutos diarios; este número puede ir disminuyendo paulatinamente: tres sesiones de 20 minutos para los preescolares y dos sesiones para el niño en edad escolar). Cuando se entra en una etapa en la que se necesita poner muchos límites, entonces hay que aumentar también el tiempo de juego o actividades agradables juntos. *Si das más, puedes esperar más*, aclara Greenspan.

Cuando los seres humanos compartimos momentos placenteros y divertidos, el cerebro produce un neurotransmisor llamado *dopamina*. Al recibirlo, las células del cerebro motivan a repetir la actividad que desató la producción de este neuroquímico. Cuando nos divertimos juntos, el cerebro recibe una serie de mensajes que favorecen el vínculo y la cooperación, aprende que la relación con mamá y papá también puede tener un lado lúdico y relajado, que ser familia puede ser divertido, y esto motivará a cada miembro a querer pasar tiempo juntos.

Cada papá y mamá debe buscar las actividades que le interese realizar con los niños, pues es importante que la diversión sea mutua: cocinar algo juntos, colorear, leer cuentos, entretenerse con juegos de mesa, bailar, tener una guerra de almohadas, hacer un día de campo, etc. Es muy importante mantener la atmósfera relajada, por lo que si vamos a cocinar, hay que estar hechos a la idea de que probablemente no todos los ingredientes acabarán al 100% en el tazón de la mezcla, esto es normal. O si la actividad va a ser ligeramente competitiva (jugar con una pelota, meter goles, etc.), hay que cuidar que ninguno de los participantes (incluido el papá) consideren que ganar es el objetivo del juego; esto lo podemos lograr si nos mantenemos juguetones y le quitamos la seriedad al asunto. Las actividades donde hay esfuerzo físico y risa (como los almohadazos) son perfectas para favorecer la descarga y la reconexión.

La novedad y la sorpresa también generan producción de dopamina; por eso Siegel nos invita a ser creativos y espontáneos como papás y sorprender a nuestros hijos, atrevernos a jugar, a ser juguetones, hacer el ridículo, contar chistes. Cuando somos incapaces de hacer cosas por simple diversión y actuar un poco locos, habría que revisar si nuestra dificultad tiene que ver con el miedo a reconocernos como vulnerables. No siempre es fácil transitar del "estado adulto", en el que solemos vivir, al "estado de juego" que se requiere para divertirnos con nuestros hijos, pero bien vale la pena el esfuerzo. Por un lado sabemos que estas son actividades que generan recuerdos perdurables;

por el otro, al realizarlas, todos entramos en un estado de la mente receptivo que favorece el funcionamiento de los sistemas más evolucionados del cerebro y nos deja una clara sensación de estar conectados. La diversión produce bienestar.

Un estudio, citado por Aamodt y Wang en su libro *Welcome to Your Child's Brain*, explica cómo un niño promedio de 4 años al que se le pide quedarse quieto el mayor tiempo que pueda logrará hacerlo durante menos de un minuto. Pero si se le pide que juegue a ser un guardia del castillo, logrará mantener su postura cuatro veces más. Este es un ejemplo maravilloso de lo que los niños pueden lograr (y nosotros con ellos) si enmarcamos algunas (o muchas, de preferencia) de nuestras demandas o peticiones. Cuando lo que queremos es lograr que los niños regulen su propia conducta en lugar de simplemente obedecer, el juego y la imaginación son las herramientas perfectas.

Los juegos de simulación son otra fabulosa estrategia. Mis hijas acostumbraban jugar a "las hermanas" con su abuela. Nunca la relación entre ellas era más armoniosa que durante las muchas horas que jugaban. Estos juegos de simulación son el contexto perfecto para que los niños practiquen el comportamiento que se espera de ellos en situaciones novedosas o en situaciones sociales que les resultan complejas. Los niños la pasan bien, pero además en su cerebro se produce otro neurotransmisor llamado *norepinefrina,* que favorece el aprendizaje y la plasticidad cerebral. Recordemos que una función fundamental del juego es generar un espacio en el que los niños puedan practicar para la vida real. La invitación es practicar con ellos. Les aseguro que puede ser muy divertido.

Además del juego, otra forma de conectar y pasarla bien es conversando. Acabamos de hablar de las conversaciones que pueden surgir en la intimidad durante esos momentos aburridos en los que los niños se sienten en confianza y pueden abrir el corazón. Pero también existen otros tipos de conversaciones, como las lúdicas. En estas lo importante es generar una atmósfera relajada en la que cada quien pueda decir lo que quiera, sin un objetivo educativo necesariamente, sino más bien con la intención de intercambiar y divertirnos. Necesitamos interesarnos en lo que a ellos les interesa, pues ese es el campo fértil para empezar una verdadera conversación. Jugar y conversar con ellos favorece la conexión, pero también son estrategias para que los niños desarrollen su capacidad para resolver problemas. El juego imaginativo acompañado de discusiones y debates (conversaciones en las que les preguntamos ¿por qué? para que justifiquen sus argumentos) son mejores estrategias para aprender que programas de computadora o sermones parentales.[15] Conforme los niños crecen necesitamos emplear nuevas formas de interacción involucrando niveles más altos de creatividad, conexión lógica y reflexión. Es mucho lo que está en juego: hacerlos sentir cuidados y seguros, desarrollar la capacidad reflexiva, sustituir el pensamiento de negro y blanco por la amplia gama de grises, ayudarlos a aplicar estas capacidades a sus relaciones con compañeros y su trabajo académico, y todo esto sin la formalidad de una cátedra sino a través del juego y el diálogo lúdico.

Preguntas que podemos formularles son "¿Qué es lo que más te gusta hacer en el mundo?", "Si escribieras un libro, ¿de qué se trataría?", "Si inventaras un juguete, ¿sería un juguete para jugar a qué?", "¿Qué es lo más horrible de tu escuela?", "¿Qué es lo mejor de tu escuela?", "Si pudieras entrar a una película, ¿a cuál te gustaría entrar?", "¿Qué es lo que más te preocupa?", "¿Cuál es tu sueño?", "Si pudieras comer una sola cosa el resto de tu vida, "¿qué sería?".

---

[15] T. Berry Brazelton e I. Stanley Greenspan, *The Irreducible Needs of Children...*

Ejemplos de situaciones para discutir (sin aleccionar) son: "Si te encuentras una mochila tirada afuera de tu escuela, ¿qué harías?", "Si estás con un grupo de amigos y empiezan a criticar a otro amigo tuyo, ¿qué harías?", "Si tu amigo perdió su pluma y tú sabes que la tiene otro de tus amigos, ¿qué haces?", "Y si el que la tiene no es tu amigo, ¿harías algo distinto?".

Y, claro, si queremos que sigan hablando, entonces hay frases como "Oye, qué interesante, cuéntame más", "Y eso que me cuentas, ¿qué te hace pensar o sentir?", "Veo tu punto, ¿qué planeas hacer?".[16]

Al conversar con un niño es importante empatizar con su perspectiva, mostrar comprensión de lo que está viviendo,[17] y solo después de haber establecido esta conexión empática, invitarlo a buscar soluciones juntos. Para muchos de los problemas que enfrentan los niños es útil discutirlos tratando de imaginar o visualizar los retos generados por el problema: cómo se sienten o se sentirían en esa situación, lo que típicamente harían y cuáles pueden ser las mejores soluciones. Una vez más, visualizar y jugar con estas situaciones es mucho más enriquecedor que sermonearlos e intentar que aprendan pasivamente de *nuestra* experiencia.

CONCLUSIONES

La infancia es un período complejo y apasionante de la vida, los adultos lo miramos y hacemos todo tipo de suposiciones, lo idealizamos y asumimos que sabemos qué pasa porque alguna vez fuimos niños; sin embargo, es un período del cual sabe-

---

[16] Ideas tomadas *de 40 Questions that Get Kids Talking*, en Positive Parenting Connection.com

[17] Berry Brazelton e I. Stanley Greenspan, *The Irreducible Needs of Children...*

mos que es imposible tener memorias precisas. Reconstruimos nuestros recuerdos y de ahí sacamos conclusiones. Creemos, desde nuestra visión adulta, que las preocupaciones infantiles son tonterías. Monstruos debajo de la cama, celos de un nuevo bebé, miedo a que mamá no esté, son todas preocupaciones que al lado de las nuestras nos parecen minucias, y por eso las devaluamos y perdemos la posibilidad de ver el mundo con la perspectiva de los niños.

Al final, lo que todo niño necesita es que nuestra mirada le transmita la sensación de que el niño que es está bien, que tiene nuestro permiso para ser como es, para estar completamente vivo y expresar su energía, que también le autorizamos relacionarse con otros y establecer vínculos profundos. Este mensaje nuclear le permite saber al niño de muchas formas que lo honramos y valoramos como una persona separada y que nos ocuparemos de sus necesidades básicas.[18]

[18] Harville Hendrix y Helen Hunt, *Giving the Love that Heals…*

CAPÍTULO 4

El cerebro

Mi propio cerebro es para mí la más inexplicable de las maquinarias, siempre zumbando, rugiendo, buceando, y luego enterrado en el lodo. ¿Y por qué? ¿Para qué es esta pasión?

VIRGINIA WOOLF

Desde finales del siglo pasado, el estudio del cerebro avanzó a pasos agigantados. La neurociencia se desarrolló enormemente como resultado de la aparición de nuevas tecnologías que permitieron la observación del cerebro de maneras novedosas y con una precisión desconocida hasta entonces. Hoy se puede observar el cerebro vivo y en pleno funcionamiento, lo que ha permitido construir todo un cuerpo de conocimiento que ha resultado transformador para la neurociencia y la psicología. Sin embargo, la manera en que el cerebro genera el pensamiento consciente sigue siendo, aún hoy, uno de los grandes misterios de la ciencia moderna ("si el cerebro humano fuese tan simple que pudiésemos entenderlo, entonces seríamos tan simples que no podríamos entenderlo").

Para comprender mejor el cerebro todavía se necesitan herramientas que puedan analizar los circuitos neuronales funcionando, se precisa tecnología que registre o controle la actividad de los circuitos del cerebro. Por esto en la actualidad, dentro de la comunidad científica, hay un llamado a dar un salto tecnológico que nos permita avanzar en el estudio del cerebro. En 2013 el gobierno de Estados Unidos asignó más de 100 millones de dólares para financiar la iniciativa llamada BRAIN, que busca desarrollar la tecnología que permita registrar las señales del cerebro. Proyectos similares han sido financiados por la Unión Europea (El Proyecto del Cerebro Humano, que cuenta con más de 1.6 billones para su desarrollo a lo largo de diez años) y también por China. Por ello podemos afirmar que estamos en el siglo del cerebro.

Si bien aún falta mucho por entender y estudiar, las aportaciones de la neurociencia en los últimos años han permitido comprender la conducta humana de formas novedosas, y le han conferido un fundamento científico a muchas ideas sobre la crianza que han existido desde hace muchos años. Así, una comprensión básica del sistema nervioso —sin ahondar en los detalles— puede resultar muy útil para todos los interesados en la educación de los niños.

Este capítulo constituye una introducción sencilla al funcionamiento del cerebro, la cual haremos desde la perspectiva de la neurobiología interpersonal (NI). La *neurobiología interpersonal* es un término acuñado por el psiquiatra Daniel Siegel para denominar el cuerpo de conocimiento que han generado sus investigaciones y las de sus colaboradores, como Louis Cozolino. La NI estudia la manera en que el cerebro desarrolla nuevas conexiones sinápticas y es influenciado por las relaciones interpersonales. Se trata de una perspectiva interdisciplinaria que se nutre de la neurociencia, la psicología, los estudios de las relaciones humanas y otras teorías. Constituye un excelente enfoque para sentar las bases de un conocimiento que nos ayude a ser mejores padres. Muchas de las reacciones automáticas de los seres humanos en general, y de los niños en particular, resultan no solo comprensibles sino hasta predecibles si tomamos en cuenta nociones sobre el funcionamiento cerebral y cómo este funcionamiento y su desarrollo están profundamente entretejidos con la manera en que nos relacionamos con nuestros hijos. Además, como dice Siegel, entender cómo funciona el cerebro de nuestros hijos nos ayuda a promover la cooperación de manera más rápida, efectiva y con mucho menos drama.

Desde el enfoque de la NI el cerebro humano es un órgano social de adaptación, debido a que ha evolucionado para garantizar la sobrevivencia y a que los humanos han evolucionado para vincularse y aprender de otros cerebros en un contexto de relaciones emocionales significativas. El cerebro está formado principalmente por dos tipos de células: las células gliales y las neuronas. Las neuronas son células del cerebro que procesan información y la envían a través de largas distancias que abarcan todo el cuerpo. Las neuronas se comunican a través de cargas eléctricas y sinapsis. Cuando una neurona se activa, la información viaja a través de una carga eléctrica a lo largo de su axón. La otra forma de comunicación neuronal o sinapsis es través de mensajeros químicos llamados *neurotransmisores*; estos mensajeros participan en la comunicación de neurona a neurona, realizando la transmisión sináptica. La mayoría de las neuronas desarrollan elaboradas ramificaciones llamadas *dendritas*, que forman conexiones sinápticas con las dendritas de otras neuronas. Las relaciones que se forman entre las neuronas registran nuestro aprendizaje en la memoria. Hay más de 100 000 millones de neuronas, cada una tiene más de 10 000 conexiones con otras neuronas. Estos números sirven para darnos una idea de la complejidad de esta estructura. Las conexiones entre las neuronas tienden a formar *series de activación*; es decir, cuando una serie de neuronas se ha activado, activar una tenderá a activar al resto; por eso decimos que se forman pequeños caminitos neuronales que quedan de alguna manera grabados, lo que vuelve propensas a las neuronas a reaccionar una tras otra hasta completarse el caminito, como el bebé que al cabo de unas semanas deja de llorar al ver la cara de la madre, pues *sabe*, dada la serie neuronal que se activa con este estímulo, que ya viene el abrazo y el bienestar de la alimentación.

Hay dos influencias que determinan la tendencia de las neuronas a ligarse: una es la determinada por los genes y la otra es la experiencia. Los genes proporcionan un andamiaje general, pero es la experiencia la que esculpe el cerebro a través de la excitación selectiva y la conexión específica de ciertas neuronas que llegan a formar redes neuronales funcionales. Una manera de ejemplificar esto pueden ser los focos del árbol de Navidad: a cierta distancia (sobre todo si están bien puestos), los cables no se ven, y sin embargo los focos se encienden y apagan en series; al acercarnos podemos ver los cables que hacen que un conjunto de focos forme una serie, que se prende y se apaga de manera secuencial, y cada serie lleva su propio ritmo. Las neuronas se conectan sinápticamente, y una vez que se han activado en serie, es más probable que esta serie particular active a las demás. Un ejemplo sería lo que nos sucede al escuchar ciertas palabras. Si una persona escucha la palabra *chocolate* y previamente sufrió una reacción alérgica al consumir chocolate, al oír la palabra no tendrá una reacción agradable sino de ligera alerta; en cambio, para quien el chocolate es agradable, la simple palabra activará cierta cadena de neuronas que le harán pensar en algo agradable y apetitoso. Otro ejemplo es el clásico experimento de Pavlov y su campanita. Si al presentarle la comida a un perro sonamos una campanita, el perro aprenderá a asociar las neuronas activadas por la vista de la comida con el sonido de la campana, lo que hará que, después de varias repeticiones, la pura campana active las neuronas activadas por la visión de la comida, y entonces el perro salivará. Por eso cuesta tanto trabajo cambiar de hábitos o modificar nuestra manera de reaccionar frente a ciertas circunstancias, porque es necesario *desactivar* ciertas cadenas de neuronas y activar en su lugar otras.

El otro tipo de células que componen el cerebro, como mencionamos, son las llamadas *células gliales*, que le dan soporte y mantenimiento a las neuronas. (Evidencia reciente muestra que estas células tienen funciones más allá del soporte y el mantenimiento de las neuronas; sin embargo, esta es una de las áreas en la que apenas comienza a surgir mayor información). El cerebro no es un sistema aislado, de hecho forma parte del sistema nervioso que se extiende por todo el cuerpo. La división más básica del sistema nervioso es la que lo separa en el sistema nervioso central (SNC) y el sistema nervioso periférico (SNP). El SNC incluye el cerebro y la médula espinal. Debemos tener claro que el cerebro es un sistema complejo de partes interconectadas, que no se limitan a lo que reside en el cráneo. Recordemos, por ejemplo, que hay importantes redes neuronales alrededor del corazón y del intestino.

El sistema nervioso se extiende por todo el cuerpo y recibe los datos en forma de sensaciones físicas percibidas por nuestros cinco sentidos. Luego, esta información es transmitida hacia la parte superior del sistema nervioso —es decir, al cerebro— y ahí es procesada por sus diferentes subsistemas que describiremos más adelante. Esto hace que nuestras sensaciones corporales moldeen nuestras emociones y que nuestras emociones moldeen nuestros pensamientos e imágenes mentales —de abajo (el cuerpo y las partes más primitivas del cerebro) arriba (la corteza)—. Por supuesto, la influencia también es a la inversa (de arriba abajo). Siegel lo describe así:

> [S]i tenemos pensamientos hostiles, podemos aumentar una emoción de enojo que puede hacer que nuestros músculos se tensen. Por eso los estados de la mente que no son más que esquemas completos de activación cerebral en un momento determinado,

> se generen al combinarse las sensaciones corporales, las imágenes, las emociones y los pensamientos.[1]

Cuando se crea un estado de la mente, surge un esquema de activación neuronal que probablemente se activará en el futuro. Alguien que todo el tiempo se molesta está favoreciendo estos esquemas, lo que puede llevarlo a vivir siempre enojado. Esta es la forma en la que los estados de la mente se convierten en rasgos del individuo que influyen en los procesos internos e interpersonales. Una persona que creció en un estado de abandono, describe Siegel, es probable que haya activado un estado de desamparo en su sistema nervioso cuando sus padres lo trataron de forma negligente; al repetirse este tipo de experiencias, esta forma de sentir y estar en el mundo queda arraigada (se ha conectado la serie de foquitos). Este estado mental es vivido por la persona como una falta de energía que la hace percibir el mundo como hostil. Sus emociones están llenas de vergüenza y desesperanza y el concepto que la persona tiene de sí misma cuando se activan estos estados es el de alguien que no merece ser amado. Años después, cuando esta persona se ha convertido en padre, el patrón puede volver a activarse frente a lo que él interpreta como una señal de rechazo (por ejemplo, que su hijo le diga que prefiere que mamá lo acueste). Al activarse estas redes perderá la perspectiva del momento presente y se verá sumergido en la experiencia del pasado, reviviendo el dolor y el rechazo.

Detengámonos un poco para describir el cerebro en sus tres componentes básicos y su interconexión.

---

[1] Daniel Siegel, *The Developing Mind. How Relationships and the Brain Interact to Sape Who We Are*, 2a. ed., Nueva York, The Guilford Press, 2012.

EL CEREBRO TRIUNO

Se habla de *cerebro triuno* cuando describimos al cerebro como un sistema de tres partes, o *tres cerebros en uno*: el tallo cerebral, el sistema límbico y la corteza cerebral.

Cada uno de estos sistemas está relacionado con nuestra historia evolutiva. La parte más antigua es el tallo, y la más reciente, la corteza. Podemos decir que estos tres sistemas son como capas: la capa más profunda es la del tallo. Alrededor de esta encontramos al sistema límbico. Y finalmente se encuentra la capa superior, la corteza, que a su vez está interconectada con las dos anteriores. Cada capa tiene distintas responsabilidades, pero sin duda funcionan de manera integrada e interconectada. Esta división es una herramienta didáctica más que una división anatómica.

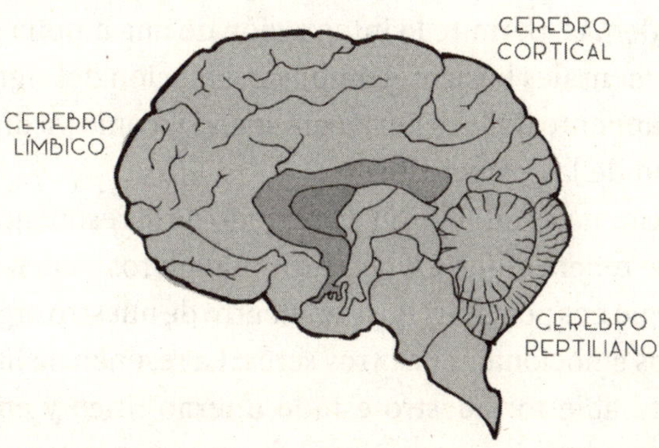

Tallo cerebral o sistema reptil

En el núcleo está el tallo cerebral, directamente conectado a la médula espinal (a este sistema también se le llamaba el *sistema reptil*, de acuerdo con la descripción del cerebro triuno que sugería MacLean).[2] Podemos decir que prácticamente no ha sufrido modificaciones a lo largo de la evolución. Este sistema es responsable de las funciones corporales. Regula la temperatura, el ritmo cardíaco y los reflejos básicos, como el flujo sanguíneo y la respiración; es decir, el estado fisiológico del cuerpo y también los estados de excitación y alerta. Estas funciones no llegan a la conciencia. El tallo cerebral está completamente formado y es funcional desde el nacimiento. Podemos decir que el lenguaje del tallo es el de las sensaciones corporales.

El sistema límbico

Alrededor del sistema reptil se encuentra el sistema límbico. El sistema límbico tiene un papel central en la coordinación de las funciones del sistema reptil y de la corteza. Es donde se controla la motivación, el aprendizaje, la memoria y las emociones. Además, permite la integración de una amplia gama de procesos mentales básicos, como la evaluación del significado, el procesamiento de la experiencia social y, como ya dijimos, la regulación de las emociones.

Este sistema es también el encargado de la resonancia límbica. Esta se refiere a que los cerebros mamíferos tienen un componente que nos permite registrar, dentro de nuestro organismo, los estados emocionales de otros seres. La resonancia límbica es un circuito abierto: nuestro estado interno físico y emocional afecta el estado físico y emocional de otros, y a la inversa.

Así como el lenguaje del tallo son las sensaciones corporales, en el caso del sistema límbico su lenguaje es el de las emociones.

---

2 Apud Cozolino, *The Neuroscience of Psychotherapy, Building and Rebuilding the Human Brain,* 2a. ed., Nueva York, W.W, Norton and Company, 2010.

Estructuras límbicas

Hay dos estructuras límbicas que es importante mencionar: la amígdala y el hipocampo.

La amígdala es un complejo de neuronas aproximadamente del tamaño de una almendra y es parte del sistema límbico. Se trata de un componente clave en las redes neuronales involucradas en el apego, la valoración y la expresión de las emociones; por eso se le llama el *núcleo del cerebro social*. En las situaciones interpersonales, la amígdala, automática e inconscientemente, evalúa el presente en el contexto de nuestras experiencias pasadas; este es un mecanismo poderoso a través del cual nuestros aprendizajes sociales del pasado influyen en la experiencia del presente (como el hijo del padre alcohólico que aprende a evitarlo cuando ve que llega con la mirada vidriosa o trabándose con las palabras). La amígdala es el elemento central en el procesamiento del miedo; este componente del sistema límbico se encuentra por debajo de los lóbulos temporales que tenemos a cada lado del cerebro. A los ocho meses de gestación ya está completamente desarrollada, por lo que aun antes de nacer ya somos capaces de experimentar estados fisiológicos intensos de miedo. Es probable que el miedo sea la emoción temprana más fuerte.

El hecho de que la amígdala madure aun antes de nacer mientras que los sistemas que la regulan e inhiben tarden años en desarrollarse nos deja vulnerables al miedo desbordante con ninguna o casi ninguna habilidad para protegernos a nosotros mismos. Por eso, durante los primeros años de vida, dependemos absolutamente de nuestros cuidadores para lograr una modulación externa de las emociones (cargar al bebé, acariciarlo, hablarle con voz suave, saciar su hambre, son todas maneras en que se logra esto). La forma en que los adultos nos protejan del miedo y nos ayuden a modular nuestras emociones se convierte en un modelo sobre el que se desarrolla nuestro cerebro (tipos de apego). Así, usamos la proximidad con nuestros cuidadores como nuestro principal método para regular el miedo y otras emociones. (Esta necesidad de ayuda para la regulación es otra razón por la que venimos programados para el apego, que buscan mantener al cuidador cerca y al bebé tranquilo).

La amígdala tiene un papel muy importante en la organización somática y emocional de la experiencia. La amígdala evalúa el peligro, la seguridad y la familiaridad en situaciones en las que hay que acercarse o bien evitarlas, y su conectividad con el hipotálamo y circuitos motores límbicos puede activar una respuesta de sobrevivencia muy rápida. Cuando la amígdala percibe peligro se hace cargo de la situación y para activar los sistemas de ataque-huida llega a desconectar las funciones más evolucionadas de la corteza. (Por esta razón no tiene caso intentar razonar con un niño desbordado, pues en ese momento el sistema límbico es el que está activado y la corteza que le permitiría razonar se encuentra desconectada). Actuar sin pensar puede ser determinante en una situación que la amígdala juzgue de vida o muerte; por ejemplo, cuando nuestros ancestros enfrentaban a un predador y tenían que correr para salvar su vida. Sin embargo, no es la mejor reacción en una situación cotidiana. Salir corriendo o atacar al señor enorme que se acerca a pedir una indicación no suele ser una buena opción.

Es importante recordar que nuestros hijos no tienen los recursos para modular su amígdala, por lo que frente a cualquier situación que ellos perciban como peligrosa (separación, desconexión o pérdida de la figura de apego, pérdida de algo importante, un adulto furioso que los mira de manera amenazante, etc.), reaccionarán como si fuera una situación extrema sin capacidad de reflexión ni análisis. En muchos momentos nos mirarán buscando un referente para saber cómo reaccionar y para tratar de regularse junto a un sistema nervioso maduro:

el de sus padres. Más adelante veremos estrategias importantes para enfrentar estas circunstancias.

El hipocampo es otra estructura del sistema límbico y desempeña un importante papel en la organización de la memoria explícita (más adelante hablaremos de los dos tipos de memoria, la explícita y la implícita) y en la modulación de las emociones, en colaboración con la corteza cerebral. El hipocampo es vital para el funcionamiento social cooperativo, consciente y lógico.

La corteza cerebral

La capa más alta y más reciente en nuestra evolución es el cerebro neomamífero o corteza cerebral. Esta capa externa del cerebro se modifica con la experiencia, lo que quiere decir que se moldea a través de innumerables interacciones con el mundo social y físico, pero posteriormente su configuración organiza nuestras experiencias y la forma en que interactuamos con el mundo. Un ejemplo de esto es la reacción que tenemos frente a los extraños. Un niño que ha crecido viendo que su madre se puede relacionar con extraños de manera relajada aprenderá a sobreponerse a la reacción de desconfianza determinada biológicamente por la presencia de una cara desconocida y aprenderá que puede relajarse frente a personas que no conoce. La corteza y el sistema límbico se modifican con la experiencia, lo que quiere decir que se moldean a través de innumerables interacciones con el mundo social y físico

La capa más externa del cerebro, la corteza cerebral, procesa la información sensorial y motora, y organiza nuestra experiencia del mundo; es decir, se encarga de procesos como la percepción, el pensamiento y el razonamiento. Conforme crecemos, la corteza permite que formemos ideas y representaciones mentales de nosotros mismos, otras personas y el medio.

La corteza también tiene una función integradora al ser la zona del cerebro en la que se ligan los procesos sociales, cognitivos, emocionales y somáticos. Aquí se organiza el pensamiento consciente y la toma de decisiones.

La corteza cerebral está subdividida en cuatro lóbulos: frontal, temporal, parietal y occipital. Cada uno de estos lóbulos está representado en ambos hemisferios del cerebro, lo que nos da un total de ocho lóbulos. Cada uno se especializa en ciertas funciones. El lóbulo occipital abarca las áreas para el procesamiento visual; el lóbulo temporal, las áreas para el procesamiento auditivo, la recepción del lenguaje y las funciones de la memoria; el lóbulo parietal liga los sentidos con las habilidades motoras y la creación de la experiencia de tener un cuerpo en el espacio; y el lóbulo frontal es para las conductas motoras, el lenguaje expresivo y la atención dirigida. Los lóbulos frontales y parietales se combinan para procesar las funciones ejecutivas que organizan el espacio y el tiempo para realizar conductas dirigidas a ciertos objetivos. Las áreas ejecutivas de los lóbulos prefrontales son uno de los sistemas neuronales que más tardan en evolucionar y que más lentamente se desarrollan en los niños y los adolescentes. Estos sistemas se siguen desarrollando a lo largo de la vida, lo que permite que el potencial para tomar perspectiva, atender una actividad en particular, filtrar las distracciones, tomar decisiones y actuar organizada y propositivamente aumenten de forma paulatina hasta bien entrada la tercera década de vida.

Los neurocientíficos todavía no se ponen de acuerdo en si se ha de incluir en la lista de los lóbulos corticales a la ínsula y al giro singular, pero dada su importancia en funciones como la vinculación de los procesos corporales y emocionales con la experiencia consciente, es útil su mención en este capítulo.

LOS HEMISFERIOS

El cerebro triuno, a excepción del tallo cerebral, se divide en mitades que llamamos *hemisferios*, el derecho y el izquierdo (a diferencia de lo que sucede con el cerebro triuno, esta sí es una distinción claramente anatómica y reconocible físicamente).

A lo largo de la evolución, cada lado de la corteza y del sistema límbico se fueron volviendo muy distintos, cada uno fue desarrollando áreas de especialización (el lenguaje es la especialización lateral que mejor conocemos). A pesar de estas diferencias, a las que se llama *lateralidad*, la mayoría de las funciones cerebrales se optimizan cuando participan ambos lados del cerebro. Los dos hemisferios se comunican principalmente a través del cuerpo calloso, que consiste en largas fibras conectoras que cruzan la línea divisoria. Pero detengámonos un momento para mencionar algunas de estas funciones lateralizadas.

En la mayoría de nosotros, el hemisferio derecho procesa información de manera holística —es decir, de manera integral— sin detenerse en las partes. Este hemisferio está densamente conectado con el sistema límbico y las vísceras, por lo que resulta dominante en el manejo de las emociones intensas y la experiencia visual espacial. El hemisferio izquierdo, en cambio, procesa la información de manera lineal y secuencial, y tiene menos conexiones con el cuerpo; lo suyo es el pensamiento abstracto y la solución de problemas. (Por eso proponemos conectarnos emocionalmente con el niño —hemisferio derecho— y solo después buscar soluciones a los problemas —hemisferio izquierdo—. Cuando el hemisferio derecho se tranquiliza, el cerebro puede funcionar de manera integrada).

El hemisferio derecho es mejor en la comprensión emocional del lenguaje, lo que se manifiesta en aspectos como el tono de voz y la actitud con los que se habla. Por su parte, el hemisferio izquierdo es —como lo llama Siegel de manera juguetona— el hemisferio de las *L*, porque es *l*ógico, *l*ingüístico (vocabulario, sintaxis, gramática, etc.) y *l*iteral, se especializa en los procesos lineales (como el lenguaje) y en el pensamiento racional.

Ambos hemisferios son indispensables para el procesamiento de la experiencia humana; promover la activación de las redes neuronales afectivas y cognitivas permite que la corteza frontal fortalezca la regulación del afecto y desarrolla la inteligencia emocional. Cuando les hablamos a los niños y existe una discrepancia entre nuestras palabras (procesadas principalmente por el hemisferio izquierdo) y nuestro tono de voz o lenguaje corporal (procesado principalmente por el hemisferio derecho), el niño percibe la falta de congruencia y esto provoca con frecuencia diversas reacciones en él, reacciones que solemos clasificar como necedad o desobediencia.

Al nacer, ambos hemisferios adquieren un ritmo de crecimiento bastante rápido, pero durante los primeros años el hemisferio derecho tiene un nivel más alto de actividad y desarrollo. Durante los tres primeros años las experiencias ligadas al apego, la regulación emocional y la autoestima generan un aprendizaje que se organiza en redes neuronales que tienden hacia el hemisferio derecho (por eso, insistimos, es tan importante conectarnos emocionalmente con ellos). Al entrar en el cuarto año de vida, el hemisferio izquierdo empieza a crecer a mayor velocidad. Este momento es muy fácil de notar porque el niño empezará a preguntar por qué, por qué y por qué a cada instante, y estará preparado para empezar a reflexionar a un nivel sencillo con nosotros.

Como consecuencia del lento proceso de maduración y de especialización de cada hemisferio, en un inicio ambos funcionan de manera relativamente autónoma y van ganando interconexión y coordinación a lo largo de la infancia. Cuando la corteza ha madurado (después de los 25 años), la combinación de las fuerzas de cada hemisferio permite una integración óptima del funcionamiento cognitivo y emocional, pero con esta divergencia funcional y la capacidad de cada uno para inhibir al otro, mantener los hemisferios bien balanceados y funcionalmente integrados siempre es un reto. Un cerebro que funciona integrando ambos hemisferios nos hará sentir tranquilos y calmados y será capaz de llevar nuestra atención hacia el interior para la contemplación, la imaginación y la autoconsciencia. Estas capacidades, a su vez, crean la posibilidad para los logros exclusivamente humanos: el arte, la religión y la filosofía.[3]

LA INTEGRACIÓN

Daniel Siegel define la *integración* como la conexión de componentes separados de un sistema más grande.[4] La integración neuronal se refiere a cómo las neuronas conectan la actividad de una región del cerebro y del cuerpo con otras regiones. En el cerebro existen ciertas áreas llamadas *zonas de convergencia,* que tienen neuronas cuyas conexiones se extienden ampliamente para reunir la información de una variedad de zonas en un todo funcional. Algunos ejemplos de esto son el cuerpo calloso, el cerebelo y la amígdala. El cuerpo calloso, ubicado entre los dos hemisferios y formado por fibras conectivas o

---

3 Louis Cozolino, *The Neuroscience...*

4 J. Daniel Siegel, *The Developing Mind. How Relationships and the Brain Interact to Shape Who We Are,* 2a. ed., Nueva York, The Guilford Press, 2012.

axones de neuronas, es una zona de integración de la actividad neuronal. La amígdala también tiene fibras que interconectan varios elementos de la percepción, la acción motora, las respuestas corporales y la interacción social.

Hablamos de integración neuronal cuando la persona es capaz de acceder y conectar su funcionamiento emocional y su funcionamiento cognitivo de manera constructiva y útil. Un ejemplo de esto son los padres que son capaces de promover el apego seguro en sus hijos. Estos padres, como vimos en el capítulo 2, al ser entrevistados para identificar el tipo de apego que establecen con sus hijos, responden a las preguntas de su propia infancia recordando y dándole sentido a su experiencia infantil, sin importar si fue dolorosa o feliz. Al elaborar e integrar su experiencia logran estar disponibles para sus hijos verbal y emocionalmente. En cambio, un ejemplo de desintegración son las reacciones disociativas, que surgen como consecuencia de los traumas vividos, haciendo que los padres que no han elaborado el trauma tengan comportamientos que manifiestan la falta de integración neuronal, que a su vez trauman y desorganizan el apego de sus hijos.

En el caso de los niños, la integración es algo que se irá alcanzando con el desarrollo, sobre todo de la corteza cerebral. Como ya mencionamos, al nacer, el tallo está totalmente formado, y la amígdala también, pero no la corteza con sus funciones de regulación; por eso no podemos pedirles a los niños que funcionen con una regulación y una integración neuronal cuando aún no tienen maduras las zonas del cerebro que se requieren para ello; en cambio, la actitud y el estado mental de los padres llegan a funcionar como sustitutos de una corteza madura cuando se trata de ayudar al niño a regularse. La experiencia tiene un papel muy importante en el proceso de integración, y los padres, a través del apego seguro, la conexión emocional y el diálogo reflexivo, podemos facilitar que el cerebro, en la medida que va madurando, vaya desarrollándose de una manera integrada.

La integración debiera darse, pues, entre los muchos sistemas del cerebro; pero si somos un poco más específicos, podemos hablar de dos tipos centrales de integración: la integración del cerebro triuno, que es la llamada *integración vertical* o de arriba abajo y de abajo arriba, y la *integración horizontal,* que es la de los hemisferios. La integración vertical incluye la habilidad de la corteza para procesar, inhibir y organizar los reflejos, impulsos y emociones generadas en el tallo cerebral y el sistema límbico.

La integración horizontal, por su parte, es la integración de las dos mitades o hemisferios del cerebro. Cada hemisferio tiene una predisposición emocional, por lo que el balance correcto entre derecho-izquierdo nos permite experimentar una mezcla saludable de experiencias emocionales negativas y positivas, así como regular y manejar la ansiedad.

La integración de arriba (corteza) abajo (sistemas subcorticales como el sistema límbico, el tallo y la médula espinal) y de abajo arriba implica la conexión entre los sistemas neuronales que se reparten y extienden en los tres niveles del cerebro triuno y la unificación del cuerpo, la emoción y la conciencia. Se le llama *arriba abajo* porque estos circuitos forman circuitos cerrados que van desde la parte superior de nuestra cabeza hacia las profundidades del cerebro (sistema límbico, tallo, médula espinal) y su conexión con el cuerpo a través del sistema nervioso, y de regreso hacia arriba. Una integración de arriba abajo incluye la habilidad de la corteza para procesar, inhibir y organizar los reflejos, los impulsos y las emociones generadas por el tallo, el sistema límbico y el cuerpo. Un ejemplo de esta integración es cuando estamos ayudando a nuestro hijo a realizar la tarea y él responde constantemente a nuestras preguntas con un "no sé", "no entiendo". Cuando hay integración podemos sentir las diferentes reacciones en nuestro cuerpo (el estómago se aprieta, formamos puños con las manos, sentimos tensión en la garganta), señales de que el enojo está aumentando; al registrarlas podemos tomar una decisión antes de llegar a la explosión de enojo, como ir por un vaso de agua o pedirle a nuestro hijo que realicemos una pequeña carrera para que la actividad física nos saque de ese estado mental, que se traduce en un estancamiento del trabajo y un aumento de emociones negativas en ambos.

En términos neurológicos, un ejemplo de integración es la que se realiza en los lóbulos temporales; ahí la información provista por nuestros sentidos es integrada, organizada y combinada con los impulsos primitivos (cerebro reptil) y el significado emocional (sistema límbico), dándose una integración *vertical* entre los tres niveles del cerebro triuno. Así sucede en el caso del reconocimiento de caras y la lectura de sus expresiones; este es un proceso que se inicia en la corteza con la información que llega del sistema visual y se completa en el sistema límbico, que evalúa la información para saber si es una cara que implica seguridad o si es un posible riesgo; por lo tanto, es un proceso de integración de arriba abajo.

Otro ejemplo de integración es el lenguaje. La producción correcta del lenguaje requiere la integración de las funciones gramaticales en el hemisferio izquierdo y las funciones emocionales del derecho. En este caso la integración es horizontal —es decir, de los dos hemisferios— y nos permite ponerles palabras a nuestras emociones, considerar los sentimientos en la conciencia y balancear los prejuicios de ambos hemisferios. (Por esta razón, cuando ayudamos a nuestros hijos a nombrar lo que están sintiendo, estamos favoreciendo el funcionamiento integrado del cerebro, la racionalidad integrada a la emocionalidad).

La integración neuronal entre los sistemas que procesan las emociones y los que procesan la cognición es muy importante, pues permite la regulación emocional; por eso como padres queremos promoverla a través del desarrollo de un apego seguro y el diálogo reflexivo. Cuando hay altos niveles de estrés, se pueden inhibir o alterar las habilidades integrativas de los dos hemisferios del cerebro, así como entre la corteza y las regiones límbicas, lo que hace surgir una disociación entre ambas. Por esto cuando el ser humano se ve confrontado con una amenaza, el lenguaje se cancela al igual que el procesamiento de la información (la situación de alerta activa las conductas automáticas de sobrevivencia de ataque o fuga reguladas por las partes bajas del cerebro, y desconecta el funcionamiento de la corteza). Las redes neuronales corticales responsables de la memoria, el lenguaje y el control ejecutivo se inhiben y se ejecutan deficientemente en momentos de estrés desbordante. (Un niño desbordado o, como solemos decir, en pleno berrinche, está en este estado. Entonces, solo queda dejar pasar la tormenta. Le es imposible ser razonable o reflexionar con nosotros, pero esto no quiere decir que no vayamos a hablar con él de lo sucedido una vez que regrese la calma).

Cuando existe la integración neuronal, la experiencia humana se traduce en la combinación de numerosas redes neuronales que procesan afecto, sensación, conducta y conciencia en un todo integrado, funcional y balanceado. Nos referiremos más a la integración cuando hablemos con detenimiento de las emociones y de nuestro papel como adultos en el desarrollo de la integración en los niños.

La evolución ha obligado al cerebro a adaptarse y readaptarse constantemente a un mundo que cambia sin cesar. Por eso Cozolino dice que el cerebro existe para aprender, recordar y aplicar lo aprendido.[5] El aprendizaje y la memoria dependen de las modificaciones en la química y la arquitectura del cerebro, en un proceso llamado *plasticidad neuronal*. Esta refleja la habilidad de las neuronas para cambiar tanto su estructura como su interrelación como consecuencia de la experiencia.

Los estudios sobre la plasticidad neuronal iniciaron explorando el impacto que tienen los distintos tipos de medioambiente en el desarrollo del cerebro, porque, como ya dijimos antes, la evolución del cerebro está determinada por el factor genético y el factor experiencial.

Cuando nacemos, los genes contienen información para la construcción del cerebro, pero la otra mitad de este proceso sucede como reacción a las demandas del ambiente, y así, a través de lo que Cozolino llama la *alquimia bioquímica*, la experiencia le da forma a la arquitectura de nuestro sistema neuronal, haciendo de cada cerebro una mezcla única de nuestra historia evolutiva y nuestra experiencia individual.

El cerebro disminuye su plasticidad cuando no hay excitación, pero también cuando la excitación es demasiada, porque tiene que canalizar su energía hacia la sobrevivencia inmediata. La excitación suave o media activa la plasticidad neuronal al aumentar la producción de neurotransmisores y de hormonas del crecimiento neuronal, lo que a su vez activa el crecimiento de las neuronas y favorece la conectividad entre ellas.

---

[5] Louis Cozolino, *The Social Neuroscience of Education: Optimizing Attachment and Learning in the Classroom,* Nueva York, W.W. Norton & Company, 2013.

Por eso los niños aprenden mejor cuando algo los entusiasma o encuentran algún reto, pero se inhibe el aprendizaje si se aburren, están enfermos o, en el otro extremo, el adulto les grita y los amenaza. El estrés social inhibe la proliferación de las células y la plasticidad neuronal (por esta razón los niños víctimas de acoso escolar suelen tener una caída significativa en sus calificaciones); en cambio, el apoyo social, la compasión y la bondad favorecen el crecimiento neuronal.

El cerebro es capaz de cambiar a cualquier edad, y a lo largo de la vida las interacciones sociales son el factor más importante de plasticidad neuronal. Para bien y para mal, las relaciones cercanas con maestros, amigos, parejas y padres pueden activar procesos neuroplásticos que modifiquen la estructura del cerebro.

Las relaciones que brindan apoyo, animan y se preocupan por el otro estimulan los circuitos neuronales y los predisponen a una mayor plasticidad. Las relaciones amenazantes o que causan inseguridad inhiben los procesos de plasticidad así como la flexibilidad y la reflexión; esta es otra explicación para entender por qué los niños con apego seguro tienen una mejor disposición al aprendizaje y las relaciones sociales.

Nuestra capacidad para aprender nuevas habilidades e información a lo largo de la vida es evidencia de que la plasticidad neuronal perdura a niveles que todavía son motivo de investigación.

LA MEMORIA

De acuerdo con Siegel, la memoria es la manera fundamental en la que nuestra mente codifica una experiencia, la almacena y la recupera más tarde para influir en nuestra experiencia futura y en nuestras acciones. La memoria tiene dos formas básicas: la memoria implícita y la memoria explícita.

La memoria implícita se refleja en esquemas inconscientes de aprendizaje escondidos en las capas de los procesos neuronales, es de difícil acceso para la conciencia y puede abarcar desde un trauma hasta cómo andar en bicicleta. La memoria implícita se desarrolla tempranamente; de hecho, es altamente funcional desde el nacimiento. Sus mecanismos son subcorticales y la amígdala desempeña un papel central. Además, es emocional, visceral y sensoromotora (durante los primeros meses de vida memorias sensoriales se combinan con asociaciones corporales, de manera que, por ejemplo, la vista del padre se asocia con alzar los brazos, sonreír y con un sentimiento agradable). La memoria implícita incluye la habilidad de hacer generalizaciones con base en nuestra experiencia, creando modelos mentales que organizan nuestra percepción del mundo y de nosotros mismos. Las pautas de apego son una forma clave de memoria implícita que guían y moldean las relaciones a lo largo de la vida. El trato temprano que recibe un niño hace toda la diferencia en que el niño construya una idea del mundo como un lugar seguro o inseguro, y esto implícitamente, es decir, sin conciencia.

Otra manifestación cotidiana de la memoria implícita la encontramos en esas situaciones en que decimos "me apretó el botón". Esta es una experiencia particularmente frecuente con nuestros hijos. Estos botones son los rastros emocionales de experiencias personales que se almacenaron en sistemas implícitos de memoria. Sobrerreaccionar, explica Cozolino, es consecuencia de cierta sensibilidad provocada por nuestra historia. Cuando los hechos vividos y codificados en los sistemas de memoria implícita se asocian con vergüenza (los niños son capaces de sentir vergüenza a partir del año), por ejemplo, la persona puede encontrar críticas, rechazo y abandono en casi cualquier interacción, pues las memorias tempranas generan una distorsión completamente inconsciente cuando, al activarse, nos hacen interpretar la realidad con cierto prejuicio. Por eso, como padres deberíamos hacer un mínimo de trabajo personal y de autoconocimiento de manera que estas memorias implícitas no nos predispongan constantemente a perder la calma.

La memoria explícita se desarrolla después que la implícita, y es a lo que la mayoría de las personas se refieren cuando hablamos de *memoria*, pues es la que nos da la sensación de estar recordando algo. Podemos nombrar dos tipos de memoria explícita. La primera es la *memoria semántica,* que empieza a funcionar después del primer cumpleaños; es la memoria factual, es decir, la de datos y eventos específicos. La segunda es la *memoria autobiográfica*; esta inicia después del segundo cumpleaños y se refiere a episodios autobiográficos de uno mismo en determinado momento. Algunas de las habilidades que se almacenan en la memoria explícita pueden permanecer justo abajo del nivel de conciencia hasta que llevamos nuestra atención a ellas. La memoria explícita describe el aprendizaje consciente e incluye formas semánticas, sensoriales y motoras. Es declarativa y se organiza con el lenguaje. Es capaz de abarcar imágenes visuales y se organiza en episodios y narrativas. La memoria explícita implica una organización consciente de la experiencia; sin embargo, las memorias explícitas de la infancia están moldeadas por factores emocionales y cognitivos que no necesariamente son conscientes.

Son muchos los sistemas cerebrales involucrados cuando hablamos de la memoria. La memoria implícita abarca más estructuras subcorticales y del hemisferio derecho orquestadas por la amígdala, mientras que la memoria explícita es organizada a través de la coordinación de múltiples regiones de la corteza y el hipocampo. Dónde se almacene cierta memoria depende del tipo de memoria y de cómo está codificada; por eso cada vez que recordamos activamos determinada red neuronal y, dada la plasticidad del cerebro, esta red puede modificarse una y otra vez.

CONCLUSIONES

El cerebro humano es, como dice Cozolino, un "órgano social de adaptación" que evoluciona a través de las interacciones positivas y negativas con otros. La cualidad y la naturaleza de nuestras relaciones se codifican como parte de la infraestructura neuronal de nuestros cerebros. Es a través de esta traducción de la experiencia en estructuras neurobiológicas que la naturaleza y la crianza se hacen una. El sistema nervioso está hecho de millones de neuronas, mientras que la experiencia está construida por incontables momentos de aprendizaje.

Los invito a considerar no solamente la influencia que nosotros tenemos sobre nuestros hijos, sino también la influencia que nuestros padres y nuestras experiencias han tenido en nosotros. Es importante señalarlo porque no siempre logramos ser los padres que queremos como consecuencia de los esquemas establecidos a lo largo de nuestra historia y que guían automáticamente nuestras conductas. Por esta razón, como hemos mencionado, es importante trabajar en nuestra propia persona. Ya en el capítulo 2 hablamos de los diferentes tipos de apego y el tipo de desarrollo que favorece o dificulta un apego seguro, y de la posibilidad de convertir un apego inseguro en un apego seguro conquistado, para así trasmitírselo a nuestros hijos.

Al construir un apego seguro con nuestros hijos les estaremos concediendo regular sus afectos porque les permitimos la posibilidad de apoyarse en nuestro sistema nervioso maduro y equilibrado al entrar en resonancia con nuestro propio sistema límbico, dándole a su amígdala el apoyo que necesita hasta que poco a poco ella pueda hacerlo con el soporte de la corteza, conforme esta se vaya desarrollando. Es importante recordar que el apego seguro no implica una parentalidad perfecta. Los niños que viven repetidas veces el ciclo de conexión emocional-ruptura-reconexión aprenden a confiar en el restablecimiento de la sintonización afectiva, y esto mantiene bajos los niveles de ansiedad y miedo, lo que favorece la integración de los distintos sistemas del cerebro y el aprendizaje. El consuelo físico y la conversación tranquilizadora con los cuidadores ayuda al cerebro a integrar la experiencia (este es el poder de la reflexión cuando tanto el papá como el hijo dialogan de manera tranquila).

La plasticidad neuronal, el crecimiento y la integración de las estructuras cerebrales aumentan cuando el niño cuenta con una relación segura y confiable, y el estrés en su vida es moderado (ojo, *moderado*, no ausente) cuando en el diálogo con sus figuras de apego se activan tanto la emoción como la cognición; es decir, cuando hablamos juntos de lo que pasó y de lo que sentimos.

En el siguiente capítulo profundizaremos en lo que pasa cuando el niño no recibe la asistencia necesaria para regular sus afectos y darle sentido a sus emociones. Veremos cómo el cerebro tiene que organizar una variedad de estrategias defensivas para reducir la ansiedad. Estas defensas, explica Cozolino, varían en el grado en el que distorsionan la realidad, dependiendo del grado de ansiedad que vive y tolera el niño.

Rick Hanson (www.rickhanson.net/hug-the-monkey/) afirma que si entendemos que nuestro cerebro no es más que un cerebro de lagartija (sistema reptil), un cerebro de ratoncito asustado (sistema límbico) y un cerebro de changuito (corteza), podríamos ser más compasivos con nosotros mismos y con nuestros hijos.

CAPÍTULO 5

Las emociones

Cuando te encuentres diciendo "¿Por qué me habla así mi hijo?", mejor pregúntate "¿Por qué se siente así mi hijo?".

PRANA BOOST PRESCRIPTIONS

Las emociones son procesos fundamentales y complejos del funcionamiento cerebral. No es sencillo explicar qué son y cómo surgen; sin embargo, intentar alcanzar una comprensión básica de ellas nos puede facilitar entender muchas de nuestras reacciones y de las de nuestros hijos. Nos puede ayudar a no esperar un control emocional que es biológicamente imposible para ellos, y nos permite darnos cuenta de que como adultos tenemos un papel fundamental en la capacidad de regulación emocional que los niños desarrollen. (Seguramente muchos han visto la película *Intensa-mente*. Confío en que la comprensión de este capítulo será más sencilla para los que la hayan disfrutado).

Las emociones son el hijo pródigo de la psicología. Desde que el racionalismo resaltó el papel de la razón, las emociones quedaron condenadas a ser "la loca de la casa" a la que hay que controlar, limitar, cancelar, desacreditar y, en el mejor de los casos, regular. Durante muchos años la psicología y la educación se centraron en la cognición para hablar de educación y crianza. Pensábamos que lo que había que desarrollar en los niños (y los adultos) era el aspecto racional; creíamos que "controlar" las emociones era uno de los objetivos de la buena educación. Pero, afortunadamente, el hijo regresó: hoy sabemos que la distinción común entre cognición y emoción es artificial y puede resultar un obstáculo en la comprensión de los procesos mentales. Sabemos también que, en lugar de buscar controlar, el objetivo es canalizar las emociones y usarlas como guías para la acción y como material para la conexión entre las personas.

Las emociones han sido un tema central de la psicología, pero fueron los avances en la neurociencia, en general, y de la neurobiología interpersonal (NI) en particular, los que las reconocieron como una herramienta esencial en el proceso de sobrevivencia, adaptación y vinculación del ser humano. Las emociones humanas constituyen el sistema fundamental de valoración usado por el cerebro para ayudar a organizar su funcionamiento. Las emociones crean significado. Las emociones surgen como resultado de la evaluación que hace el cerebro de las circunstancias, de cualquier estímulo interno o externo. La emoción liga las diferentes capas del funcionamiento cerebral, y por eso decimos que es un proceso integrador. Sin emociones no seríamos la especie que somos, pues no habríamos formado grupos y tribus, que es precisamente lo que nos permitió, en primer lugar, sobrevivir, y luego evolucionar.

Las emociones están íntimamente ligadas al sistema de valoración que determina cuándo un estímulo interior o exterior merece ser considerado con el fin de determinar si la persona debe acercarse a ese estímulo o evitarlo. Este sistema de evaluación fue y es fundamental para la sobrevivencia. Los mecanismos de evaluación-excitación se encuentran en ambos hemisferios, y por lo tanto influyen en todos los aspectos de la cognición, desde la percepción hasta la toma de decisiones racionales. Sin este sistema los seres humanos no habrían detectado el peligro ni habrían elegido mantenerse cerca de los diversos recursos que les permitieron sobrevivir lejos de los peligros que amenazaban su vida.

Por otra parte, desde el enfoque de la NI, las emociones son la materia prima con la que se construye el tejido social. El intercambio emocional construye vínculos que nos permiten sobrevivir formando grupos o familias. Las emociones son el contenido y el proceso de la comunicación interpersonal al iniciar la vida; crean un tono y una textura de dichas comunicaciones que durará toda la vida (tipos de apego).

Las emociones tienen un papel fundamental en los procesos cognoscitivos y sociales, sirven como marcadores importantes en los procesos de memoria y aprendizaje, y funcionan como el pegamento que une a las familias y a los grupos. Además, la manera en que el individuo aprenda a regular las emociones tendrá un impacto directo en la calidad de su vida emocional.

¿CÓMO SURGEN LAS EMOCIONES?

Entendamos primero, paso a paso, cómo surgen y cómo funcionan las emociones siguiendo los lineamientos de la NI; esto nos ayudará a entender cómo permean todo el funcionamiento cerebral y favorecen su integración.

1. *Respuesta inicial de orientación*. En un primer momento la persona percibe un estímulo, que, como dijimos, puede ser interno o externo. Esto activa los sistemas de alerta del cerebro que parecieran decir: "¡Alto, esto puede ser importante, pon atención!". Esta respuesta no requiere conciencia ni tiene, hasta este momento, un tono positivo o negativo (oímos una puerta que se abre). Muy rápidamente, en cuestión de microsegundos, el cerebro procesa las representaciones del cuerpo y del mundo externo generadas por este proceso inicial de orientación, y entonces inicia la siguiente etapa.
2. *Proceso de evaluación-elaboración y excitación*. Este proceso de evaluación determina si un estímulo es *bueno* o

malo y, en consecuencia, si el organismo debe acercarse o alejarse del estímulo. Este es el nivel más básico de evaluación y el origen de las emociones. En este momento lo que surge es lo que la neuropsicobiología llama *emociones primarias*. Hasta aquí la conciencia sigue sin ser necesaria. Todo este primer sistema de evaluación lo realizamos miles de veces al día, sin siquiera darnos cuenta de que constantemente estamos determinando si lo que nos rodea y nos afecta es positivo o negativo, si vamos a acercarnos o a alejarnos (estoy sola y no espero a nadie, me pongo alerta). En algunos casos, cuando la evaluación determina que el estímulo es altamente peligroso, se activará el sistema de ataque o fuga que desencadena la amígdala. Se producirá una descarga de adrenalina que hará que el corazón aumente su ritmo y los músculos se tensen, preparándose para la acción. Sin embargo, la mayoría de las veces la reacción no tiene esta urgencia, habrá un cambio leve en el flujo de la activación de ciertos circuitos y surgirán los estados emocionales primarios como aumentos o descensos repentinos de energía, imágenes de algún tipo, nebulosidad o agitación nerviosa.

3. Cuando las emociones primarias son elaboradas, se diferencian en *emociones categóricas*. Estamos ya en el tercer paso del proceso emocional. Cuando las sensaciones de *bueno, acércate* o *malo, aléjate* son más elaboradas, es cuando nos sentimos *tristes* o *enojados* o *felices* (escucho la voz de mi pareja, el estado de alerta se convierte en alegría, llegó temprano). Podemos tomar conciencia de estas emociones por cómo percibimos nuestro cuerpo o nuestra mente, también por lo que detectamos en nuestra cara a nivel propioceptivo (recordemos que la información no solo fluye del cerebro hacia el cuerpo,

sino también en el sentido inverso, del cuerpo hacia el cerebro, de abajo arriba). Así es como el sistema de evaluación del cerebro genera activaciones emocionales que impregnan todas las funciones mentales y, literalmente, dice Siegel, crean el sentido de la vida. Las emociones y el significado son creados por los mismos procesos. Las evaluaciones creadas por el sistema de valoración deben ser almacenadas en la memoria y así los rasgos centrales de la emoción son entretejidos con los procesos representacionales del pensar; por eso el pensamiento y la emoción tienen una naturaleza inseparable tanto a nivel experiencial como neurobiológico, y por eso la conexión emocional que establecemos con nuestro hijo cuando le nombramos y validamos lo que está sintiendo es la llave maestra para conseguir su cooperación.

TIPOS DE EMOCIONES

Podemos hablar de dos tipos de emociones: las primarias y las categóricas (estas últimas son en las que usualmente pensamos cuando hablamos de *emociones*).

Emociones primarias o sensaciones emocionales primarias

Las emociones primarias son el resultado de esa primera evaluación de los estímulos que realiza el cerebro. Estas emociones reflejan los cambios en los estados de la mente y cómo se vinculan a nuevos procesos. Las sensaciones emocionales primarias no tienen palabras y pueden existir sin la conciencia. Son fluctuaciones en la integración del flujo de energía e información de la mente que predisponen al individuo a actuar de cierta manera. En este nivel básico se le asigna una valencia al estímulo: si es positiva, conduce al acercamiento, y si es negativa, motivará la retirada.

El cerebro, además de evaluar el estímulo, evalúa las emociones primarias en sí mismas, y de esta forma la mente comienza a asesorar el valor de su propio proceso evaluador y activador. En el caso de los niños esto significa que desde el inicio los padres tendrán una influencia en los procesos emocionales de sus hijos y esto depende de cómo actúen frente a las reacciones de sus niños. Algunos pequeños comprenden que los estados emocionales intensos no son tolerados por sus padres, por lo que aprenden a valorarlos como negativos y, por lo tanto, a evitarlos. Otros niños valoran ellos mismos sus reacciones emocionales intensas como negativas, pues les produce una valencia negativa en el proceso de valoración. Estas circunstancias hacen que traten de evitar lo que los hace reaccionar así, por lo que tienden a retraerse conductual y cognitivamente. Esto es lo que les sucede a los niños tímidos y, dependiendo de la reacción de los padres, pueden darse dos resultados. Al enfrentar la novedad le asignan una valencia negativa y quisieran retirarse, pero al sentirse apoyados por sus padres se relajan y poco a poco se van motivando a explorar las situaciones novedosas. (Este es el caso de Saúl, ese niño sensible al que abruman los abrazos y que no le gustaban las fiestas infantiles; hablamos de él en el capítulo 1). Por el contrario, la presión de los padres puede aumentar su propia reacción temerosa y aislarlos aún más.

Emociones categóricas

Las emociones categóricas son el resultado de un proceso de mayor diferenciación de las emociones primarias. Dijimos que frente a un estímulo el primer paso es el de la orientación inicial ("¡Alto, esto es importante!"), el segundo es la evaluación elaboradora-excitación (emoción primaria) y la tercera fase es la experiencia de una emoción categórica como la tristeza, el enojo, el miedo, la sorpresa, el gozo, el interés, el disgusto y la vergüenza (estas son las emociones que aparecen en la película *Intensa-mente*). Con el crecimiento del niño y la evolución de su cerebro y de su mundo social, las emociones categóricas podrán alcanzar un mayor nivel de complejidad y derivarse de situaciones sociales, como la nostalgia, los celos y el orgullo.

Estos estados emocionales más elaborados son comunicados a través de expresiones faciales y palabras; por eso son más sencillas de comunicar para los adultos que las emociones primarias. En contraste, es frecuente que los niños se sientan más cómodos expresando lo que sienten con las dualidades simples de los estados emocionales primarios (sí/no, bonito/feo, bien/mal) que tratando de definir la emoción categórica que pueden estar experimentando. Este es un elemento importante de nuestra comunicación con los niños, pues un "siento feo" o un "me siento bien" puede ser una afirmación muy directa de su sistema de valoración. A pesar de esto, los adultos con frecuencia insistimos en que los niños definan su experiencia en términos de emociones categóricas. Hay que recordar que el compartir los estados internos es un aspecto de la comunicación que no se da de forma espontánea, pero que puede aprenderse a través de las interacciones emocionales momento a momento en la relación con las figuras significativas y que, al hacerlo, favorece el desarrollo de la inteligencia emocional.

EXPRESIÓN AFECTIVA O AFECTO

La manera en que una emoción se revela externamente es lo que llamamos *afecto* o *expresión afectiva*. El afecto se manifiesta en las conductas no verbales y es el modo primario en que la emoción es comunicada. La expresión facial, la mirada, el tono de voz, los movimientos corporales, el momento y la intensidad de una respuesta, son todas maneras de comunicarnos emocionalmente. Las palabras vienen después y no siempre describen con precisión lo que estamos sintiendo; por eso en el caso de los bebés y los niños resulta tan importante ser empáticos y estar dispuestos a conectarnos emocionalmente con ellos; la conexión es la manera en que se *sienten sentidos,* y esto brinda la experiencia de seguridad.

Cuando en este libro hablamos de *conectar*, nos estamos refiriendo a entrar en contacto con este proceso básico de valoración de los estímulos del mundo que realiza el niño de manera automática e inevitable, y cuyo resultado son las emociones.

LOS PROCESOS EMOCIONALES EN LOS NIÑOS

Las emociones son el contenido y el proceso de la comunicación interpersonal entre el recién nacido y sus cuidadores. La del bebé es una comunicación fundamentalmente a nivel emocional, y así se mantendrá a lo largo de la infancia. Cuando un adulto entienda esto, no le quedará la menor duda de la importancia de la comunicación emocional entre los padres y los niños, y entenderá por qué abogamos constantemente por conectar y validar el mundo emocional del niño antes de tratar de redirigirlo o educarlo.

Veamos cómo es este proceso para un bebé o niño pequeño. Surge un estímulo interno o externo (un ruido intenso), el cerebro lo evalúa y los cambios en las conexiones neuronales hacen que aparezca una emoción primaria (alerta y sensación de incomodidad). Esta emoción se puede expresar como un afecto vital (llanto). Sus cuidadores deben conectarse con estos afectos vitales y responder de manera congruente a ellos. Si el bebé llora, el adulto interpreta qué necesita, lo abraza, lo mece, le da de comer y, en el mejor escenario, le habla sobre lo que supone que siente y de cómo todo va a estar bien ("¿Ese ruido tan fuerte te asustó? Fue la silla que se cayó, pero no te preocupes, ya pasó, nadie se lastimó"). Para Daniel Siegel, "La experiencia de expresar el estado emocional propio, y que otros lo perciban y respondan a esas señales, parece ser de vital importancia en el desarrollo del cerebro".[1] Así, la experiencia del bebé es regulada al amparo del cuidado de sus figuras de apego. Conforme el niño crece y su cerebro se desarrolla, las emociones primarias pueden empezar a elaborarse en emociones categóricas. Lo que empieza siendo para el niño sentirse *bien* o *mal* se va diferenciando, y el niño comienza a ser capaz de experimentar sensaciones evaluativas más sutiles. Este proceso se da mucho más rápido y con mayor precisión cuando en la familia se habla de lo que sus miembros sienten y de los diferentes matices que pueden tener estas emociones sin ejercer un juicio al respecto. Esto es fundamental no solo para la comunicación, sino, como profundizaremos más adelante, para la autorregulación, pues reconocer y nombrar las emociones es una de las mejores herramientas para regularlas; así logramos que funcionen de manera integrada ambos hemisferios.

Es importante que como papás recordemos que en los niños el proceso de evaluación-elaboración-excitación de los estímulos y la manifestación externa de las emociones surgidas no se dan en un vacío sino que influyen el estado de ánimo, el estado

---

1 Daniel Siegel, *The Developing Mind. How Relationships and the Brain Interact to Shape Who We Are*, 2a. ed., Nueva York, The Guilford Press, 2012.

físico, los recuerdos almacenados en la memoria implícita, las señales sociales que percibe en los que lo rodean, etc. Cuando el niño, o cualquier persona, recibe un estímulo que activa la respuesta inicial de orientación, él ya está con cierto estado mental activo; es decir, su cerebro tiene cierta combinación de conexiones neuronales activadas que generan un estado de la mente que se traduce en determinado estado de ánimo que influye en cómo reaccione un niño a la evaluación de un estímulo. Un buen ejemplo de ello son esos momentos en que los niños se ponen difíciles, a lo que llamaremos, parafraseando a Siegel, *condiciones de cuidado*. Cuando un niño está hambriento, cansado, enojado o se siente desconectado emocionalmente, su cerebro puede atribuirle una valencia negativa a casi cualquier estímulo, pues estas circunstancias (el hambre, el cansancio, los celos, etc.) generan estados mentales capaces de influir en la elaboración y la excitación hacia una reacción negativa, intensa y poco razonable, además de que reducen de manera considerable la ventana de tolerancia a la excitación (volveremos a hablar más adelante de la ventana de tolerancia, definida por Siegel como un aspecto fundamental de la regulación emocional). Evidentemente, estas condiciones de cuidado no son exclusivas de los niños, pero el adulto al menos tiene los recursos que da un cerebro maduro para manejar estas circunstancias; los niños, en cambio, quedan a merced de la intensidad de las experiencias y emociones que viven, pues su corteza no se ha terminado de desarrollar y muchas veces queda desconectada en esos momentos en que se desbordan emocionalmente.

Además de las diferencias que pueden provocar las circunstancias o el estado mental en el que está un niño, los padres debemos recordar que muchas veces existen diferencias primordiales que hacen que cada niño tenga una vulnerabilidad distinta frente a los diversos estados de evaluación-excitación. Esta sensibilidad puede modificarse con los años, pero no a través de la exigencia sino del desarrollo y el fortalecimiento de las capacidades de la corteza prefrontal, y esto se logra a través de la contención (el adulto es el que mantiene la calma), la conexión y la reflexión.

Los procesos de valoración y excitación crean un perfil de activación neuronal —un estado de la mente—, cuyas características a su vez moldean los subsecuentes procesos de valoración y excitación.

Andrés, de 7 años, se sube al coche saliendo de la escuela. En cuanto lo hace reniega por tener que ponerse el cinturón; luego le pregunta a su mamá si el abuelo irá a comer a casa. Cuando su mamá le dice que no, Andrés se pone furioso. La madre nota que desde el inicio Andrés estaba alterado, su estado mental era irritable, intranquilo, así que en lugar de regañarlo le dice: "Creo que hoy no fue un buen día en la escuela. Así nos pasa a todos, Andrés". Se hace un silencio en el coche, pero dos cuadras más adelante Andrés cuenta que su amigo Erick estaba triste. Su mamá apaga la radio sin decir palabra; Andrés llora y explica más: "Erick está triste porque en la escuela lo molestan, y hoy ¡yo también lo molesté! Me siento muy mal". "Lo puedo ver", dice la madre, a lo que Andrés agrega: "¿Le puedes hablar a su mamá? Creo que lo voy a invitar a comer para pedirle perdón".

La madre de Andrés nota que el estado mental de su hijo está alterado. No sabe qué pasó en la escuela para ponerlo así y hacerlo interpretar todo lo que sucede como agresiones personales, pero es respetuosa, no se engancha con las provocaciones y genera la atmósfera correcta para que Andrés se relaje un poco y pueda descifrar las verdaderas emociones subyacentes: la culpa y tristeza. En este espacio de contención y sin juicio, la madre no brinca a regañarlo por haberse burlado de Erick. Andrés regresa a su ventana de tolerancia y su cerebro busca opciones para manejar las emociones que está sintiendo.

Existen muchas formas de excitación y cada una involucra distintos circuitos. El cerebro maduro que funciona de manera integrada puede lograr que la corteza envíe señales al sistema límbico para disminuir el nivel de excitación cuando este alcanza niveles amenazantes. En cambio, los niños y los bebés se recargan mucho más en la información que reciben de las emociones de otros para poder regular su estado interno y sus respuestas externas, pues su propia corteza todavía es muy inmadura. Cuando un niño "se calma" porque un adulto le grita, lo que vemos no es un niño calmado sino un niño aterrorizado por la pérdida de control del adulto. Si lo que queremos es calmarlo, entonces con tranquilidad hay que acercarnos, mirarlo poniéndonos a su propia altura, tocarlo con suavidad y conectarnos con su emoción: "Estás muy enojado, tienes razón". Conectarse así no implica no poner límites o cambiar las reglas, pero sí manejar con empatía la situación: conectar y validar.

EL PODER INTEGRADOR DE LAS EMOCIONES

Si tratamos de ubicar las emociones en las diferentes zonas del cerebro, descubrimos su poder integrador, pues conforme avanza el proceso de evaluación-elaboración, diferentes sistemas en todo el cerebro y el sistema nervioso van siendo reclutados hasta generar estados mentales. La primera reacción de orientación es una respuesta que se realiza desde los centros más primitivos del cerebro como el tallo cerebral (sistema reptil). Los centros de evaluación del cerebro se encuentran en las áreas límbicas. En estas estructuras, la amígdala tiene un papel importante cuando se requiere una reacción inmediata de ataque o fuga, porque registra como peligroso el estímulo que le llega por alguno de los sentidos (como mencionamos, todo esto sucede en segundos y no se necesita la conciencia); pero además de ser el centro de alerta, la amígdala envía las representaciones preceptuales que recibe del tálamo hacia otros centros, para una mayor evaluación. Estos procesos evaluadores se ven afectados directamente por la información social del contexto, como pueden ser, en el caso de los niños, las expresiones faciales y la mirada de sus padres, así como las conductas no verbales que muchas veces pensamos que ellos no perciben. Frente a muchas situaciones los niños miran a sus padres para saber cómo reaccionar. Cuando los padres tienen una actitud clara y consistente, se convierten en un referente que favorece el desarrollo de la autorregulación en los niños.

Julieta, de 4 años, tiene cita con el dentista. Le han dicho que le van a poner los selladores y ella no tiene idea de qué quiere decir eso. La última vez que fue al dentista la llevó su papá y la experiencia fue fluida, pues además de ser una dentista muy paciente y agradable, es amiga del papá de Julieta. Hoy es la madre quien la va a llevar. La madre está muy nerviosa: odia los dentistas y odia oír llorar a Julieta. En el camino la madre va callada tratando de tranquilizarse. Julieta lo percibe, aunque no de manera consciente, y también ella se pone más nerviosa. La dentista, con su trato amable y empático, hace que Julieta pase al consultorio sin mayor problema. La revisa y les explica a Julieta y a su madre que además de los selladores le va a quitar una pequeña caries. La madre se angustia y exclama "¡Oh, no!". Julieta la mira y rompe a llorar.

Es probable que si la madre de Julieta hubiera reaccionado con menos angustia, Julieta también hubiera podido mantenerse regulada y enfrentar sin llanto lo que la dentista iba a hacerle.

Las emociones son, en su origen, primordialmente procesos no conscientes; sin embargo, trabajar para aumentar la conciencia emocional es un esfuerzo que trae muchos beneficios, pues la conciencia es necesaria si queremos modificar las conductas y mejorar la autorregulación funcionando de manera integrada. Tener conciencia de nuestras emociones y de las de otros es un elemento fundamental en la planeación del futuro, la empatía y las relaciones sociales exitosas.

Una puerta importante para desarrollar la capacidad de ser conscientes de nuestras emociones es conectarnos con los estados corporales. Sabemos que entre las reacciones emocionales y las respuestas corporales se hace un bucle de retroalimentación que con frecuencia escapa a la conciencia. Empezamos a enojarnos y sentimos calor en el cuerpo, cerramos los puños y apretamos la quijada, y estas reacciones corporales envían señales al cerebro que nutren el enojo que empezábamos a sentir. La respuesta del cuerpo nos permite saber cómo nos sentimos, y la habilidad de ser conscientes de nuestro estado corporal interno y de nuestro nivel de excitación afectiva influye en nuestra habilidad de estar en relación con otro. Siegel afirma que es probable que frecuentemente tengamos reacciones viscerales no conscientes que afectan nuestra toma de decisiones sin que nos demos cuenta de su efecto, y muchas veces esto es lo que experimentamos con nuestros hijos (y ellos con nosotros). Ser conscientes de al menos algunas de las reacciones viscerales es una de las opciones para no permitir que las reacciones emocionales nos secuestren y perdamos la capacidad de reaccionar de manera ecuánime (hablaremos de mantener la calma en el capítulo 7). Los estados de la mente son creados dentro de los estados psicobiológicos del cerebro y otras partes del cuerpo.

FUNCIÓN SOCIAL DE LAS EMOCIONES

Las emociones son la moneda de cambio de cualquier interacción social que hace posible que una persona tenga cierta idea del estado mental del otro. El intercambio emocional permite sentir la experiencia de otra persona, así como experimentar empatía, compasión y sintonización. En esencia, dice Siegel, la habilidad de una mente para percibir y luego sentir elementos de la mente de otra persona es una dimensión fundamental de la experiencia humana.

Percibir las intenciones del otro le dio a nuestra especie una muy clara ventaja evolutiva. El proceso que se inicia con la asignación de intenciones permite a la mente comparar las conductas externas con los estados emocionales que resultan implícitos. La sintonización empática entre los padres y sus bebés permite que los padres perciban las necesidades internas de sus hijos y las atiendan, y así maximizan el potencial de sobrevivencia del bebé; pero, además, y este segundo logro también es vital, crean un vínculo de apego que en el mejor de los casos hace que el bebé se sienta comprendido y que conforme crezca vaya organizando su mente apoyado en el funcionamiento mental de sus progenitores. Cuando los estados emocionales positivos del bebé son amplificados y los negativos modulados dentro del contexto de la comunicación en sintonía, el niño desarrolla una capacidad propia para la regulación autónoma. Los infantes humanos tienen cerebros profundamente subdesarrollados; mantener la cercanía con sus cuidadores es esencial, tanto para sobrevivir como para permitir que sus cerebros usen los estados maduros de sus figuras de apego para ayudarlos a organizar su propio funcionamiento mental.

Pablo, de 1 año y 10 meses, está sentado en el piso jugando tranquilamente mientras la madre conversa con la tía que le regaló un globo. De repente, el globo se revienta. Pablo brinca y se pone a llorar. Su mamá lo levanta, lo abraza y le explica lo que sucedió. Pablo deja de llorar, pero no se relaja y no quiere que su mamá lo baje al suelo. Se acomoda en el regazo de su mamá y cada tanto vuelve a decir: "¿Obo?". Su mamá vuelve a explicarle que sí, que el globo se reventó haciendo un ruido horroroso, que todos se asustaron mucho pero que no le pasó nada a nadie. La interacción se repite unas cinco veces más; poco a poco Pablo se va calmando hasta que, ya tranquilo, regresa a los juguetes. Después de unos minutos se oye un ruido afuera de la habitación. Pablo voltea a ver a su madre y dice asustado: "¿Obo?". La madre le sonríe, le toca la carita y le dice: "No, ese ruido no fue ningún globo. Fue papá que ya llegó". Pablo vuelve a relajarse.

Los niños nos observan todo el tiempo; somos un referente fundamental para su sistema de evaluación-elaboración. Nos miran para tratar de entender y descifrar sus propias emociones, el mundo y nuestras intenciones. Su sobrevivencia depende de ello. Están cableados para notar cambios sutiles en nosotros, como el tono de voz, la expresión facial o la ausencia de ella, nuestros movimientos corporales, etc. Las mentes de los bebés responden a las emociones de los adultos. Las emociones son claves sociales que se envían y se reciben sin mucha conciencia. Esto puede ser fuente de muchos malentendidos. Si no hablamos con los niños, ellos le darán un significado propio a lo que observan y reaccionarán en consecuencia. Un ejemplo clásico de esto es el niño que se siente responsable de la tristeza de su mamá que no tiene nada que ver con él, o del divorcio de sus padres, porque nadie habló con él de lo que estaba sucediendo.

Ni ellos ni nosotros hemos recibido una educación para expresar nuestros sentimientos, a veces ni siquiera sabemos con exactitud qué sentimos. Somos los padres los que tenemos la responsabilidad de cambiar esto. En primer lugar, necesitamos aprender a ser conscientes de nuestro propio estado de ánimo, y en segundo lugar a leer y escuchar los sentimientos que están detrás de las conductas de nuestros hijos.

Cuando un niño crece en una casa en la que se habla del mundo interno de cada miembro y se comparten las experiencias emocionales, aprende que lo que él siente puede compartirse y es valioso para él y para otros. Pero cuando en la casa no se habla de las emociones, el niño no desarrollará la capacidad de hablar de ellas y hacer conciencia. Estos procesos no son necesariamente blanco o negro; es decir, en cada familia y en cada sociedad hay emociones más aceptadas que otras, emociones de las que se puede hablar y emociones que deben censurarse y negarse. Para su segundo año de vida, el niño ya habrá aprendido que no debe mostrar ciertas emociones; descifrará las reglas sociales que le permiten saber qué puede expresar dependiendo del contexto social. Si bien cada sociedad tiene diferentes reglas de manifestación y es importante seguirlas para estar bien adaptados, hay que recordar que el bloqueo crónico de la expresión afectiva puede inhibir el acceso de la emoción a la conciencia del individuo.

El enojo es un buen ejemplo de una emoción frecuentemente mal vista y censurada con el bien conocido "pero no te enojes". El hecho de que el enojo sea una emoción tantas veces clasificada como negativa y, en consecuencia, algo que debemos evitar, impide que los niños aprendan a manejarlo constructivamente para poner límites y saber decir *no*. En lugar de esto, solemos enseñarles a reprimirlo y negarlo, como si la solución fuera "desaparecerlo". Obvio que esto es imposible, y una de las consecuencias de este manejo son las explosiones intermitentes, aparentemente por motivos injustificados, y sus consecuencias negativas. Los adultos olvidamos que detrás de las explosiones de enojo suele haber miedo, desesperanza e impotencia,[2] y que nuestra reacción debería ser tratar de entender la reacción de nuestro hijo y ser empáticos con él.

---

[2] G. Haim Ginott, *Between Parent and Child* [rev. Alice Ginott y H. Wallace Goddard], Nueva York, Three Rivers Press, 2003.

El manejo del enojo provoca problemas a muchos niveles, no solo para los niños sino para los adultos. Es frecuente ver a los padres tratando de no enojarse; al hacerlo van conteniendo la molestia y la desesperación hasta que, repentinamente y por una falla menor, explotan y le gritan a sus hijos. El hecho es que nos vamos a enojar, no hay manera de evitarlo; por eso hay que prepararnos para cuando aparezca esta emoción y saber qué hacer con estas reacciones emocionales intensas.

El enojo, como todas las emociones, nos da señales físicas que solemos ignorar. Si la madre escuchara las señales del cuerpo, podría manejar su enojo antes de que se convierta en una explosión que agrede al niño y que desdibuja el objetivo de lo que quería lograr o enseñar. El objetivo sería reconocerlo y actuar en consecuencia, antes de que su intensidad nos haga perder las capacidades prefrontales de reflexión, empatía y razonamiento, de manera que podamos poner el límite con claridad, dialogar con los niños y canalizar su energía o sus emociones. Necesitamos tener procedimientos específicos que ayuden a reducir la tensión antes de explotar.

Imaginemos una reunión familiar en la que los niños están corriendo alrededor de la mesa del comedor. Evidentemente, esto no es agradable para los adultos; los padres quieren detener esta conducta, pero también desean mantener una imagen de padres relajados frente al resto de la familia. Entonces, sonríen y dicen: "Niños, no corran en el comedor". Lo repiten un par de veces con la expectativa de que será suficiente para que los niños modifiquen su conducta; los niños, entusiasmados con esta actividad, no se detienen. Probablemente consideran que es una mera sugerencia; en cambio, su gusto y diversión son mucho mayores. De repente el padre se desespera y se levanta a gritarles. Los niños se detienen desconcertados y sin saber qué hacer, pues toda su actividad mental estaba concentrada en correr. El padre está furioso y los cataloga de desobedientes, necios, etc. Los niños se sienten avergonzados y agredidos y ni siquiera entienden bien por qué. ¿Es esta la forma en que aprenderán que no deben correr en el comedor? No lo creo, pues su atención se quedará centrada en el dolor o el malestar creado por los gritos parentales y no habrá espacio para que reflexionen sobre lo que sucedió; tampoco se trata de dejarlos corriendo de manera indefinida en el comedor, sino de tomar un papel más activo y asertivo para ayudarlos a canalizar su energía corriendo afuera u ofreciéndoles otra actividad.

El enojo, explica Ginott, debería expresarse de forma que les brinde cierto alivio a los padres, *insight* al niño y ningún efecto secundario dañino a ninguno de los dos. En el ejemplo anterior, si el padre registra que el hecho de que los niños sigan corriendo lo empieza a enojar, podría ponerse de pie, detener a los niños y, de manera seria, cercana y clara, decirles: “Me estoy enojando porque ustedes no hacen caso y siguen corriendo donde no se debe. Por favor, si lo que quieren es correr, vamos afuera. Si quieren quedarse aquí, entonces les sugiero que se pongan a colorear”, y al decirlo les ofrece los colores y las hojas.

Los tres pasos que Ginott sugiere a los padres son:

1. Aceptar que como padres nos vamos a enojar cuando tratamos con nuestros hijos.
2. Tenemos derecho a nuestro enojo sin culpa ni vergüenza.
3. Podemos expresar nuestro enojo sin atacar ni la personalidad ni el carácter de nuestro hijo.

Resulta así que no solo los niños deben aprender a regular sus emociones.

REGULACIÓN EMOCIONAL

Las emociones humanas constituyen el sistema fundamental de evaluación usado por el cerebro para ayudar a organizar su funcionamiento; por eso, mantener las emociones dentro de algún tipo de balance es fundamental para lograr un estado de bienestar. Las emociones tienen influencia en el flujo de los estados de la mente que determinan nuestros procesos mentales. Cómo experimentamos el mundo, cómo nos relacionamos con otros y cómo encontramos sentido en la vida depende de cómo hayamos logrado regular nuestras emociones. En el caso de los niños, la única opción para aprender a regular sus emociones es apoyándose en sus cuidadores.

Adquirir la autorregulación surge de las relaciones del bebé con sus figuras de apego; la dependencia saludable que se caracteriza por una comunicación interpersonal sintonizada facilita la autorregulación. Cuando el adulto responde a las señales del niño y establece un diálogo reflexivo, el niño desarrolla coherencia interna y la capacidad de pensar en lo que le sucede a él y a los demás. El desarrollo sano del niño requiere adultos que sepan equilibrar, por un lado, las necesidades de conexión emocional y comprensión, y por el otro, las prohibiciones que le imponen al niño. Conectar nombrando la emoción, validar reconociendo que es razonable sentirse así, y solo después educar y sostener la regla.

La experiencia de ser quienes somos y como somos está íntimamente ligada a nuestra experiencia emocional. La sensación de estar integrados y de ser funcionales depende de la manera en que la emoción es regulada. Los caminos para la regulación emocional involucran fuentes internas y externas. En un inicio, las fuentes internas tienen un menor peso; cuando el niño crezca y vaya madurando fisiológica y emocionalmente, desarrollará (o no) rasgos conductuales y componentes cognoscitivos que le permitan una mayor autorregulación. Sin embargo, serán necesarios todavía muchos años para que sus progenitores dejen de tener un papel fundamental en su capacidad de regulación emocional. Siegel propone que el estado de la mente más maduro del adulto tenderá a "llamar a filas" o reclutar procesos cerebrales similares en el niño (un adulto tranquilo tiene muchas más posibilidades de calmar a un niño que un adulto alterado). Si esto ocurre de manera repetida en los años cruciales del desarrollo temprano, es posible que estos estados compartidos se arraiguen como rasgos del niño. Desgraciadamente, lo mismo podemos decir de los estados mentales caóticos del adulto, que pueden activar estados caóticos en el niño por haberlos "llamado a filas".

Cuando hablamos de emociones intensas nos referimos a un fuerte nivel de activación o excitación cerebral. Un alto nivel de activación no necesariamente implica que la persona se vea desbordada, pues cada quien tiene un espacio o ventana de tolerancia distinto que le permite manejar ciertos niveles de excitación. El tamaño de la ventana depende de la predisposición genética y de las experiencias de aprendizaje. El gusto o el disgusto por las películas de miedo es un ejemplo de las diversas ventanas que pueden existir con relación a esta emoción. Hay personas que toleran y hasta disfrutan de cierto nivel de miedo; para otras esta emoción resulta insoportable muy pronto: su ventana de tolerancia al miedo es menor, y por lo tanto no disfrutan de este tipo de películas.

Cuando perdemos el control es porque nos hemos salido de los límites de la ventana de tolerancia que manejamos. Cada persona tiene una ventana de tolerancia en la que diversas intensidades de excitación pueden ser procesadas sin causar disrupción al sistema; cuando se ve rebasada, se pierde la capacidad para pensar racionalmente porque el cerebro deja de funcionar de manera integrada. La amplitud de la ventana de tolerancia varía dependiendo del estado mental en un momento dado, de la valencia asignada a un estímulo y del contexto social en el que la emoción se genere (no es lo mismo caerse frente a un auditorio de personas que en las escaleras de la casa). En el caso de los niños también debemos tomar en cuenta las *condiciones de cuidado* que mencionamos (no es lo mismo estar cansado y que el hermano te gane tu taza favorita a estar descansado y contento y que tu primo te pida prestada la taza favorita).

Cuando se rebasa la ventana de tolerancia entramos en un estado de desregulación emocional, perdemos nuestra capacidad de actuar de manera flexible y razonada; el lenguaje, la memoria y el control ejecutivo se inhiben parcial o totalmente dependiendo del nivel del estrés o de cuánto fue rebasada la ventana de tolerancia. Así, la función integradora de la emoción, que permite una autorregulación que se manifiesta en una interacción de adaptación y flexibilidad con el medio, se suspende. La mente entra en estados inflexibles o caóticos, y como tales, no son adaptados al medio interno ni externo. En otras palabras, nos desbordamos, nos ponemos "locos", dejamos de pensar y actuamos impulsivamente. Cuando esto sucede estamos en presencia de un *secuestro emocional*. Este *secuestro* o *explosión* implican una suspensión del pensamiento racional (la corteza se desconecta); el enojo y otras emociones obnubilan las percepciones e influyen en la conducta (quedamos gobernados por los sistemas bajos del cerebro). Esto es exactamente a lo que nos referimos cuando hablamos de que nuestros hijos nos activan provocando que la corteza se desconecte y reaccionemos con las partes primitivas del cerebro, y entonces nuestra reacción emocional nos desborda. Las explosiones son disfunciones de la autorregulación que debemos tratar de cambiar si queremos que nuestros estados mentales les sirvan a los niños para reclutar estados mentales de alto funcionamiento. Es el típico momento en que los papás gritamos, ponemos consecuencias desproporcionadas y, en el peor de los casos, insultamos y agredimos físicamente a quienes más queremos en el mundo: nuestros hijos.

Nuestros hijos también pueden ser víctimas de estas explosiones o secuestros emocionales. Claro que ellos son más proclives a vivir esto porque su sistema nervioso inmaduro (la corteza no se ha desarrollado por completo por lo que las estructuras profundas se sobreactivan con mayor facilidad) hace que su ventana de tolerancia sea muy variable y dependa en gran medida de sus condiciones internas y del medio externo.

Enrique, por alguna razón, no amaneció de buenas. El desayuno no le gustó y su camiseta del Barça estaba sucia. Enrique (de 5 años), su madre y su hermana (de 4 años) van en el coche rumbo a la escuela. La hermana va comiendo unas galletitas de una bolsa de celofán muy ruidosa. A Enrique lo empieza a irritar el ruido y le pide a la hermana que no lo haga. Si pudiéramos observar, veríamos a Enrique tratando de mantener la calma, apretando los ojitos y los puños. Luego le pide a su madre que le vuelva a contar las historias de cuando ella era pequeña, que les ha contado a lo largo de la semana. La madre va pensando en los asuntos que tiene pendientes al llegar a la oficina, además de que ya van un poco tarde y un rato antes tuvo que respirar hondo y convencer a Enrique de que mejor llevara la camiseta de los Pumas. Con todo eso en la cabeza, simplemente le dice a Enrique que en ese momento no recuerda ninguna historia. Enrique insiste; por alguna razón es importante para él. La madre se niega y guarda silencio. Enrique se pone loco con el ruido de la bolsa de las galletas y le exige a su hermana que deje de comerlas, que su mamá nunca vuelva a comprarlas, etcétera.

¿Es Enrique un niño caprichoso que se pone loco en cuanto no siguen sus instrucciones? No. Es un niño que, bajo la presión de la mañana, más lo que para él es un ruido desquiciante, a lo que se suma el hecho de que está viendo que la hermana tiene algo que él quiere y no tiene, busca a su mamá para que con sus historias lo ayude a mantenerse tranquilo. La mamá, demasiado absorta en sus preocupaciones, deja a este niño de 5 años que está tratando de controlarse sin la ayuda que le permitiría lograrlo. Claro que ella en ese momento no se da cuenta, simplemente observa la explosión emocional de Enrique, que la saca de su ensimismamiento y la engancha en una gran discusión.

Existen diversas estrategias para que la corteza prefrontal pueda mandar un mensaje tranquilizador a las estructuras más profundas que están en estado de alerta (tallo y sistema límbico), y así regresen a un nivel de excitación más tolerable. Algunas de estas son el diálogo interno ("tranquilo, ya va a pasar"), la memoria evocativa (recordar personas o situaciones que nos tranquilizan), la respiración y las prácticas de atención plena y meditación, que aumentan la función y estructura de los circuitos prefrontales regulatorios. Si los adultos nos mantenemos dentro de nuestro espacio de tolerancia, los niños aprenderán de las estrategias que les modelemos y sugiramos.

Al igual que los adultos, cada niño tiene una ventana de tolerancia distinta. Los niños con temperamentos "fáciles" ven la novedad como agradable, y les produce cierta excitación que no es disruptiva para su equilibrio; en general tienen una manera de aproximarse al mundo más abierta que los niños de temperamento tímido, y hacen que la vida para sus padres sea menos demandante, pues sus *condiciones de cuidado* no son tan frecuentes. Los que tienen temperamentos irritables, impredecibles y difíciles son "temperamentales" y experimentan reacciones frecuentes fuera de su ventana de tolerancia. Estas explosiones crean retos para los padres, que se ven obligados a estar mucho más pendientes de cuando su hijo ha entrado en un estado mental vulnerable como consecuencia de una condición de cuidado (hambre, sueño, desconexión emocional, celos y frustración). Conforme maduran dichos niños, muchos de ellos encuentran maneras más sofisticadas de regular sus emociones, con la subsecuente disminución en la frecuencia y la intensidad con la que se ve rebasada su ventana de tolerancia.[3]

Las ventanas de tolerancia también pueden recibir la influencia de lo que un niño ha vivido. Si han sido asustados constantemente en su vida temprana, el miedo puede asociarse a una sensación de temor o terror que puede ser desorganizadora para sus sistemas. Experimentar repetidamente emociones fuera de control, sin una sensación de que el otro lo ayudará a calmarse, puede hacer que la persona sea incapaz de tranquilizarse a sí misma.

Álvaro, de 7 años, es un niño extremadamente inteligente; sin embargo, no le va bien en la escuela, y la tarea es la peor hora del día. Sonia, su madre, se sienta a hacerla con él todas las tardes, pero cada día Sonia tiene menos paciencia. Hacer la tarea también para ella es una agonía. Álvaro se tiene que aprender los meses del año, no lo logra y su madre le grita, le pregunta si es tonto o si se está haciendo el payaso, le asegura que no puede ser tan inteligente como dicen en la escuela o que quizá le está tomando el pelo. Esta escena se repite una tarde tras otra. Años después, ya adulto, Álvaro contará cómo en cuanto su mamá empezaba a alzar la voz era como si frente a él se levantara un muro gris que ya no le permitía pensar. Claro que se sabía los meses del año, pero en ese momento los olvidaba y además se llenaba de vergüenza y se sentía verdaderamente tonto.

Otro elemento importante para el desarrollo de la regulación en el niño es el desarrollo de una *teoría de la mente*; esto quiere decir que el niño descubre y aprende que tanto él como los demás tienen un mundo interno lleno de ideas y emociones. El

3 J. Daniel Siegel, *The Developing Mind…*

mundo de cada uno es distinto y se pueden compartir. ¿Cómo se desarrolla esta *teoría de la mente*? Es un proceso que inicia desde los primeros meses de vida en la medida que surge una comunicación sintonizada entre el bebé y sus cuidadores y ambos desarrollan una referencia conjunta. Luego el bebé empieza a detectar la intención de la otra persona, y junto con ella la existencia de una mente propia y una mente en el otro.

Los niños necesitan tener la experiencia de comunicar su mundo interno usando un lenguaje para los estados mentales como sentimientos, pensamientos y recuerdos, pues así se desarrolla la capacidad de percibir la mente propia y ajena. Esta es otra de las razones por las que es importante hablarles a los bebés; por ejemplo, al despedirse, el padre o la madre pueden decirle a su bebé que se muestra inquieto: "¿Qué pasa? ¿Estás triste de que papá se fue a trabajar? Sí, lo entiendo, tarda mucho rato en volver y tú lo extrañas, ¿sí? En la noche regresará papá y tendrá tiempo de bañarte". Además de hablar del mundo interno, el niño necesita una relación con un adulto que entiende que el niño tiene una mente propia con un mundo interno privado; esto implica un proceso mucho más empático de lo que acostumbramos, en el que el adulto imagina el estado de la mente del niño antes de hacer conjeturas acerca de sus intenciones.

Con frecuencia, la dificultad para ponernos en el lugar del niño e imaginar qué está sintiendo y pensando en cierto momento nos lleva a tomar como verdaderos los mitos que determinan la manera como reaccionamos frente a las conductas de nuestros hijos: "quiere llamar la atención" o "quiere manipularnos".

Jacinta es madre de tres hijos. Hemos estado revisando cómo su segundo hijo, David, siente que su papá prefiere a su hermano mayor, Hugo. La realidad es que Hugo y su papá son muy afines, entre otras cosas son apasionados del futbol, deporte que a David no le interesa mucho. Jacinta le propone a su esposo que de vez en cuando haga planes en exclusiva con cada uno de sus hijos, para que no siempre el plan sea con Hugo. Martín, el papá, acepta e invita a David a hacer algo juntos el sábado en la mañana. David elige ir al zoológico. Tanto el padre como el hijo están nerviosos de ir solos, por lo que intentan que David invite a un amiguito. Cuando Martín se entera de que no puede el amigo, le pregunta a David si quiere invitar a sus hermanos. David dice que no sabe si quiere. Está ambivalente, duda. Martín lo discute con Jacinta: está convencido de que David los está manipulando manteniéndolos en suspenso y no tomando una decisión. Finalmente, con el apoyo de Jacinta, David logra expresar lo que verdaderamente quiere, y no lo que su papá quiere que diga. David desea ir solo con su papá y así se hace.

Cuidar el vínculo con nuestros hijos interesándonos por su mundo interno y preocupándonos por conectarnos con sus emociones y validarlas es una de las maneras de favorecer el aprendizaje de estrategias que permitan la autorregulación, pues el compromiso emocional favorece el aprendizaje. Si el vínculo es de amor y admiración, el niño querrá, además de darnos gusto, ser como nosotros.

IMPORTANCIA DE LA REFLEXIÓN PARA LA REGULACIÓN EMOCIONAL

Una autorregulación ya sea excesivamente rígida o excesivamente desorganizada limita el desarrollo; por eso cuando esperamos que los niños obedezcan "porque sí", "porque lo digo yo", nos olvidamos de que esto no le aporta elementos para su desarrollo integral. Su cerebro no está recibiendo la retroalimentación ni las experiencias que le permitan enriquecer y reforzar las conexiones neuronales que usamos cuando resolvemos problemas. Una actitud de obediencia rígida puede evitar que el niño se meta en situaciones de peligro, o quizá logre que sea un niño "muy educado", pero ¿es esto lo que buscamos? Estamos prontos a castigar, pero pocas veces se nos ocurre buscar soluciones juntos, enfrentar la "mala conducta" como un problema a resolver cooperando con nuestro hijo; tampoco pensamos en hablar sobre lo que pasó, para tratar de entender su perspectiva y transmitirle la nuestra. Esta reflexión no debe ser una sesión de verborrea y monólogos parentales, sino un diálogo entre ambos (lo veremos más ampliamente en el capítulo 7).

La flexibilidad y la consistencia son el camino hacia un crecimiento saludable; cuando un niño entra en un episodio de desregulación emocional, necesitará recuperarse. La recuperación es un proceso biológico demasiado difícil para que un cerebro inmaduro lo realice a voluntad. Recuperarse significa disminuir la excitación emocional y reactivar los razonamientos más complejos y abstractos mediados por la corteza (calmar la amígdala y conectar la corteza). Entonces podrá surgir la reflexión y el control de impulsos. Evidentemente, es más sencillo para un niño recuperarse si recibe la ayuda de una persona significativa que le nombre lo que está sintiendo y que esté emocionalmente tranquila y disponible (ya hemos visto que la pura presencia de una figura de apego seguro disminuye la activación de los centros de alerta del cerebro). Además de la compañía, el proceso de recuperación puede ser más rápido si ayudamos al niño a conectarse con su cuerpo respirando hondo y exhalando largo, haciendo visualizaciones, conectándose con su emoción y validándola. Esto prepara el camino para la reflexión sin juicio sobre lo sucedido y sobre los estados mentales del niño y de los demás involucrados en el evento. Una vez reinstalados los procesos corticales, la reflexión respecto a lo sentido y lo sucedido puede ayudar a que el niño amplíe su ventana de tolerancia poco a poco.

Cuando la desregulación emocional genera caos y conflicto, el niño está en un *modo bajo* de funcionamiento (son los sistemas más primitivos, el reptil y el límbico, los que están funcionando); en ese momento tanto la reflexión como el aprendizaje consciente son imposibles, pero cuando retorna a la calma y las funciones corticales vuelven a activarse como parte del modo alto de funcionamiento, con un poco de ayuda el niño podrá tomar conciencia de las emociones que surgieron y entender cómo lo hicieron actuar de cierta forma. Este sería el momento de hablar de las diferentes formas de reparación que cualquier niño tiene a su alcance (pedir una disculpa, escribir una cartita o hacer un dibujo, ayudar a recoger, etcétera).

Hablar con los niños una vez que han pasado los episodios de desregulación, y nombrar las emociones tratando de entender lo que sucedió es un proceso reflexivo que genera conciencia; este es el camino para ser más libres de los procesos reflejos e introducir cierta posibilidad de elección de nuestras conductas conforme la corteza se desarrolla y favorece un funcionamiento más integrado del cerebro. La conciencia nos permite compartir estados emocionales y hacer cambios en nuestra conducta.

VERGÜENZA Y DESCONEXIÓN EMOCIONAL

Cuando hablamos de las emociones desde la perspectiva de la crianza, es indispensable hablar de una emoción que puede resultar profundamente tóxica en el desarrollo infantil: la vergüenza.

Frecuentemente, cuando las emociones se ponen más intensas, tenemos necesidad de ser comprendidos; lo mismo sucede cuando tenemos intensos sentimientos de vulnerabilidad. En un momento de intensidad, si no somos comprendidos, si no se conectan con nosotros emocionalmente, el resultado puede ser un profundo sentimiento de vergüenza. Cada vez que un niño siente algo de manera intensa y nosotros desde nuestra lógica adulta lo descalificamos, tachándolo de tontería, le estamos abriendo la puerta a la vergüenza para que forme parte del mundo interno del niño y mine su autoestima.

Siegel describe la vergüenza como la emoción evocada cuando el estado excitado del niño no es sintonizado por los padres, y se caracteriza por la segregación de la hormona del estrés, el cortisol, en el cerebro del niño. Esto no quiere decir que por no sintonizar con nuestro hijo de vez en cuando vayamos a arruinar su futuro. La vergüenza en ciertos grados es una emoción esencial que los niños necesitan experimentar para empezar a aprender la autorregulación de sus estados de la mente y sus impulsos conductuales.[4] Al segregarse el cortisol como resultado de la falta de sintonización de los padres, el niño suele detener su conducta. Cuando el bebé, muy emocionado, empieza a escalar peligrosamente para alcanzar algo, necesita que lo detengamos y no que lo animemos a subir de manera irresponsable, aun cuando detenerlo lo haga sentirse frustrado, y sí, también un poco humillado al darse cuenta de que sus cuidadores no sintonizan con su excitación. Esta forma leve de vergüenza es necesaria e inevitable; sin embargo, lo que permite que el cerebro recupere su funcionamiento integrado y que el cortisol se disperse es que los padres restablezcan la conexión con el niño para que pueda tranquilizarse. Los padres jamás deben usar la vergüenza de manera intencional como una estrategia educativa. El niño avergonzado está inundado de cortisol —es decir, lleno de estrés— y es incapaz de reflexionar. La vergüenza puede sentirse como el miedo a la desconexión con las figuras de apego, tiene que ver con el miedo de sentir que hay algo en nosotros que es inadecuado, defectuoso y que no merece la conexión emocional con otros. El antídoto para la vergüenza es la

[4] Sue Gerhardt, *Why Love Matters, How Affection Shapes a Baby's Brain*, Nueva York, Routledge, 2008.

empatía, que es la conexión con la propia experiencia y la del otro. Una vez más encontramos razones para *conectar*.

Cuando un niño se engancha en procesos de conductas inadecuadas, necesita que los padres manifiesten claramente que reprueban dichas conductas. Aun cuando esta falta de sintonización haga surgir cierta vergüenza, este tipo de transacciones son necesarias para que el niño aprenda a autocontrolarse y poco a poco vaya modulando su conducta y sus estados emocionales internos, de manera que tome en cuenta el efecto que esto tiene en los demás. En este sentido específico, la vergüenza no daña, pero cuando se combina con un enojo parental sostenido o con una falta de reparación de la desconexión, entonces la vergüenza se convierte en una emoción tóxica que modifica el desarrollo del cerebro del niño.

Miguel, de 6 años, es un niño estimado por sus compañeros y maestros, con una buena relación con sus padres y con su hermano pequeño. Es, podríamos decir, un niño razonable y entendido. Sin embargo, últimamente no se limpia cuando va al baño. Su mamá ha intentado por todos los medios que cuide sus hábitos de limpieza y se asee bien después de ir al baño. Hasta el momento no ha habido manera de convencerlo de la importancia de este hábito. Desde el inicio, su mamá le dijo que cuando su ropa interior estuviera manchada sería su responsabilidad lavarla y colgarla en el baño. Miguel así lo hace sin repelar, entiende que nadie tiene por qué lavar la ropa interior que él ensucia por descuido (o por flojera o por necesidad de mantener su autonomía y hacer algo a su manera). Se la quita, la lava y la cuelga, pero la sigue ensuciando. Su mamá le ha dicho que si se ensucia puede oler a caca y eso les puede molestar a las personas en su escuela. Nada, sigue sin cuidar su limpieza. Le ha comprado *El libro de las cochinadas* y le ha ayudado a investigar sobre la importancia de la higiene. Nada. ¿Por qué Miguel continúa ensuciando su ropa interior? No sabemos. Solo sabemos que está siendo consecuente con su decisión de no limpiarse lavando él sus calzoncillos prácticamente todas las noches (o las tardes), pero no se asea después de ir al baño. ¿Debería su mamá ofrecerle premios o amenazarlo con castigos? ¿Humillarlo con frases tipo "¿Que, quieres ser un cerdo toda tu vida?" o "tus amigos se van a burlar de ti"? ¿Avergonzarlo hablando de esta situación con otros adultos para ver si así lo deja de hacer? Pensamos que definitivamente no; quizá sus amigos le hagan comentarios, y muchas veces nuestra urgencia para detener una conducta justamente tiene que ver con querer evitar que nuestros hijos sufran alguna humillación en el mundo externo, pero al final la decisión debería ser de Miguel (mientras él continúe lavando su ropa interior y no sea alguien más quien le resuelva el asunto), sobre todo cuando, en términos generales, Miguel es un niño que no da señales de un conflicto interno o social del cual esta conducta sea una manifestación más. Si su mamá, en su desesperación, hubiera optado por avergonzarlo y humillarlo, seguramente eso es lo que le habría traído un problema más complejo a Miguel, mermando su seguridad y sentido de autonomía. (Para tranquilidad de todos, después de muchos meses, Miguel, por motivación propia, empezó a cuidar su higiene y dejó de ensuciar la ropa interior).

Educar a un niño (o vivir con otro ser humano) necesariamente implica estar en un proceso constante de conexión y desconexión, de sintonización emocional y ruptura de dicha sintonización; por eso es fundamental recordar que el problema no son las rupturas sino la falta de reparación de esas rupturas. Las relaciones humanas necesitan la reparación para que fluyan y evolucionen de manera positiva.

Reparar es un proceso que debe darse en toda relación. Es necesario establecer un diálogo en el que se reconozca la ruptura y se restablezca la conexión, recordándole a nuestro hijo que es amado de manera incondicional (podemos reprobar su conducta, pero jamás su persona). La ruptura en la relación no siempre es consecuencia de estrategias disciplinarias justificadas; en ocasiones se rompe la sintonización emocional porque los adultos, exasperados o angustiados, perdemos la capacidad de funcionar desde los sistemas de alto funcionamiento que se dan a través de las funciones prefrontales, y caemos en los sistemas de bajo funcionamiento, como el ataque o la fuga. En estos casos es igualmente importante hablar con el niño de lo sucedido y, si es necesario, disculparse por la pérdida de control o la rigidez.

Restablecer la conexión y la empatía es esencial para el bienestar emocional del niño, pues ambos son procesos tranquilizantes que permiten que la relación continúe por un camino de apoyo y soporte.

CONCLUSIONES

Las emociones son, pues, un elemento integrador de la experiencia. Surgen en el cuerpo y la mente, y producen una reacción en cadena a través de los distintos sistemas neuronales y hasta la corteza cerebral.

Las emociones influyen en casi todos los sistemas del cerebro, por lo que recurrimos a ellas en cada decisión que tomamos; por eso es tan importante aprender a nombrar a nuestros hijos la emoción que los gobierna en ciertos momentos: así podremos conectarnos emocionalmente con ellos y desde esa conexión redirigir y educar.

Recordemos que el niño tiene todavía una corteza inmadura, lo que hace que con frecuencia quede sujeto a las reacciones más automáticas y defensivas de la amígdala y se vea desbordado por las emociones intensas. Los padres podemos apoyar a la amígdala mandándole señales tranquilizadoras: contacto visual colocándonos a su altura, una mano suave en el hombro, voz tranquila, estado emocional ecuánime, nombrar y validar las emociones estableciendo una conexión emocional. Una vez que la amígdala evalúa que el peligro ha pasado, el niño tiene muchas más posibilidades de echar mano de las capacidades que su corteza haya desarrollado hasta ese momento, y así podrá aprender a resolver problemas y a reflexionar.

Es muy importante entender esto, porque con frecuencia nuestra reacción frente a las emociones o los sentimientos de nuestros hijos es pretender modificarlas o hacerlas desaparecer ignorándolas, algo que resulta muy poco probable si realmente entendemos lo que es una emoción y el complejo proceso que la gesta. Es imposible controlar la manera en que reacciona el organismo. Por eso sentir no es ni bueno ni malo; no existen emociones buenas y emociones malas, las emociones *son*. Lo que hagamos con ellas es otra cuestión. Cuando sugerimos *conectar* estamos hablando de tratar de entender, imaginar, intuir cuál es el estado mental de nuestro hijo que lo lleva a tener cierta reacción frente a determinada situación. Ser empáticos y nombrar la emoción que vemos que comienza a secuestrarlo es realizar la función de la corteza prefrontal todavía inmadura. Cuando le brindamos la posibilidad de sentirse comprendido, él entenderá su mundo interno, construirá las conexiones neuronales que fortalecen su corteza y podrá ser más razonable.

Son varios los factores que influyen en la percepción consciente de un estado emocional, pero todos están determinados por redes neuronales en la corteza. Dada la inmadurez de la corteza en los niños, no podemos esperar que ellos utilicen ninguno de estos recursos de manera espontánea. Conforme el cerebro se desarrolla, el niño irá adquiriendo un mayor autocontrol y la habilidad de regular las emociones, sobre todo si recibe el apoyo emocional que facilita el funcionamiento integrado del cerebro.

Responder a las necesidades de los niños y conectarnos con su experiencia emocional no convierte a los niños en caprichosos, sino que posibilita el desarrollo de los sistemas neuronales que favorecen la regulación emocional y el apego seguro. Hay que recordar que el cerebro infantil tiene que trabajar más duro que el de un adulto para inhibir una conducta en curso; sin embargo, el hecho de que no hagan caso inmediatamente es un motivo de enojo frecuente para los adultos (en promedio, un niño de 5 años tarda 15 segundos mínimo en lograr detener una conducta que ya ha iniciado).

Los niños irán desarrollando estrategias para manejar sus emociones, como la de reinterpretar el significado de un evento ("mi mamá no quiere a mi hermano más que a mí; le trajo un regalo porque es su cumpleaños"), pero es más fácil llegar a esto si en el camino el adulto lo ha acompañado a reinterpretar los eventos una y otra vez conectando y validando sus emociones, y ayudándolo después a reflexionar sobre lo sucedido. Hasta que la capacidad reguladora del niño esté desarrollada, él cuenta con los adultos para que lo ayuden a moderar su emoción, en primer lugar, nombrándola y conectándose con lo que está sintiendo, para luego redirigir su conducta, hasta que poco a poco su corteza frontal haga todo el trabajo.

Los padres que apoyan la experiencia emocional de sus hijos nombrando y validando las emociones y sugiriendo maneras constructivas para lidiar con ellas tienen hijos que regulan mejor sus emociones a lo largo de la vida.[5]

Como vimos en el capítulo 4, la corteza prefrontal es la parte más nueva de nuestro cerebro en términos evolutivos, y también es la que tarda más en madurar. Si somos pacientes y apoyamos este desarrollo a través de la conexión y la reflexión, al final estaremos muy satisfechos y tendremos un vínculo de amor y respeto con nuestros hijos.

---

5 Sandra Amodt y Sam Wang, *Welcome to Your Child's Brain. How the Mind Grows from Conception to College,* Nueva York, Bloomsbury, 2011.

CAPÍTULO 6

Crianza y educación

Entre el estímulo y la respuesta, hay un espacio. En ese espacio reside nuestra libertad y poder de elegir nuestra respuesta. En nuestra respuesta reside nuestro crecimiento y libertad.

VIKTOR FRANKL

Ana María Serrano, doctora en educación y fundadora del Proyecto DEI, asociación civil que busca mejorar la calidad de vida de los niños desde el embarazo, define *criar* como alimentar el desarrollo conociendo y aceptando el perfil del niño y la etapa que atraviesa, rodeándolo de afecto incondicional y limitando su conducta, conteniéndolo. Y agrega que la crianza se acerca más a un arte que a la técnica. Tiene razón.

Otra autora mexicana, Rosa Barocio, define *educar* como "guiar al niño en su proceso de maduración a través del reconocimiento y el profundo respeto hacia su individualidad".[1]

Sin embargo, libros como *¡Porque lo mando yo!* tienen una visión que confunde educación con adiestramiento, como si los niños fueran cachorritos. Rosemond, autor de varios *bestseller*, entre ellos el título mencionado, afirma que "[...] para disciplinar a tu hijo exitosamente, primero debes entender qué hace a los niños emocionarse. Esto tiene sentido, ¿no? Después de todo, no puedes entrenar a un perro exitosamente si no sabes qué motiva a los perros".[2] Además, considera que las nalgadas (mientras no sean más de tres y se den con la mano y no un objeto) son un recordatorio de autoridad y una demostración de desaprobación que debe darse cuando el adulto esté enojado,

1 Rosa Barocio, *Disciplina con amor. Cómo poner límites sin ahogarse en la culpa*, México, Pax, 2004.

2 K. John Rosemond, *The Well-Behaved Child: Discipline That Really Works!*, Nashville, Thomas Nelson, 2009.

para que el niño sepa que va en serio.[3] Visiones de la "educación" como esta confunden *educación* con *disciplina*, entendiendo *disciplina* como castigos y control para lograr la obediencia y garantizar el éxito de nuestros hijos (¿o el nuestro como padres?). Y lo peor de todo es que estas posturas siguen siendo predominantes.

En este libro consideramos que la disciplina definitivamente forma parte de la educación, pero como veremos en el siguiente capítulo, nosotros hablamos de disciplina como la oportunidad de enseñar a nuestros hijos, y vemos la educación como un proceso más amplio que simplemente disciplinar/castigar (o, en el peor de los casos, adiestrar).

Entonces ¿cuál sería la definición de educación acorde con nuestra perspectiva? Definimos *educar* como acompañar conectando, dialogando y reflexionando con los niños para que desarrollen valores y habilidades que les permitan convertirse en miembros autorregulados de nuestra sociedad. Queremos apoyarlos para que desarrollen su propia voz y sean capaces de hacer con conciencia lo que consideren correcto. Educar es un proceso constante de resolver problemas *con* nuestros hijos, y no un proceso infinito de corregir y castigar.

En esta definición el niño es una criatura única y activa, pensante, capaz de reflexión y aprendizaje, que merece ser amado incondicionalmente y cuyas necesidades físicas y emocionales deben ser tomadas en cuenta.

Cómo educar es una pregunta que cada padre y cada madre debería hacerse para responderla de manera consciente y con objetivos a largo plazo. Sin embargo, la mayoría de las veces no lo hacemos, por lo que respondemos esa pregunta partiendo de ciertas premisas "invisibles". Esas creencias asumidas son

---

3 K. John Rosemond, *The New Parent Power!*, Kansas, Andrews McMeel Publishing, 2001.

las que en este libro queremos evidenciar y cuestionar, pues estamos convencidos de que determinan nuestras reacciones frente a la "mala conducta" de nuestros hijos y que minan nuestro papel como educadores conscientes.

Para responder cómo queremos educar, habría primero que responder qué visión tenemos de los niños y, más aún, qué pensamos de la condición humana. Porque, al final, nuestras ideas pueden determinar nuestra postura, por ejemplo, frente a la manera de disciplinar. El castigo como estrategia educativa tiene sus raíces en la idea de la obligatoriedad de castigar para que las personas aprendan y paguen por el daño causado. Así es como la aproximación autoritaria se nutre de un sistema de creencias que tiene una visión muy pesimista de la naturaleza humana. Ya ahondaremos más en esto cuando hablemos de disciplina y de cada uno de los mitos.

Repito, este no es un libro lleno de técnicas para lograr que los niños sean obedientes. No queremos generar obediencia sino responsabilidad, y esta cualidad, como decía desde hace más de cincuenta años el especialista en crianza y comunicación familiar Haim Ginott, solo puede crecer desde dentro del ser humano, y ser alimentada y dirigida con el ejemplo. Este libro busca cuestionar las ideas y creencias que tenemos respecto a la infancia y a la crianza, y que condicionan nuestra manera de ser padres. Igualmente, busca llevar al centro de todas las estrategias de crianza el vínculo entre padres e hijos, desplazando los objetivos a corto plazo que centran su atención en las conductas, la obediencia o desobediencia, y su penalización.

Cuando mis hijas tenían 2 y 5 años de edad, recuerdo muy bien haber tenido la sensación de estar haciéndolo todo mal. ¿Por qué no obedecían? ¿Por qué las regañaba yo con tanta frecuencia? ¿Por qué peleaban entre ellas?

En mi cabeza existía esta fantasía de que una familia amorosa era armoniosa, y que todo debía fluir con facilidad y felicidad. Preocupada, consulté a la directora del Montessori al que asistían mis hijas y ella me tranquilizó de inmediato. No había nada mal. Los niños sanos, como decía Winnicott, son una molestia, y su crianza es probablemente la tarea más agotadora y el mayor reto que podamos emprender (aunque también uno de los más divertidos y satisfactorios).

Todavía hoy recuerdo con agradecimiento el momento en que Toti me quitó la angustia y me hizo saber que todas las dificultades que estábamos enfrentando eran *normales*: el cansancio y la batalla constante por lograr cosas sencillas como que se lavaran los dientes o comieran las verduras.

¡Es tan sencillo perderse en los objetivos a corto plazo y en la búsqueda de la obediencia cotidiana cuando estamos agotados y tratando de "educar"...! Olvidamos nuestros objetivos importantes, los que son a largo plazo, y dejamos que "nos atrapen las arenas movedizas de la vida cotidiana con su constante tentación de conseguir 'obediencia' y sumisión de nuestros hijos".[4] Peleamos con ellos constantemente, nos frustramos porque no obedecen, y entonces es fácil caer en rudezas innecesarias o bien en la angustia constante cuando los niños mantienen su anhelo de autonomía.

La educación es una tarea cotidiana y de largo plazo; recordar esto es un paso fundamental para poder mantenernos en la educación empática y consciente, que sabemos que es la que mejor funciona para que los niños desarrollen habilidades que les permitan resolver problemas y autorregularse tomando en cuenta el efecto de sus conductas en otras personas. Busca-

---

4 Alfie Kohn, *Unconditional Parenting, Moving from Rewards and Punishment to Love and Reason,* Nueva York, Atria Books, 2005.

mos educar niños responsables, empáticos y autorregulados, no necesariamente obedientes.

TENER SIEMPRE VOZ, A VECES VOTO

Para Ginott, el desarrollo de la responsabilidad se da lentamente a través de los años y requiere una práctica diaria en la que se ejercita el juicio y la toma de decisiones en temas relacionados con la edad y la comprensión del niño.[5] La responsabilidad no se desarrolla practicando la obediencia y la sumisión a la autoridad. La responsabilidad se fomenta dándole voz al niño y, cuando es pertinente, una elección en cosas que le atañen (puedo oír la vocecilla en el fondo de nuestra cabeza que dice: "¿Cómo, los dejas que ellos decidan?"). Hacemos una distinción muy clara entre voz y voto. Si educamos empáticamente, escucharemos lo que tienen que decir, los tomaremos en cuenta, y si son cuestiones del ámbito de la responsabilidad del niño, la decisión puede ser suya. No es necesario preguntarle a un niño pequeño qué quiere desayunar, pero podemos preguntarle si quiere su huevo estrellado o revuelto. No le preguntamos si se quiere o no lavar los dientes, pero puede elegir hacerlo con el cepillo del Hombre Araña o con el de Batman. No tiene que elegir cualquier ropa, pero sí puede hacerlo de entre varias opciones que los padres le den. El mensaje que el niño recibe es que los padres le ofrecen diversas opciones, pero la elección es su responsabilidad. Con un niño más grande esto se puede ejemplificar con las actividades extraescolares. El niño puede escoger sus actividades, pero una vez hecho el compromiso, lo ideal es que termine el período.

---

5 G. Haim Ginott, *Between Parent and Child* [rev. Alice Ginott y H. Wallace Goddard], Nueva York, Three Rivers Press, 2003.

Matías, de 8 años, eligió entrar al futbol del club. Empezó muy entusiasmado. La realidad es que no es particularmente bueno, le gustan los entrenamientos pero no los partidos. Es sensible y le incomodan los gritos de los padres presionando a los niños mientras juegan. Entró desde el inicio del año escolar; ahora es febrero y ya no quiere ir. Su papá es fanático del futbol y en un principio lo convence para que continúe, pero en marzo Matías le dice, ahora a su mamá, que ya no quiere ir. Su mamá se sienta y habla con él. Trata de explorar más qué le gusta y las razones por las que no quiere ir. Matías no logra explicarse con claridad, pero es evidente que le estresa asistir a los partidos. La madre habla con él, le dice claramente que están frente a un problema y que necesitan buscar una buena solución para todos. Juntos consideran varias opciones. En primer lugar, hablar con el entrenador y ver la posibilidad de ir a los entrenamientos pero no a los partidos; en segundo lugar, seguir yendo a todo, pero avisarle juntos al entrenador que Matías asistirá hasta Semana Santa y nada más. Matías sugiere dejar de ir a partir de ese día y mandarle un correo al entrenador. Después de discutir que Matías tiene un compromiso con su equipo y con el entrenador, y que no sería correcto dejarlos plantados sin previo aviso o consideración, optan por la primera opción. Claro, también habrá que hablar con el papá para que sepa que su hijo no tiene el mismo interés que él en el futbol. Es muy probable que haya días en que Matías ni siquiera querrá ir al entrenamiento, entonces su mamá tendrá que recordarle su compromiso y que este solo durará hasta que termine el año escolar; quizá Matías quiera ir tachando los entrenamientos en el calendario.

Hay otro ámbito del bienestar del niño que es y será responsabilidad exclusiva de los adultos: los asuntos de seguridad y de respeto a otras personas. Aquí el niño puede tener voz, pero no elección. Puede no gustarle el asiento del coche, pero definitivamente no es su elección usarlo o no: el coche no arranca si cada niño no está en su asiento, con el cinturón abrochado, y si cada adulto no tiene el cinturón de seguridad puesto. Como adultos tomamos decisiones y ayudamos al niño a aceptar lo inevitable. Distinguir estos dos ámbitos es una de las tareas más complejas de ser educador, pues nos exige una reflexión constante y sincera. Cuando ejercemos esta distinción de manera constante, el niño crece sabiendo que no tenemos la intención de gobernarlo o de quitarle su voz, y así, cuando surge lo inevitable, lo comprende y suele aceptarlo con resignación. Como dice Ginott, cuando los padres respetan los sentimientos y las opiniones de sus hijos, permiten que estos tomen en cuenta los deseos de sus padres. En cambio, las tácticas coercitivas solo generan resentimiento y resistencia, y la presión externa invita en muchos niños a la rebeldía.

Los niños necesitan tiempo para que su cerebro se desarrolle y la corteza ejerza con consistencia sus funciones, así como para ir aprendiendo en la práctica lo que es su responsabilidad. Muchas veces habrá que recordarles lo que es una conducta aceptable y lo que es una conducta inaceptable. Tienen que ir aprendiendo a regular sus deseos e impulsos y para eso necesitan nuestra ayuda. La pregunta es ¿desde dónde queremos que aprendan a autorregularse?, ¿desde la responsabilidad y comprensión del bien mayor, o desde del miedo y el sometimiento? Recordemos que la función del adulto debe ser la que poco a poco va adquiriendo la corteza cerebral, es decir, la de la integración de los impulsos y los deseos (sistemas bajos del cerebro) con el poder analítico, reflexivo y empático (corteza prefrontal). Por eso primero nos conectamos emocionalmente con ellos y luego redirigimos su conducta o les ayudamos a buscar soluciones para sus problemas.

Cuidar el vínculo con nuestros hijos es la mejor inversión que podemos hacer. Puede parecernos que ser empáticos es ponernos demasiado suaves y complacientes, y sin embargo es la estrategia de crianza que mejores resultados da, según expertos como Ginott, Khon y Siegel.

Los padres que viven en guerra con sus hijos (ya sea evidente o silenciosa) para obligarlos a cumplir con sus obligaciones y responsabilidades deberían saber que no hay forma de ganar esta guerra, pues, como dice Ginott, aun cuando ganemos una batalla los niños tienen más tiempo y energía para resistir de la que nosotros tenemos para obligarlos. Cuando los padres establecen una dinámica de control y autoritarismo, lo más frecuente es que el niño entre en ella, y lo hará de alguna de las siguientes formas:

1. Se someterá de forma pasiva perdiendo la iniciativa y la curiosidad.
2. Mantendrá un constante acto de simulación, cuyo objetivo es que no lo cachen.
3. Vivirá en guerra constante con las autoridades. ¿Vale la pena?

Es vital recordar que el autoritarismo no es la única opción; una de las mejores formas de cuidar el vínculo con nuestros hijos es aprender a escucharlos con empatía, conectar con su experiencia emocional y luego redirigir; conectar y luego reflexionar con ellos, y siempre apostar por resolver el problema juntos.

UNA DICOTOMÍA FALSA

Al hablar de crianza, con frecuencia se nos plantea una dicotomía falsa, como si las únicas dos opciones que tenemos como padres fueran la de una estructura familiar punitiva y basada en el poder, o una familia permisiva y con muy poca estructura (esta es la estrategia a la que recurre el doctor Rosemond para justificar su "dictadura benevolente"). Alfie Kohn, especialista en educación y autor de 13 libros, documenta de manera exhaustiva cómo constantemente la sociedad nos empuja a elegir entre estas dos opciones y cómo este pensamiento de *o lo uno o lo otro* tiene un efecto negativo en la relación de los padres con sus hijos. Para Kohn la crianza es "un proceso de cuidar, apoyar, escuchar, guiar, reconsiderar, enseñar y negociar".[6] Esta definición pone en el centro la relación padres-hijos y las necesidades de los niños; es una opción que no se define ni como autoritaria ni como permisiva, es la posibilidad de salirnos de este pensamiento dual que nos acorrala y nos limita para optar por una educación consciente y empática. Esta es la perspectiva que se defiende en este libro.

En varias de sus obras, Khon propone un modelo de crianza basado en *trabajar con* nuestros hijos, en lugar del tradicional sistema de *hacerles a* los niños (castigarlos o halagarlos). El modelo de *trabajar con* enfatiza la colaboración sobre el control, el amor y la reflexión, más que el poder. La perspectiva de *trabajar con* incluye los siguientes elementos:

- La aceptación incondicional: amar a los niños por lo que son y no por lo que hacen.
- Ofrecer oportunidades a los niños para que tomen decisiones sobre lo que los afecta. Los niños que tienen la oportunidad de tomar decisiones, afirma Ginott, crecen siendo psicológicamente autosuficientes, capaces de elegir una pareja y una profesión que les satisface.
- Enfocarse en atender las necesidades de los niños y en proporcionar orientación más que en obtener obediencia.
- Mirar las malas conductas como una oportunidad para resolver problemas, reflexionar y enseñar en lugar de verlas como una infracción por la que el niño debe ser sujeto a "consecuencias" punitivas.

---

6 Alfie Kohn, *The Myth of the Spoiled Child, Challenging the Conventional Wisdom about Children and Parenting*, Boston, Da Capo, 2014.

- Mirar siempre por debajo de la conducta de un niño para entender los motivos y las razones que subyacen a ella.

Otros autores, dice Kohn, llaman a este estilo de crianza *empática* o *apoyo a la autonomía*. Es importante entender que la crianza empática y consciente (como la denominamos en este libro), o la crianza basada en *trabajar con* nuestros hijos, es una tercera opción. No es una educación permisiva ni tampoco pone énfasis en el control, aun cuando este control sea sutil o de castigos "ligeros" (ejemplos de este tipo de castigo en el siguiente capítulo). La crianza empática es un estilo de crianza en el que el vínculo entre los padres y los hijos es lo más importante; por eso es vital conectarse emocionalmente con ellos y promover la reflexión y el diálogo. Cuando hablamos de reflexión y diálogo no estamos pensando en que vamos a "convencer" a los niños de hacer algo que no tienen ningún ánimo de realizar; significa que plantearemos la consecuencia con claridad y el niño elegirá. Existen otros momentos críticos en los que el niño no tendrá opción. De antemano él sabe que hay que respetar las reglas y los límites, sabe que son algo inevitable porque nos dan orden y la posibilidad de convivir; "son las reglas" es una buena frase para esos momentos, pero hay que decirla sin enojo y con empatía. La reflexión puede venir después.

Romina, de 5 años, está viendo el final de su programa de televisión, la media hora que puede ver diariamente entre semana. De acuerdo con la rutina nocturna, Romina sabe que, apagando la televisión, se lava los dientes, se acuesta y su mamá o papá le leen 15 minutos. Luego apaga la luz y se duerme. Su mamá le recuerda esta rutina antes de empezar a ver la televisión. Cuando termina, apagan la tele y Romina dice que no se piensa lavar los dientes. Su mamá se mantiene tranquila, entiende que Romina está cansada, pero con toda calma le recuerda que es la regla. Puede elegir qué pasta y qué cepillo usará, pero se tiene que lavar. Romina grita "no quiero, no quiero, no quiero". Mamá, y esta es la parte más difícil sin lugar a dudas, no se lo toma personal, no se engancha ni se molesta, ella también tiene claro que lavarse los dientes en ocasiones puede ser muuuy difícil, pero es necesario. "Te entiendo, mi amor. Es tarde y estás cansada y hay días en que da mucha flojera lavarse los dientes", mientras dice esto la empuja suavemente hacia el baño y le muestra los cepillos entre los que puede escoger. Romina elige cepillo y se lava los dientes.

Desde el principio, la mamá de Romina podría empezar advirtiendo que podría haber una consecuencia: "Si no te lavas los dientes, mañana no habrá dulces". Si bien esta es una consecuencia lógica y en un momento dado puede ser que sea la única opción con Romina, la realidad es que siempre podemos empezar conectando y manteniéndonos tranquilos (insisto, este es el paso más difícil) y reforzando la inevitabilidad de la regla. Entonces, será poco probable que tengamos que llegar a las consecuencias (profundizaremos en este tema en el siguiente capítulo). Lo que es fundamental es que si llegamos a ellas, tengamos claro que estas conductas coercitivas no son la manera de que el niño haga "lo que tiene que hacer". La idea de poner una consecuencia es permitirle al niño tomar la decisión en ese momento. Si esa noche Romina decide no lavarse los dientes, al día siguiente no comerá dulces. Claro que al día siguiente también reflexionaremos con ella sobre la necesidad de hacerlo, y quizá hasta le mostremos algunas fotos de muelas con caries. Como se ve en este ejemplo, nuestra propuesta es conectarnos, mantener las reglas y dejar al niño elegir entre la consecuencia y la conducta que se espera de él. Después (quizá en unas horas o al día siguiente) reflexionar y dialogar, y todo esto sin exabruptos emocionales o berrinches de adultos que presionan, obligan y ponen castigos o consecuencias desproporcionadas.

Regresemos ahora a la propuesta de Kohn. La educación empática se fundamenta en un enorme cuerpo de investigación que muestra cómo el *trabajo con* nuestros hijos no solo es benevolente sino benéfico, que los niños reaccionan mucho mejor a la invitación a resolver juntos un problema y a la reflexión que al castigo, y sin embargo estamos tan encerrados en el pensamiento dual de la permisividad *vs.* el control que, aunque los resultados de estas investigaciones lleguen a los ciudadanos de a pie, es muy raro que tengan un impacto en las prácticas educativas de la mayoría de las familias. Tenemos profundamente enraizada la idea de que el castigo es la única manera de "hacer cambiar" a alguien (como si esto fuera posible). Todo nuestro sistema legal está basado en esta idea. Cuando aplicamos estas creencias a nuestros hijos, hacemos a un lado el poder que un vínculo amoroso tiene como motivador de la buena conducta y el crecimiento.

La educación empática no es una novedad de este siglo, ya en 1965 Haim Ginott publicó su libro especializado en la comunicación entre padres e hijos; sus enseñanzas han sido difundidas masivamente a través de libros como los de Adele Faber y Elaine Mazlish, *Cómo hablar para que los niños escuchen y cómo escuchar para que los niños hablen*, y sin embargo los padres reportan que aun después de leerlo, al cabo de un tiempo, regresan a las prácticas previas carentes de empatía y que buscan por encima de todo la obediencia. La pregunta que como padres debemos plantearnos es ¿queremos cultivar valores y responsabilidad o generar obediencia? Los padres necesitamos ser conscientes y tener clara cuál es nuestra intención cuando respondemos a las "malas conductas" de nuestros hijos, en lugar de simplemente reaccionar penalizándolas.

La postura que sigue dominando la crianza es la que busca el control y la obediencia a través de los castigos, o bien la de los castigos disfrazados de consecuencias (más sobre la diferencia entre castigo y consecuencias en el siguiente capítulo). Estoy segura de que leyendo esta frase a más de uno le surge el pensamiento de "¿y entonces los dejas hacer lo que quieran?". La respuesta es no, pero en lugar de tratar las "faltas" o desobediencias como infracciones que deben ser castigadas (no somos policías), en la crianza empática y consciente las abordamos como problemas que necesitan ser resueltos por los padres y los hijos *juntos*. ¿Cuántas decisiones tomamos por la necesidad de "sentirnos en control" o de "ser aprobados" por otros adultos que nos rodean? ¿Cuántos castigos ponemos por miedo a ser permisivos, o a que nos tomen la medida? ¿Cuántas veces culpamos y avergonzamos porque creemos que la humillación es la manera de que le duela al niño y entonces quiera ser diferente?

Camila ama la música, es su pasión. Toma clases de piano y de canto, y no es necesario presionarla para que practique. La escuela es otra cosa, generalmente cumple, pero siempre se mantiene en el nivel justo para pasar. El último mes le fue mal y reprobó Matemáticas y Ciencias Naturales. Su papá se puso furioso, le dijo que era una lástima que no pudiera ser como su hermano (que tiene un gran talento para las matemáticas) y le preguntó si el problema era su falta de capacidad o si era demasiado floja y desidiosa. Finalmente le dijo que no habría clases de música el mes siguiente, así tendría tiempo para dedicarlo a estudiar Matemáticas y Ciencias Naturales.

Este ejemplo es el clásico en el que los padres buscan lo que más le duele perder al niño para quitárselo, con la idea de que así lo motivarán para hacer lo que ellos esperan que haga. ¿Funciona? En ocasiones parecería que sí, pero aun cuando la niña pase la materia el siguiente mes, no será porque dedicó el tiempo de su actividad favorita a estudiar. Es poco probable que con un castigo así Camila revise qué necesita hacer para no reprobar. Lo más seguro es que se quede rumiando lo injusto que es su papá y sintiendo que, a diferencia de su hermano, sus talentos no son valorados por nadie.

Tampoco estamos abogando por una situación en la que, si Camila reprueba, los padres no hagan nada; pero el resultado sería muy diferente si el papá hablara con Camila y la invitara a que juntos busquen soluciones para este problema. Hacer esto requiere que su papá esté en un lugar empático y abierto para entender más a fondo a su hija. "Entiendo que a ti no te apasionan las matemáticas, sé que amas la música y es a lo que más te gusta dedicar tu tiempo, pero es importante aprender y pasar la escuela. ¿Qué necesitas para que pueda irte mejor en matemáticas? ¿Qué necesitas aprender para que no estemos en esta situación una y otra vez?"; estas serían frases que invitarían a Camila a reflexionar y tomar ella misma un papel activo; buscar soluciones para su problema favorecería el desarrollo de un mayor número de conexiones neuronales y acercarían a Camila a su papá. Es necesario que el papá asuma que él no puede hacer nada para controlar a Camila, en cambio puede hacer mucho para tratar de imaginar su mundo y ayudarla a enfrentar la vida sintiéndose apoyada.

La realidad es que el control es una ilusión. Cuando apostamos a controlar a nuestros hijos como medio para hacerlos hombres y mujeres de bien, ignoramos u olvidamos que un niño al que se le obliga a obedecer a través de amenazas o castigos se sentirá impotente, asustado y probablemente resentido; y si es un niño sano, este no es un buen estado emocional, pues obligar a un niño a someterse lo priva de la experiencia de sentirse vivo y espontáneo. Con frecuencia buscará recuperar la sensación de que aún conserva algo de poder infringiendo alguna regla sin que los padres lo noten o buscando otra confrontación. A largo plazo no son los castigos sino la reflexión guiada por los padres lo que hará que los niños construyan una corteza prefrontal fuerte, con un regulador moral de la conducta, y no solo un censor de miedo que haga que se oculten para actuar de cierta manera, o que tengan miedo a moverse y vivan paralizados, o que la misma angustia los haga vivir de manera impulsiva. La reflexión construye conexiones neuronales que desarrollan y fortalecen la corteza; el miedo, en cambio, mantiene en estado de alerta a la amígdala y favorece que funcionemos en el modo bajo del cerebro (desde el tallo y el sistema límbico), buscando la gratificación inmediata y manteniendo en mente los objetivos a corto plazo.

Con mucha frecuencia los padres creemos que los niños "no quieren" portarse bien o ser responsables; sin embargo, Siegel y Bryson afirman que un enorme porcentaje de malas conductas no son porque el niño "no quiera", sino simplemente porque el niño *no puede*,[7] y para esto dan varias razones. La primera es el nivel de desarrollo en el que se encuentre su cerebro (como ya vimos en el capítulo 4), también su estado físico y emocional (recordemos *las condiciones de cuidado* mencionadas anteriormente: un niño cansado, hambriento, que ha estado quieto mucho tiempo, que se siente aislado, es un niño con mucha menos capacidad de ser razonable). Mientras un papá no se abra a considerar la edad de su hijo y su estado mental y emocional momento a momento, seguirá reaccionando y coaccionando para que "se porte bien". Ya lo decía Bruno Bettelheim, psicoanalista y experto en infancia, en 1962, en su libro *Diálogos con las madres de niños normales*: lo primero para comprender el comportamiento de un hijo es aceptar que tiene buenas razones para actuar como actúa, y aunque parezca contradictorio lo que dice un niño, en realidad esa aparente contradicción puede deberse a la falta de comprensión por parte del adulto. Cuando aceptamos esto e intentamos comprender el comportamiento de los niños en vez de descartarlo como ilógico, acabaremos comprendiéndolo y buscando soluciones que sean aceptables para ambos, padres e hijos.

El doctor Sears, pediatra estadounidense y pionero en los libros de crianza, afirma que "la disciplina tiene más que ver con tener la relación correcta con tu hijo que con tener las

---

[7] J. Daniel Siegel y Tina Payne Bryson, *No-Drama Discipline. The Whole-Brain Way to Calm the Chaos and Nurture Your Child's Developing Mind*, Nueva York, Bantam Books, 2014.

técnicas correctas".[8] Esta misma visión es la de este libro; por eso busco cuestionar todas esas creencias o mitos que se interponen entre nosotros, padres y madres, y la crianza empática y consciente que se sustenta en una relación amorosa, firme y de colaboración. Este es el camino de *trabajar con* nuestros hijos para que sean hombres y mujeres independientes, responsables, productivos, equilibrados, amables, seguros de sí mismos, agradecidos y que vivan en armonía.

Tanto las investigaciones en el área del apego, como las revisadas por Khon y Siegel, son claras al respecto. Cuando los hijos tienen padres que los crían con un alto nivel de conexión y de empatía, así como de comunicación y de límites claros, obtienen los mejores resultados en la vida (emocional, relacional y educativa). Cuando los padres son consistentes, respetuosos y empáticos, los niños son más felices, les va mejor en la escuela, se meten en menos problemas y tienen relaciones más satisfactorias.[9] Todo va mejor, pero no olvidemos que nunca nada es perfecto. Ser padres implica cometer errores, tener días buenos y días malos; ser niños implica, a su vez, cometer errores, tener días buenos y días malos y, ante la imperiosa necesidad de descifrar el mundo, poner a prueba los límites una y otra vez para comprobar su estabilidad y confiabilidad. Por eso, aun en el mejor de los escenarios, educar es una tarea cotidiana, a largo plazo, agotadora y apasionante.

---

8 William y Martha Sears, *The Baby Book, Revised Edition: Everything You Need to Know About Your Baby, from Birth to Age Two, 3ª ed.*, Nueva York, Little, Brown and Company, 2013.

9 Alfie Kohn, *Unconditional Parenting, Moving from Rewards and Punishment to Love and Reason,* Nueva York, Atria Books, 2005.

¿POR QUÉ NO CAMBIAMOS?

Es muy interesante observar cómo muchos de los libros de crianza tienen que ver con técnicas para que los niños obedezcan (los libros del doctor Rosemond son un ejemplo bastante patético de ello), y en cambio son pocos los que reflexionan en qué deben brindarles los padres a los niños para que crezcan de manera integral, o que cuestionan si las demandas del mundo adulto y los principios sobre los que se sustentan dichas demandas son válidos y si la investigación los sostiene. La crianza es uno de esos temas en que todos creemos que podemos opinar, porque alguna vez fuimos niños y porque tenemos una serie de observaciones personales (y por lo tanto sesgadas) que pensamos que justifican nuestras creencias.

Criar hijos no es una tarea como cualquier otra, la manera en que esta tarea nos involucra hace que las fuerzas psicológicas que participan sean grandes, complejas y, con mucha frecuencia, inconscientes. Es indispensable reflexionar sobre cuál fue nuestra experiencia de niños y cómo esta nos hace ser el tipo de persona que somos. Ya en el capítulo 2 hablamos de cómo cuando los padres le dan sentido a su propia experiencia infantil, pueden cambiar los hábitos aprendidos y ser padres de manera más consciente, lo que los hace capaces de ser padres que cultivan el apego seguro; en cambio, los padres cuyas experiencias infantiles no han sido elaboradas repiten los esquemas del apego inseguro.

Además de nuestra propia historia no elaborada, existen otros obstáculos para cambiar el paradigma y educar de manera empática. La información manejada en los medios de comunicación y en las conversaciones superficiales que mantenemos los adultos se caracteriza por un miedo a la falta de estructura y un juicio constante hacia "los niños de hoy", que siempre nos parecen peores que "los niños de ayer".[10] Esta influencia se combina y refuerza con los miedos y los errores de juicio que nos gobiernan de manera inconsciente al educar.

Hablemos primero de los miedos que obstaculizan el que los padres eduquemos *trabajando con*. Alfie Kohn hace una lista de los *miedos* más frecuentes. En primer lugar está el miedo *a no saber*. Dejamos que sean otros, a quienes consideramos que sí saben, los que nos digan qué hacer, aun cuando lo que digan vaya contra nuestra intuición. Como cuando una mamá deja llorar a su bebé porque es lo que recomienda el pediatra, o no lo carga a pesar de anhelar hacerlo porque ya la amenazó la suegra con que lo va a "embracilar".

Otro miedo que nos gobierna es el de ser incompetentes; en este caso depositamos toda nuestra ansiedad en el comportamiento de nuestro hijo. Si se porta "bien", muestra al mundo que estamos haciendo un buen trabajo; pero si se porta "mal", esto nos pone en evidencia, por lo que es frecuente que al sentirnos observados seamos aún más autoritarios y busquemos su complacencia por otros medios desesperados.

También nos aterra ser juzgados y, como todos sabemos que la sociedad aprueba a los niños bien portados, quietos, respetuosos y cariñosos, nuestra capacidad para aceptar a nuestros hijos cuando sus necesidades o temores no les permiten portarse así disminuye considerablemente. El caso del niño que en el festival escolar se queda paralizado en el escenario es un buen ejemplo. Los padres, en lugar de sentir empatía con el pánico escénico del pequeño y apoyarlo, lo regañan por no "haberle echado ganas" al espectáculo.

---

10 Alfie Kohn, *The Myth of the Spoiled Child, Challenging the Conventional Wisdom about Children and Parenting*, Boston, Da Capo, 2014.

Uno de los miedos más fuertes es perder el control de nuestros hijos o quedarnos impotentes frente a ellos. Somos capaces de engancharnos en batallas enormes y con frecuencia ridículas con tal de sentir que somos nosotros quienes tenemos el control, como si eso fuera realmente importante.

Una madre sale de la consulta con el médico, y para salir de ahí hay que bajar una escalera. La pequeña de 4 años pregunta cuántos escalones son. La madre duda, tiene prisa y lo que pide la niña es una tontería sin relevancia. Le dice que no tienen tiempo para contarlos y la apresura. La niña insiste, pues para ella sí es un asunto importante: su estado mental es de curiosidad, está lista para adoptar una actitud científica y contar, son muchos los escalones y mucho su asombro, pues se ven todos desde arriba por el pozo de luz de la escalera. Entonces se arma una lucha entre ambas y se les hace tarde; en lugar de esta batalla, la madre tiene la opción de apoyar a su hija y contar ágilmente los escalones (¿cuánto pueden tardar?), pero nuestra tendencia automática es reaccionar diciendo "no puedes complacerlos en todo", "no es correcto hacer todo lo que ellos quieren".

En eso estamos absolutamente de acuerdo: no es correcto ni se puede hacer todo lo que los niños quieren, pero hay montones de pequeñas cosas que sí están en nuestras manos; por ejemplo, cooperar con ellos para que ellos cooperen con nosotros y así lograr que las cosas fluyan. Asimismo, habrá muchos otros momentos en los que en efecto no tendremos la opción de complacerlos. La realidad es que un niño que se siente escuchado y tomado en cuenta suele ser más cooperativo. La resistencia, dice Kohn, es más frecuente en los niños que se sienten impotentes y empujados a afirmar su autonomía de manera exagerada. El miedo de los padres, más la necesidad del niño de autoafirmarse, se convierten en los ingredientes perfectos para una constante lucha de poder.

Otro miedo mencionado por Kohn es el de infantilizar. Este miedo es el origen de muchas de nuestras malas decisiones cuando hablamos de presionar a los niños “para crecer”. Vivimos preocupados de que nuestros hijos cumplan con lo que se espera de cada edad, lo cual no es malo; pero cuando caemos en comparaciones o en presiones constantes para que logren ciertas cosas como dejar el pañal o empezar a leer, dejamos de verlos a ellos y sus necesidades. Además, es curioso, como señala Kohn, que este sea un miedo característico de los primeros años; en cambio, en la adolescencia nunca vemos a un padre preocupado porque su hijo no ha bebido su primera copa o fumado su primer cigarro. Ver la infancia como una carrera en la que si nuestros hijos lo hacen antes y mejor que otros nos validan como padres garantiza que nuestros hijos crezcan presionados y con la sensación de que nada es suficiente.

El último miedo enlistado por Kohn es el miedo a la permisividad. Constantemente escuchamos lo fuera de control que están los niños de hoy, cómo los padres los sobreprotegen y no les ponen límites, y nos aterra ser uno de estos padres que toleran todo a sus hijos. Este miedo evita que veamos verdaderamente a nuestros hijos, pues lo que invade nuestros pensamientos es lo que ellos podrían llegar a ser si no los controlamos; entonces, en lugar de reaccionar desde la conexión con ellos, reaccionamos en función de lo que creemos que debemos evitar a toda costa, cayendo en el control intransigente o la disciplina fuera de contexto, y olvidando el diálogo y el vínculo.

Por último, cabe mencionar que la seguridad de nuestros hijos también es motivo de preocupación y miedo, y puede ser la justificación para ejercer un control exagerado y llenar de inseguridad a nuestros hijos.

Pasemos ahora a los errores de juicio que también obstaculizan que cambiemos y ajustemos ideas viejas y a menudo equivocadas, para adoptar una visión más congruente con lo que hoy sabemos sobre la infancia y el desarrollo del cerebro. Kohn define los errores de juicio como deslices o errores genéricos en la lógica y el pensamiento, documentados por los psicólogos sociales, y que resultan especialmente dañinos para las relaciones humanas, incluyendo, claro, las de padres e hijos. Son estos sesgos los que, por ejemplo, favorecen que la sociedad siga pensando que la permisividad domina la crianza de hoy y que los niños necesitan que los halaguemos o castiguemos para modificar su conducta. Kohn enumera los siguientes errores de juicio:[11]

1. El primer error de juicio es el *sesgo de disponibilidad*. Se da cuando inferimos una regla general de un ejemplo simplemente porque nos llama mucho la atención o porque lo tenemos muy cerca. Vemos a un niño hacer un berrinche en el supermercado cuando en la fila de la caja la madre no le compra los dulces y nos convencemos de que lo que le falta a ese niño son límites. Oímos la historia de un adolescente con un problema de adicción y pensamos que con una disciplina más estricta eso no hubiera sucedido.

2. El segundo error es el *sesgo de confirmación*. Esta es la tendencia a notar y recordar los eventos que validan lo que ya pensamos; entonces, nos comprometemos aún más con nuestras viejas creencias independientemente de cuan ciertas sean. En el supermercado nos fijamos en el niño que hace berrinche, y no en los muchos niños que entran y salen sin dar problema. A este error también se le llama la *perseverancia de las creencias*, y es una de las

[11] *Ibidem.*

razones por las que los libros de crianza que intentan modificar las estrategias educativas suelen tener solo un efecto temporal. El motor de esta tendencia parece estar en la tenacidad de las memorias de miedo que se han almacenado en la amígdala y nuestro deseo de evitar el peligro de lo desconocido. Preferimos pensar que la conducta de nuestro hijo se debe a que nos quiere manipular, en vez de reconocer sencillamente que no lo entendemos o que no tenemos idea de lo que pasa en su mundo interior.

Cozolino agrega dos deslices más:[12]

3. *El error de la atribución fundamental*. Es la tendencia a explicar las conductas de otros basados en fallas de su carácter, mientras que explicamos nuestras propias conductas como resultado de factores externos. Por ejemplo, mi hijo no quiere hacer la tarea porque es flojo e irresponsable; yo pospongo hacer ejercicio porque no me da tiempo por todo lo que tengo que hacer por los demás.

4. *El prejuicio egocéntrico*. A pesar de que sabemos que toda perspectiva individual es limitada e incompleta, asumimos que la nuestra es la verdadera visión del mundo, por lo que cualquiera que vea el mundo diferente está equivocado o le falta información. Este prejuicio se nos da de manera automática; en cambio, mantener una perspectiva balanceada requiere un esfuerzo constante, mucho más si de lo que estamos hablando es de la

---

12 Louis Cozolino, *The Neuroscience of Psychotherapy, Building and Rebuilding the Human Brain*, 2ª ed., Nueva York, W.W. Norton and Company, 2010.

> perspectiva infantil, la cual ha sido desacreditada una infinidad de veces. Los adultos constantemente miramos la infancia desde nuestra perspectiva y asumimos que las preocupaciones, los miedos y sentimientos infantiles son estúpidos y no merecen ser tomados en cuenta. Pensemos en una niña que ya controla esfínteres en la escuela, pero no lo hace en casa; usualmente pensaríamos que es porque nos quiere hacer enojar o porque le gusta estar mojada, y no que quizás es porque el escusado de su escuela es de su tamaño y eso la hace sentirse segura, a diferencia del escusado familiar, que le da miedo porque piensa que se puede caer e irse por la tubería.

Saber que estos errores de juicio son sesgos cableados en nuestro cerebro por años y años de evolución y sobrevivencia nos ayuda a entender la enorme dificultad que como padres tenemos para modificar nuestra visión de la infancia en general y de nuestros hijos en particular; la intención es que al entender las tendencias automáticas de nuestro cerebro, redoblemos nuestro esfuerzo y trabajo para ser unos padres más conscientes y respetuosos. Cada vez que reaccionamos de manera automática y los castigamos, los ponemos en un lugar pasivo y los dejamos sin voz ni voto; cuando cancelamos la posibilidad de hacer cosas con ellos, conectar y buscar soluciones o alternativas juntos, estamos siguiendo el camino automático y fácil de la falta de conciencia.

Podemos saber en teoría que educar es mucho más que escoger entre dos supuestas opciones: la opción autoritaria o la opción permisiva. Sin embargo, cada vez que algún autor aboga por la reflexión y por considerar las necesidades de los niños, la reacción automática de los lectores es que se está defendiendo la permisividad. Y cuando la postura es la de defender los límites y la disciplina no punitiva, la reacción frecuente es a favor del autoritarismo. Son reacciones automáticas motivadas por los miedos y por estos sesgos de razonamiento, y saberlo nos permite ser compasivos con nuestros muchos errores como padres, pero también nos compromete a trabajar más con nosotros mismos para poder ser los padres que nuestros hijos necesitan, en lugar de perseguir la obediencia a corto plazo. Recordemos las palabras del psiconeurólogo Rick Hanson cuando dice que si entendemos que nuestro cerebro no es más que un cerebro de lagartija (sistema reptil), un cerebro de ratoncito asustado (sistema límbico) y un cerebro de changuito (la corteza cuando está inquieta y en constante distracción), podríamos ser más compasivos con nosotros mismos y con nuestros hijos.

Y ENTONCES ¿QUÉ? HACIA UNA EDUCACIÓN EMPÁTICA Y CONSCIENTE

La vida familiar debería ser un constante proceso de balancear las necesidades de todos sus miembros; sin embargo, cuando los adultos pensamos en cómo lograr que los niños hagan lo que les pedimos, en que sean obedientes, con frecuencia estamos haciendo a un lado sus necesidades y dejamos que sean las nuestras las que determinen lo que esperamos de ellos. ¿Cómo regresamos las necesidades infantiles y nuestro vínculo con los niños al centro de la cuestión educativa?

Ginott lo plantea de forma sencilla (aunque sepamos que el cambio hacia la parentalidad consciente y empática no siempre lo es). El primer paso en un programa educativo de largo plazo es interesarnos en lo que un niño piensa y siente, conocer cuáles son sus *condiciones de cuidado* y cuál es su ventana de tolerancia a las diversas emociones; esto nos permitiría responder no solo a sus conductas, a su obediencia externa o a su rebelión, sino a los sentimientos que disparan dichas conductas. La pregunta que nos debemos plantear cada noche es "Y hoy, ¿cuántas veces me pregunté qué siente y qué piensa mi hijo?". La educación empática solo se practica si aprendemos a formularnos esta pregunta varias veces al día (cada vez que sus reacciones nos exasperan), y para hacerlo tenemos que cambiar nuestras creencias profundas sobre la infancia y la educación, para mirar a nuestros hijos como seres con un mundo interno lleno de sentimientos e ideas que, aunque a nosotros nos parezcan tonterías o exageraciones, para ellos son reales y determinan muchas de sus reacciones y conductas; no se trata de que pidamos un trato especial para nuestros hijos, simplemente creemos que el mundo emocional de cualquier ser humano merece respeto y compasión.

Ser padres conscientes implica reflexionar sobre qué tipo de respuesta voy a dar frente a los problemas de conducta o las faltas de mi hijo; en lugar de reaccionar desde el enojo y la penalización, aprender a responder desde la empatía. Este es el espacio del que hablaba Frankl, ese en el que reside nuestra libertad de poder elegir. No es fácil, tenemos mucho bagaje que nos dificulta hacerlo; por eso necesitamos trabajo y apoyo.

Siegel y Bryson sugieren hacernos siempre que se pueda *tres preguntas antes de reaccionar*:

1. ¿Por qué actuó así mi hijo?
2. ¿Qué quiero enseñarle en este momento?
3. ¿Cuál es la mejor manera para enseñárselo?[13]

---

[13] Daniel Siegel y Tina Payne Bryson, *No-Drama Discipline*...

En mi opinión, el gran reto es hacer la pausa para que los padres nos permitamos hacernos estas tres preguntas. Para lograr darnos unos segundos antes de reaccionar es necesario trabajar a fin de que nuestro cerebro funcione de manera integrada y logremos elegir nuestra respuesta desde lo que llamamos el *cerebro de alto funcionamiento* o corteza cerebral. Lograr esa pausa antes de reaccionar es un paso difícil que requiere conciencia de nuestro estado físico y mental. Actualmente, un recurso importante es la práctica de meditación y de atención plena, pues está demostrado que la práctica cotidiana de 10 minutos de meditación desarrolla fibras integradoras que favorecen la integración del cerebro y pueden facilitar el surgimiento de ese espacio antes de la reacción. Esta habilidad es importante no solo para la crianza, sino como estrategia de vida en todas nuestras relaciones y decisiones. Es así como nuestros hijos se convierten en nuestros grandes maestros. Las habilidades que desarrollamos para ser mejores padres simplemente nos hacen mejores personas.

Educar no es solamente disciplinar y preparar la inteligencia y el carácter de los niños para que vivan en sociedad, pues si ponemos aquí todo el énfasis y nos olvidamos del cómo, es muy probable que terminemos atrapados en la falsa dicotomía entre control y falta de estructura, centrados en la superficialidad de las conductas y desconectados emocionalmente de nuestros hijos.

Educar es relacionarnos con los niños, conectar emocionalmente para acompañarlos a desarrollar habilidades que les permitan autorregularse, solucionar problemas, ser conscientes del efecto que tienen en otras personas y vivir en armonía. Es fundamental tener en mente que la autorregulación y las conductas socialmente aceptables toman tiempo en desarrollarse y dependen completamente de la madurez de la corteza cerebral; se trata de que los adultos trabajemos en desarrollar la capacidad de hacer pausa y preguntarnos por lo que sucede en el mundo interno de nuestros hijos, y así poder acompañarlos con amor y diálogo; entonces, el niño querrá aprender estas habilidades, aceptará el reto de resolver problemas y disfrutará de sentirse amado por nosotros, sus padres.

CAPÍTULO 7

Disciplinar es enseñar

Solo puedo recomendarle que siga sus propias ideas, pero examínelas de vez en cuando. Algunos conocimientos nuevos pueden cambiar nuestras actitudes.

BETTELHEIM, 1962

La disciplina es un proceso de enseñanza. Este libro apuesta por una disciplina que se construye a través de la conexión y la empatía, y esto se vuelve posible si en el centro de nuestra atención colocamos el vínculo con nuestros hijos en lugar de sus comportamientos.

Se trata de aprender que las conductas de los niños son como ventanas que nos permiten asomarnos a su mundo interno para tratar de entenderlo. Esas conductas intentan comunicar algo porque los niños anhelan ser comprendidos.

Pensar en disciplina es pensar en límites y estructura que permitan que el niño desarrolle paulatinamente la capacidad de autorregularse tomando en cuenta sus necesidades y las de los demás. El miedo y la coerción parental pueden generar obediencia en el niño, pero esta es insuficiente sin el aprendizaje de las reglas, del funcionamiento del mundo y del efecto de sus conductas en lo que lo rodea, aprendizajes que desarrollan y fortalecen las conexiones neuronales y la regulación emocional.

La disciplina es la manera en que un padre, dice Brazelton, guía el desarrollo moral de su hijo; o como diría Fraiberg, es la manera en que se educa el carácter. No estamos hablando de controlar y castigar, sino de acompañar a un niño en el camino hacia la madurez y darle los apoyos que necesite para desarrollar las habilidades que le permitan aprender a regularse y relacionarse con los demás. La disciplina debería ser algo en lo que *trabajamos con* nuestros hijos y no un proceso que ellos vivan de manera pasiva.

Son muchos los libros sobre la disciplina y los límites, algunos buenos (por ejemplo, *Disciplina inteligente* de Vidal Schmill), otros funcionales (*1-2-3 Magic,* de Thomas Phelean) y otros preocupantes, por decir lo menos (*The Well-Behaved Child,* de John Rosemond); pero ninguno de los tres pone en el centro de la cuestión disciplinaria la relación y el vínculo con los hijos. El presente libro se inscribe en esta última corriente, representada por Haim Ginott, Daniel Siegel, Tina Payne y Alfie Kohn, entre otros autores.

Seguramente muchos más libros se seguirán escribiendo, pues es un tema que nos toca profunda y cotidianamente. La manera en que disciplinamos nos delata, pues muestra cómo nos disciplinaron y cómo reaccionamos a ello, muestra nuestras creencias respecto a quiénes son y qué pueden lograr nuestros hijos; también muestra nuestros miedos y esperanzas y, finalmente, los valores de nuestra sociedad.[1] Y sin embargo, ¿cuánto tiempo le hemos dedicado a reflexionar sobre la manera en que disciplinamos o dejamos de hacerlo?

La palabra *disciplina,* dice Fraiberg, ha adquirido "mala reputación".[2] Tenía un origen respetable en su raíz latina, pues establecía su conexión con aprender y educar. Hoy se usa como sinónimo de castigo, y con frecuencia castigo físico. En el diccionario de la Real Academia nos enteramos que existen las llamadas *disciplinas,* que son cáñamos con ramales para golpear a los niños. Tenemos asimismo el derivado *disciplinazo,* definido como el golpe dado con las disciplinas, que se usaba "por mortificación o castigo". Queda claro que la violencia y la idea de que es necesaria tiene una larga historia y que está profundamente

---

1 T. Berry Brazelton y D. Joshua Sparrow, *Discipline The Brazelton Way,* Cambridge, Da Capo Press, 2003.
2 H. Selma Fraiberg, *The Magic Years, Understanding and Handling the Problems of Early Childhood,* Nueva York, Scribner, 2008.

arraigada. En su libro, siguiendo las ideas de la psicoanalista, trabajadora social y pionera en el campo de la salud mental infantil y el desarrollo de tratamientos para la salud mental de los niños y sus familias, Selma Fraiberg afirma que hay que reivindicar la palabra *disciplina* según su sentido honorable. Este es enseñar, ya que todos los métodos disciplinarios deberían ser métodos que instruyan y que hagan posible el aprendizaje.

Veamos un ejemplo de distintos tipos de disciplina. Ernesto, de 6 años, está en la sala de espera del doctor. Su mamá está con él. Ernesto está nervioso, no sabe bien qué va a pasar con el doctor, ni si lo van a inyectar o algo así. En consecuencia, no se puede estar quieto. Su mamá puede:

a) Agacharse para hacer contacto visual con él, ponerle la mano en el hombro y decirle algo como "Me imagino que estás nervioso por entrar a ver al doctor, yo también me pongo un poco nerviosa cuando voy con un doctor nuevo. Voy a estar junto a ti todo el tiempo y cuidaré de que te expliquemos claramente lo que vaya sucediendo. ¿Quieres correr un poco en el pasillo? ¿O quieres dar unos saltos muy altos para que se salgan los nervios, acá donde no molestamos a nadie?".

O también puede:

b) Tratar de detener la conducta de Ernesto para poder seguir contestando sus correos desde el teléfono, diciéndole lo mucho que molesta con su inquietud al resto de las personas, cómo es increíble que no se pueda quedar quieto ni 20 minutos, cómo su primo Raúl fue también al doctor y no dio nada de lata, y pedirle por favor, por favor y por favor que la deje concentrarse, amenazándolo con diversos castigos si no se queda quieto.

¿Por qué pensamos que la opción *a* es mejor? En primer lugar, porque la mamá de Ernesto se pone en los zapatos de su hijo y se pregunta por qué estará tan inquieto. Además, para hablar con él se agacha y hace contacto visual y físico, conecta. Ambas conductas favorecen que el sistema nervioso de Ernesto se calme un poco. Finalmente, en lugar de tratar de bloquear la energía que se manifiesta en la inquietud de Ernesto, lo invita a canalizarla al mismo tiempo que le modela lo necesario de tener en cuenta las necesidades de los demás (brincar donde no molesten). ¿Fácil? Probablemente no, pero con práctica, compromiso y conciencia se puede conseguir este tipo de disciplina casi siempre; siendo respetuosos y empáticos construimos un vínculo con nuestros hijos que los invita a colaborar.

Así que antes de pensar en qué hijos queremos tener, deberíamos pensar qué tipo de padres deseamos ser, y luego actuar en consecuencia; es decir, hacer el trabajo personal que se requiere para poder ser padres conscientes y empáticos.

¿QUÉ NECESITAMOS PARA PODER HACER DE LA DISCIPLINA UN PROCESO DE ENSEÑANZA?

Lograr construir este tipo de disciplina depende mucho más de los padres que de los hijos. En efecto, sabemos que el mayor reto para la disciplina empática es el estado de la mente y la reactividad de los padres. Esto puede parecer muy raro en una sociedad donde, generalmente, pensamos que los niños son el problema: son ellos los que nos hacen enojar o nos sacan de nuestras casillas, los que nos retan, los que "no quieren entender". Es muy interesante observar la frecuencia con que hacemos responsables a los niños de nuestros momentos más bajos, como cuando perdemos el control, gritamos o renunciamos a disciplinar con un "¡Haz lo que quieras!". El problema no es de los niños, es nuestro.

Son tres los requisitos indispensables para lograr disciplinar desde la conexión, el respeto y la empatía:

1. Mantener la calma siendo conscientes de nuestro propio estado mental.
2. Tener claras las reglas.
3. Conectar-validar-redirigir.

Mantener la calma estando conscientes de nuestro propio estado mental

Los momentos en que es necesario *disciplinar* son momentos difíciles; con frecuencia son circunstancias límite en términos de horarios, energía o paciencia. Mantenernos calmados, entonces, es vital, y sin embargo es uno de los mayores retos de ser padres. Se trata de la pausa que genera el espacio para elegir nuestra respuesta, como decía Frankl;[3] si logramos mantener la claridad mental en lugar de engancharnos, podremos pensar en qué es lo que necesita nuestro hijo (que por lo general es conexión emocional) y mantener las reglas empáticamente. Aun si el niño frustrado se desorganiza, nosotros estaremos en el lugar correcto para contenerlo y en su momento reflexionar junto con él. Si el padre espera ser efectivo en enseñar control, debe cuidar ante todo que su relación con el niño no se convierta en una guerra. Cuando estamos en guerra, cualquier aprendizaje se bloquea.

Cuando hablamos de mantener la calma no estamos abogando por ocultar, negar o reprimir las emociones hasta que

---

[3] Viktor E. Frankl, *El hombre en busca de sentido*, Barcelona, Herder, 2013.

nos hagan explotar, sino de autorregularnos. Es bueno empezar por reconocer lo que estamos sintiendo, como dice Ginott, aceptar que nos podemos enojar u ofender y que tenemos derecho a estas emociones.[4] Así, el primer objetivo es tener conciencia de lo que estamos sintiendo nosotros, momento a momento. Con frecuencia la intención de mantenernos *calmados* o *controlados* nos pone en aprietos, pues además de convertirnos en una bomba de tiempo dejamos de ser claros. El niño puede oír nuestro tono "amable" mientras el cuerpo empieza a mandar toda clase de señales de que la calma es ficticia; entonces, pensando que quizá nos logre convencer, el niño insiste o continúa con la misma conducta; finalmente el padre o la madre, frustrados por no conseguir por las buenas el cambio en la conducta, cede o grita. Mantener la calma no es tragarnos lo que estamos sintiendo sino reconocer las emociones para poder manejarlas, conociendo nuestra ventana de tolerancia y nuestro estado mental (irritables, nerviosos, estresados, tranquilos, etc.), para así ser claros con los niños.

Miguel, de 5 años, y su familia (dos hermanos y sus papás) salen una semana a la playa con toda la familia materna. Para Miguel no son fáciles los cambios, ni siquiera cuando se trata de ir de vacaciones. Dejar su rutina y su espacio y entrar a la dinámica de la familia extensa son todos detonantes de estrés para él. Patricia, su mamá, lo sabe, y por eso trata de ser suave y darle mucha contención, aun así la interacción con Miguel no es fácil, además Patricia tiene que lidiar con el juicio de su propio padre y de su hermano, que opinan que lo que le hace falta a Miguel son unas buenas nalgadas. La situación es delicada.

La primera mañana, ya después de algunas dificultades alrededor del desayuno, llega el momento de nadar, y junto con eso la hora temida del blo-

[4] G. Haim Ginott, *Between Parent and Child* [rev. Alice Ginott y H. Wallace Goddard], Nueva York, Three Rivers Press, 2003.

queador. Miguel odia el bloqueador. Patricia mantiene la calma y le explica la importancia de usarlo. Tarda aproximadamente media hora en convencerlo de que se deje poner el bloqueador. A lo largo de los dos días siguientes se presentan varias circunstancias como esta, en las que Patricia es extraordinariamente paciente y le explica las cosas por períodos prolongados (20 a 45 minutos). Finalmente, el último día Miguel enloquece cuando su hermano mayor se lleva el teléfono de su mamá para jugar. Patricia le ofrece varias opciones para resolver el asunto, pero Miguel no escucha, solo grita una y otra vez que su juego está en el teléfono y que el hermano podría usar la tableta y que no es justo que su hermano se lleve el teléfono. Evidentemente, después de 40 minutos Patricia está desesperada y le da una nalgada a Miguel.

Entonces, ¿tener paciencia infinita (bueno casi) no es la solución? Este ejemplo muestra la complejidad de educar y la importancia de no buscar recetas que se apliquen a todas las situaciones. Las formas de disciplinar pueden variar de un hijo a otro, de una situación a otra, pero lo que sí debería estar siempre presente es el interés por entender el mundo interno del niño y lo que lo lleva a actuar de cierta manera. Es necesario evitar ser "secuestrados" por nuestras emociones para conservar la capacidad de conectar y redirigir, y así transmitirle al niño que aun cuando seamos profundamente empáticos, nosotros estamos a cargo, por lo que al final las decisiones las toma el adulto. Hablando con Patricia de sus difíciles vacaciones, llegamos a la conclusión de que aguantó demasiado. Discutir de manera interminable (20 minutos pueden ser interminables) sobre decisiones pequeñas puede mandar un mensaje confuso al niño sobre quién está a cargo, entonces seguirá insistiendo en tratar de convencernos de hacer las cosas a su manera (nadar sin bloqueador evidentemente es inadmisible); por eso cuando los niños insisten con un tema que ya les explicamos, es importante preguntarnos dos cosas: si lo que necesitan es menos diálogo sobre ese tema y más autoridad, y si les está pasando algo más para que estén "tan necios". Un niño que ya no está escuchando las razones no necesita ni le conviene que se las sigamos repitiendo. Necesita saber que la decisión ya está tomada. Lo que sí va a necesitar es reconectarse emocionalmente con nosotros una vez que las aguas se hayan tranquilizado, y que junto con él revisemos lo sucedido, busquemos qué es lo que verdaderamente le está pasando y le recordemos lo importante que es para nosotros, pero que la mamá o el papá somos los que estamos a cargo. En lugar de seguir hablando de lo indispensable que es el uso del bloqueador, la mamá de Miguel podría decir algo como: "Entiendo que estar lejos de casa y con toda mi familia te hace sentir preocupado, tenso o algo así. Entiendo que quizá querrías poder escoger más cosas o sentir que tú también mandas. Siento que no sea así, quizás en la noche tú puedas decidir si cenamos taquitos o pasta, pero el bloqueador se tiene que usar o no puedes salir a la alberca".

Cuando en este libro abogamos por mantener la calma, jamás estamos afirmando que deberíamos permanecer impávidos. Las emociones de los niños son muy importantes, pero las de los padres también, pues, como dice Taffel (psicoterapeuta de niños y adolescentes con cientos de artículos publicados dirigidos a padres y maestros), debemos presentarnos como seres tridimensionales, de carne y hueso (y un pedazo de pescuezo), por lo que a veces podemos estar malhumorados, sensibles o confundidos; y en la medida en que los niños crecen es importante irles pidiendo que tomen esto en cuenta en sus interacciones con nosotros, así como nosotros tomamos en cuenta el estado mental y las condiciones de cuidado en el caso de ellos. También quiere decir que en ocasiones estaremos molestos con ellos y es importante no ocultarlo, sino ser claros sobre la conducta o las conductas que nos molestan. El niño necesita saber que rechazar ciertas conductas no es un rechazo hacia las personas que las realizan.

Regresemos al tema de mantenernos en nuestro centro cuando estamos disciplinando, es decir, enseñando. Como vemos, es muy diferente el camino de vivir autorizándonos a reaccionar de manera explosiva porque “no nos hacen caso”. El primer trabajo para evitar el *secuestro emocional* y mantenernos dentro de la ventana de tolerancia es hacer una pausa, tomar conciencia de cuál es nuestro estado mental (¿estoy cansada?, ¿estoy irritable?, ¿tengo prisa?, ¿este es un asunto que me irrita con facilidad?); luego, en caso de ser necesario, darnos el espacio para recuperar el centro; a veces es suficiente con nombrar el estado emocional ("me estoy enojando"), en otras ocasiones hay que salirse de la interacción por un momento (ir por un vaso con agua, entrar al baño y lavarnos las manos, etc.), y por supuesto respirar hondo poniendo especial atención en exhalar largo. Se trata de mantener la reactividad en el mínimo posible para poder estar empáticos (¿qué le puede estar pasando a mi hijo?), conscientes (¿qué le quiero enseñar a mi hijo en este momento?) y claros (¿cómo se lo voy a enseñar?). Cuando entendemos la disciplina desde esta perspectiva la convertimos en una tarea de vida que en primer lugar busca hacer de nosotros, los adultos, mejores personas, para desde ahí invitar a nuestros hijos a ese mismo proceso permanente de crecimiento y desarrollo que no termina para los seres humanos. Educarnos para educar.

Las reglas

El segundo requisito para poder ejercer una disciplina empática es la claridad respecto a las reglas. Los niños necesitan límites y estructura, y una manera muy didáctica de marcarlos es hacer explícitas las reglas de la familia o de la casa. Las reglas deben ser claras, consistentes, razonables y, sobre todo, pocas. Es una manera de elegir conscientemente nuestras batallas. En mi opinión, una de estas reglas debería ser el respeto entre unos y otros; es decir, cuidar cómo nos hablamos y qué nos decimos, tanto los padres a los hijos como los hijos a los padres. Por ejemplo, muchas mamás de hoy se quedan calladas cuando sus hijos les gritan que las odian y que son la peor mamá del mundo, como si el hecho de que esta sea la opinión del niño y necesite expresarla justificara que el niño le grite. "Veo que estás muy enojado y lo entiendo. Es horrible no poder comer la paleta antes de la comida, pero en esta familia no nos hablamos así ni nos gritamos el odio, aunque lo sintamos por un momento"; esta podría ser una respuesta empática que recuerda la regla y, por tanto, el límite.

Un ejemplo de reglas para niños entre 3 y 6 años son:

- Hablarnos con empatía (es decir tomando en cuenta lo que siente el otro).
- No pegar.
- Lavarse los dientes.
- Recoger los juguetes terminando de jugar y antes de empezar a jugar con otro.
- No jugar con la comida.
- Comer la comida sana antes que el postre.
- Viajar en el asiento de niños siempre que vayamos en un coche.

Evidentemente, las reglas deben irse reajustando conforme los niños crecen y desarrollan hábitos. Las reglas permiten al niño saber que hay cosas que se deben hacer o deben evitarse independientemente del humor de su mamá o su papá; ellas le permiten saber que la familia tiene un código que gobierna a todos; cuando un papá dice "no depende de mí, es la regla" o "la regla en esta casa o en esta familia es que...", puede evitar que el niño se sienta controlado y regule su conducta sin caer en una lucha de poder. Hay algunos niños que son particularmente sensibles en lo referente al tema de la soberanía, es decir, al hecho de sentir que ellos mismos se van regulando y que tienen algo que decir en relación con su vida y su educación. Estos son los niños para los que conocer las reglas, en lugar de sentir que son sus padres los que los gobiernan, puede significar una gran diferencia.

La consistencia en las reglas demuestra que estas permanecen igual porque tienen su propia importancia. Se trata, aunque tome más tiempo, de ayudar a los niños a usar su empatía creciente para *hacer lo correcto* en beneficio propio, aun cuando los adultos no estén ahí para castigarlos. Según Brazelton,[5] cuando los padres enseñan a sus hijos a obedecer las reglas porque son justas y no porque los padres son más poderosos, están preparando a su hijo para respetar las leyes en el futuro. En términos de la psicoanalista francesa Catherine Mathelin, se trata de acompañar al niño para que, aunque al principio crea que ser fuerte es hacer todo lo que quiere, poco a poco comprenda que ser fuerte es mandarse a sí mismo, y entonces se tranquilice y entre al mundo de la ley.[6]

Las reglas ayudan a los niños a entender lo que se espera de ellos y lo que es conveniente para todos, pero también son una ayuda inmensa cuando estamos trabajando en mantenernos calmados en el momento de disciplinar. Cuando como adultos tenemos claro que el niño está desobedeciendo la regla, es más fácil tomar cierta distancia que nos permita no reaccionar de manera inmediata y visceral. Cuando un niño desobedece una regla no es personal, no nos está desafiando, no quiere retarnos. Si recordamos esto, podremos mantener la calma y preguntarnos qué le estará pasando, qué piensa o siente el niño para actuar de esa manera. Así es más probable que manten-

---

5 T. Berry Brazelton y De Joshua Sparrow, *Discipline…*

6 Catherine Mathelin, *¿Qué le hemos hecho a Freud para tener semejantes hijos? Notas a los padres apasionados por el psicoanálisis*, Buenos Aires, Paidós, 2002.

gamos nuestro objetivo: enseñar de manera empática. Siegel afirma que disciplinamos mejor cuando la manera de hacerlo es respetuosa, calmada y juguetona. Saber que los niños están en el proceso de aprender las reglas y su complejo funcionamiento en el mundo y que esto implica poner a prueba su consistencia, sus excepciones y sus matices, nos puede ayudar a mantener la actitud descrita por Siegel y Bryson. Recordemos que en muchas ocasiones lo que parece una confrontación es en realidad la manifestación de la necesidad emocional del niño de reconectarse con nosotros, aun cuando esta reconexión sea sentir nuestra autoridad y nuestra intensidad emocional. ¿Estás ahí para mí? ¿Tú te encargas de que respetemos las reglas aunque yo esté cansado? ¿Puedo confiar en que el mundo es predecible y consistente aun cuando yo no lo sea? Estas son las preguntas detrás de muchas de las desobediencias de los niños. Por eso disciplinar a nuestros hijos requiere, en primer lugar, que nos disciplinemos a nosotros mismos, para lograr mantener este escenario mucho más rico y complejo en nuestra mente.

Veamos una situación en la que la madre quiere convencer a su hija de que es mejor viajar en el asiento para niños.

María, de 4 años, y su familia van a salir, pero al llegar al coche María anuncia que no se quiere subir a su asiento. Mamá le dice que es por su seguridad. María empieza a lloriquear. Su mamá respira hondo. El tiempo pasa, van a llegar tarde. Le repite la explicación sobre la seguridad, pero ella insiste en que el cinturón le pica (el día anterior le permitieron regresar a casa en las piernas de su abuela). Su mamá se desespera, le da de gritos y la sienta con violencia en el asiento.

Es muy probable que María esté tratando de comprobar si a partir de ahora ya no tiene que viajar en el asiento para niños. Su mamá entra en un discurso lleno de explicaciones lógicas, pero que no tiene nada que ver con lo que María se está preguntando.

Veamos otro escenario.

> Cuando María anuncia que no se quiere subir a su asiento, su mamá le dice que desgraciadamente no está a discusión: viajar en el asiento *es la regla*. El coche no puede arrancar si los adultos no llevan su cinturón y los niños no van en sus asientos. Su tono y su actitud no dejan lugar a dudas de que así es. Luego le explica que lo que sucedió el día anterior fue una excepción, pues viajó en las piernas de la abuela porque el abuelo las tuvo que traer a casa, y en su coche no había asiento, pero que si recuerda, todos se pusieron el cinturón. Aquí terminan las explicaciones. La mamá de María no lo alarga, no intenta "convencerla" para que María diga: "Oh, mamá, tienes razón". Por último le da la posibilidad de sentir que tiene algo que decir al darle la opción de abrocharse sola o que la abroche su mamá. Eso es lo que puede escoger, pero la regla es ir en el asiento para niños. María lloriquea un poco y se acomoda en el asiento.

En muchos momentos las reglas resultan frustrantes para el niño, pero la frustración es inevitable en el proceso de crecer, y querer evitarla no debería ser una razón para cambiar las reglas. Lo que sí podemos hacer es conectarnos emocionalmente con nuestros hijos y con su frustración, al tiempo que nos mantenemos firmes en cómo deben ser las cosas.

Conectar-validar-redirigir

El tercer requisito para una disciplina empática es la conexión emocional. Conectar con las emociones de nuestros hijos es el primer paso en el momento de interactuar con ellos para poder disciplinarlos, pues al hacerlo les ayudamos a regularse, lo que los hace más receptivos (ya hablamos de ello en el capítulo 5). Estar curiosos por el estado de la mente y la manera de entender el mundo de los niños es un estupendo recurso para que los adultos nos mantengamos centrados y nuestro cerebro vaya por el camino correcto, el de buscar el porqué en las conductas de nuestros hijos con la intención de empatizar con ellos. Solo entonces podremos enseñarles, o disciplinarlos, que debería ser lo mismo.

> Enrique, de 5 años, tiene un hermano mayor y una gemela. Es un niño que trabaja estupendamente en el Montessori, y sin embargo en casa está constantemente "luchando" con sus padres. Enrique odia dormir sin calcetines, no le gusta la sensación de las sábanas tocando sus pies. Esa mañana, al despertar se da cuenta de que no trae puestos los calcetines con los que se durmió. Cuando el padre le pide que se levante y se vista para ir a la escuela, él lloriquea y se niega a hacerlo. El padre sale desesperado y la madre lo releva (¡Qué suerte que la mamá de Enrique no está sola y puede apoyarse en su pareja!). Recordando lo que hemos visto en sesión (primero conectar), le dice a Enrique: "Yo también estaría desesperada si odiara estar sin calcetines y durante la noche los hubiera perdido". Enrique se calma un poco y la madre continúa hablando mientras empieza a buscar. "¿Me pregunto dónde se habrá metido ese par de calcetines?". Los encuentra y se los entrega a Enrique. "¿Cómo ves si te los pones y ahora sí te empiezas a vestir para la escuela?". Enrique, con los calcetines puestos, se para de la cama y se viste.

Claro que nuestra reacción automática es exigirle que haga las cosas, sin conectar, sin ponernos en su lugar, sin entender. Si lo pensamos, todos tenemos mañas, pero generalmente no necesitamos a nadie para resolverlas. Ellos aún nos necesitan a nosotros, y si en lugar de intentar "hacerlos madurar" aprendemos nosotros a ponernos en su lugar y ser más pacientes, ellos mismos madurarán.

Al conectar es importante hacerlo de verdad, desde el corazón, con genuina empatía, razonando con ellos, validando lo que sienten; si lo hacemos como receta de cocina o, como me dijo alguna vez un papá, "dándoles el avión", no solo no conectaremos, sino que probablemente el niño se moleste al escuchar la descripción vacía emocionalmente de lo que para él es una experiencia intensa. Recordemos que lo que clama el niño es *sentirse sentido* cuando conectamos con su experiencia emocional (hemisferio derecho) y le ponemos palabras (hemisferio izquierdo), es decir, promoviendo la integración horizontal.

Cuando conectamos y entendemos el impulso de nuestro hijo, la posibilidad de redirigir se da de manera natural (recordemos que en promedio un niño de 5 años tarda 15 segundos mínimo en lograr detener una conducta que ya ha iniciado: seamos pacientes). Redirigir es ayudarle al niño a canalizar el impulso, buscar una solución aceptable; esto aligera la frustración y facilita la disciplina: "En las paredes no se pinta, pero podemos pintar en el rollo grande de papel o en el piso del patio si quieres hacer dibujos muy grandes". Redirigir es, pues, el paso inmediato después de conectar y validar. Redirigir es decir "esto no, pero esto sí", o bien "así no, pero así sí". Generalmente, redirigir es sencillo si nos mantenemos empáticos y buscamos opciones que le permitan al niño sentir que tiene voz y que nosotros queremos escucharla, aunque no podamos, ni debamos, "obedecerla".

LA REFLEXIÓN: PARTE ESENCIAL DEL PROCESO DISCIPLINA-ENSEÑANZA

A lo largo de este libro hemos insistido en dos aspectos; en primer lugar la conexión emocional y en segundo lugar la reflexión. La verdadera disciplina no termina cuando el momento de disciplinar ha pasado; ese es solo el primer acto. La reflexión es el segundo acto (ya lo mencionábamos cuando hablamos de la importancia de la reflexión para la regulación emocional).

En ocasiones es importante dar espacio para un intermedio entre acto y acto; es decir, un tiempo para que el niño y nosotros nos tranquilicemos y podamos recuperar la calma y con ella el funcionamiento integral de todo el cerebro. En otros momentos, cuando la intensidad emocional no es demasiada, el proceso reflexivo puede darse de manera inmediata. Más tarde o más temprano, es muy positivo que después de una situación intensa y de difícil resolución retomemos lo sucedido y lo hablemos con el niño, pues disciplinar no es otra cosa que enseñarle al niño a resolver problemas juntos. ¿Por qué será que generalmente ni siquiera se nos ocurre esta opción? Una vez más, cuando reflexionamos con el niño (lo cual no quiere decir adoctrinarlo), su cerebro analiza lo que sucedió, busca opciones distintas y aprende, es decir que genera nuevas conexiones neuronales que favorecen el funcionamiento integrado del cerebro. Si además incluimos lo que él sintió y lo que otros involucrados pudieron haber sentido, entonces estaremos enriqueciendo el cableado neuronal que genera la empatía.

Montse, de 12 años, recibe su examen de matemáticas y está reprobada. Su compañero de banca, Gabriel, está en la misma situación. "Otro fin de semana sin iPod", dice Gabriel. "¿A ti te van a castigar, Montse?". "No, a mí nada. Verás, mi mamá no cree en los castigos, ella piensa que es suficiente con que yo sepa que estudiar es mi responsabilidad y mi compromiso, y que si no lo hago es suficiente con saber que no cumplí, y lo peor es que tiene razón, me estoy sintiendo muy mal con este cinco". "Oye –le dice Gabriel–, ¿no podría tu mamá hablar con mi mamá".

En este ejemplo la falta de castigo mantiene la atención de Montse donde la queremos: ella ha reflexionado junto con su mamá de estas cosas y sabe lo que es su responsabilidad y lo que se espera de ella, y entiende que ha fallado.

Cuando hablamos de reflexión hay una aclaración que resulta vital: la reflexión no es adoctrinamiento, no es echarle un rollo infinito que provoque que el niño se desconecte. Entonces, preguntarán algunos, ¿qué es reflexionar con nuestros hijos? La reflexión debe ser diálogo, preguntas y respuestas, alrededor de las consecuencias de sus actos, de cómo hizo sentir a los demás y a sí mismo lo que sucedió (evitando el porqué que busca la lógica adulta y que hace sentir la crítica). Lo mejor es que sea breve (ojo: menos es más), empática y receptiva. Muchos niños son capaces de reflexionar mejor si en lugar de tratar de hablar con ellos frente a frente lo hacemos de manera paralela; esto es, realizar alguna actividad juntos, como colorear, o bien invitarlo a dibujar o moldear sobre lo sucedido. El solo hecho de plasmar lo que pasó en un dibujo obliga al niño a que lo mire de manera integrada y le permitirá, si lo guiamos con suavidad y respeto, revisar lo sucedido y llegar por sí mismo a las conclusiones que habríamos querido decirle nosotros en un discurso parental, con cero probabilidades de ser asimilado. Este tipo de diálogos le dan al niño la oportunidad de buscar alternativas a lo que pasó; es el momento para que piense qué necesitaría aprender para poder enfrentar exitosamente situaciones similares. Recordemos la sugerencia de Greenspan (capítulo 3) para iniciar este diálogo: “Hablemos de lo que sucedió. Eso es algo que no debes hacer, así que cada vez que lo hagas yo voy a detenerte. ¿Cómo crees que debería ayudarte a detenerte? ¿Me puedes ayudar a buscar opciones? Dime qué debo hacer, porque aprender a no hacer *x* o *y* es tu trabajo, y me gustaría que tú tomes algo de la responsabilidad en este asunto”.

Antes de iniciar un proceso de reflexión, los padres deben tener muy claro lo que quieren enseñar, así como las preguntas de Siegel: ¿por qué actuó así mi hijo?, ¿qué quiero enseñarle en este momento?, ¿cuál es la mejor manera de enseñárselo?

Recordemos que, para reflexionar, el episodio crítico en el que todos los ánimos están exaltados ya debe haber pasado, hay que estar tranquilos, con el cerebro integrado y curiosos de cuál es la experiencia del niño. Los niños también tienen su orgullo (unos más que otros), y si no están tranquilos y no se ha restablecido la conexión emocional entre ellos y sus padres, es poco probable que reconozcan sus errores y que quieran corregirlos. Además es importante recordar que una sola reflexión casi nunca será suficiente, es necesario repetirla y practicarla. ¿Acaso no se da así todo aprendizaje?

También, como sugeríamos en el capítulo 3, es válido generar el diálogo y la reflexión lúdicamente, invitando a hablar a los niños de diversos temas y situaciones.[7]

ERRORES FRECUENTES AL DISCIPLINAR

Los niños tienen que aprender a posponer la gratificación, a tolerar la frustración y a regular sus emociones, pero los adultos también, y para hacerlo es fundamental cambiar muchas de las creencias que tenemos respecto a la crianza, la disciplina y la infancia. Revisemos algunos de los errores frecuentes al disciplinar y las creencias que pueden estar detrás de ellos.

Falta de estructura y consistencia (permisividad, falta de reglas)

A veces los papás perdemos de vista el hecho de que ayudar al niño a aprender a ser empático y seguir las reglas es un proce-

---

7 *40 Questions to get kids talking*, http://www.positiveparentingconnection.net/

so largo y con frecuencia frustrante a corto plazo. Queremos desesperadamente que nuestros hijos estén felices y nos quieran, y entonces olvidamos que, como decía Selma Fraiberg, una disciplina extremadamente indulgente, al igual que una disciplina extremadamente severa, puede alterar el proceso de construcción de conciencia y producir resultados similares: un niño con controles inefectivos. En primer lugar, el niño necesita un vínculo de amor que lo motive a crecer; pero, en segundo lugar, también requiere la estructura que le permita saber hacia dónde crecer. Como dijimos cuando hablamos de regulación emocional, se trata de un balance delicado entre las necesidades infantiles de conexión y la comprensión de las prohibiciones que empujan al niño a convertirse en adulto.

Nos pasa que confundimos *proteger* con *dejarlo hacer de todo*,[8] y no nos damos cuenta de que ser permisivo es una forma de maltrato, pues le hará más difícil al niño el camino a la madurez. Mathelin dice que el mensaje que deberíamos darle a nuestros hijos es: "No te preocupes, puedes tener ganas de todo, yo estoy aquí para no dejarte hacer lo que está prohibido". Un adulto a cargo libera al niño para poder explorar el mundo y ser quien es. Los niños necesitan saber que hay alguien que sabe lo que está bien y lo que está mal y que procurará que se respeten las reglas.

Hablar demasiado: querer convencer, entrar en discusión

¿Los papás y las mamás hablamos demasiado? Definitivamente sí. O quizá debería decir que sermoneamos y discutimos demasiado. Es lugar común la imagen del niño o adolescente al que están regañando, mientras él se desconecta y simplemente

---

8 Catherine Mathelin, *¿Qué le hemos hecho a Freud para tener semejantes hijos?...*

escucha el *blablablá* de su madre y, sin embargo, en el momento de "crisis disciplinaria" son pocos los papás que logran ser asertivos, empáticos y breves.

Vivimos en una cultura que tiene dificultad para escuchar, y cuando escuchamos no lo hacemos para entender, sino para contestar. Esta es una de las razones por las que disciplinar nos obliga a reconfigurar muchos de los hábitos presentes en nuestra forma de relacionarnos. A los hijos hay que escucharlos para entenderlos y poder conectarnos con ellos, porque así es mucho más probable obtener su cooperación.

Cuando hablamos, hablamos y hablamos, nos desconectamos de la otra persona. Son momentos en que nuestro cerebro entra en un bucle que nos aísla del exterior. Lo peor es que nos ataca la verborrea en los momentos más inoportunos: queremos convencer al niño de que debe comer verduras o de que es necesario que se esté quieto, con la fantasía de que nuestros absolutamente lógicos argumentos le harán decir: "¡Ah! Ya entiendo, mamá, me quedaré sentado sin moverme porque molesto a las personas de mi alrededor". ¿Por qué le pedimos que considere a las personas de su entorno sin primero darle la experiencia de sentirse comprendido y tomado en cuenta? Lo que el niño necesita no son argumentos sino opciones.

No solo hablamos mucho, sino que además decimos cosas innecesarias e ineficientes. Mientras más enojados, frustrados o ansiosos estamos, mayor es la tendencia a la verborrea. Y entonces, justo cuando lo que se necesita es conectar, la cantidad excesiva de palabras crea un muro entre nuestro hijo y nosotros, bloqueando la reflexión y el aprendizaje. Lo peor es que cuando nuestro discurso no funciona, una vez más culpamos al niño en lugar de darnos cuenta de que es nuestro método el ineficiente.

Mantener la calma, conservar nuestras emociones reguladas, nos permite hablar lo indispensable y correctamente. Cuando un niño ya está desorganizado (en berrinche) o muy necio, no es momento de seguir hablando ni de tratar de convencerlo. Recordemos que en los momentos de *secuestro emocional* la corteza queda desconectada y el niño está a merced del funcionamiento de su cerebro bajo (sistema reptil y sistema límbico). En estas situaciones simplemente podemos conectar y dejar que las emociones desbordantes pasen; cuando el niño está necio, lo que está en discusión no es lo verdaderamente importante; por eso lo que se necesita es detener la discusión, plantear la regla y que el adulto empiece a pensar en su mente qué es lo que realmente tiene preocupado al niño. Ariadne Brill, fundadora de la página *Positive Parenting Connection,* describe cómo tomarnos cinco minutos para leer un cuento y reconectar en situaciones que están al borde del caos puede evitar el *secuestro emocional* del niño y de los papás, pues al reconectar emocionalmente el niño se calma y está más dispuesto a cooperar. Solamente cuando el niño está tranquilo y su cerebro funciona de manera integrada (igual que nosotros) es momento de reflexionar y, como dijimos, esto también debe ser a través de un diálogo breve.

Mirta está molesta por el desorden de los cuartos de sus hijos; lleva con esta molestia mucho tiempo. Su hija María descubre cinco minutos antes de irse a la escuela que su amiga Aída se llevó su brillo de labios en lugar de guardarlo en el cajón. Se acerca llorosa a contarle a Mirta lo que sucedió. Mirta, atrapada por las prisas de la mañana y siempre con el pendiente del desorden, no logra ser empática, simplemente se suelta diciéndole que si no tuviera ese desorden, seguramente su amiga no lo habría tomado, si lo hubiera guardado en el cajón *blablablá*. En cuanto María se sube al camión todavía llorosa, Mirta respira y piensa: "Qué idiota, no tenía que decirle eso, debí haber conectado". Ya en sesión se pregunta cuál es su urgencia de educar que no puede soltar ese papel ni medio segundo para conectarse con lo que está sintiendo su hija.

Desbordarnos

La verborrea es una de las maneras en que los adultos nos desbordamos cuando tenemos la intención de educar. Pero no es la única. En nuestro intento de ser pacientes nos desconectamos de la propia experiencia y permitimos que las cosas lleguen al punto en que explotamos furiosos. En esos momentos nosotros somos las víctimas del *secuestro emocional* y, al igual que los niños, quedamos sometidos al funcionamiento del cerebro bajo y terminamos castigando, en ocasiones con castigos que no mantenemos, o bien dejamos que el niño "haga lo que quiera", pero nos quedamos furiosos y el niño confundido.

Salirnos de nuestras casillas refuerza la mala conducta, pues deja al niño desconcertado, intrigado y con la urgencia de reconectarse emocionalmente, aunque sea a la mala. Es frecuente que ante esta situación, el niño tenga que experimentar una y otra vez para ver si vuelve a suceder (¿volverá mamá a ponerse loca?) y para tratar de entender lo sucedido. No se trata de que el niño quiera manipularnos, en realidad él trata de entender y decodificar lo que sucedió. En ocasiones, los desbordamientos por parte de los adultos también pueden hacerlo sentir poderoso y esta puede ser, temporalmente, una sensación agradable, aunque a largo plazo llega a ser angustiante al sentir que no hay ningún adulto a cargo.

Luis tiene 3 años y medio, es el mayor de dos hermanos, su mamá lo recoge de la escuela, hace la fila, se lo entregan, lo amarran al coche, y cuando arranca, Luis dice: "Mami, pipí". Su mamá piensa tratando de encontrar una solución y le dice: "En unos minutos estaremos en casa". "No, mamá, es mucho pipí, aquí en la escuela". Nadia le dice a Luis: "*Okey*, pero tengo que dar la vuelta y volver a hacer la fila". Avanza un poco y se da cuenta de que llegará mucho más rápido a su casa, así que eso hace sin avisarle nada a

Luis. Llegan a la casa y cuando Luis se da cuenta estalla en llanto. "Dijiste que la escuela, yo quiero hacer pipí en la escuela". Nadia se centra en la urgencia de que Luis haga pipí, seguramente preocupada de que se moje y atendiendo a lo que Luis afirmaba que era su principal necesidad. Luis llora y Nadia, desesperada, trata de distraerlo. Le ofrece hacer en las plantitas, Luis sigue llorando y exigiendo que lo lleven a la escuela a hacer pipí. Nadia está desesperada y confundida y le dice que si él no quiere subir, puede no hacerlo y quedarse en el coche, que ella ya se va al departamento. Camina y sube hasta el primer piso. Luis la alcanza y suben juntos, pero Luis no para de llorar y exigir hacer pipí en la escuela. Llegan al departamento y Nadia lo lleva al baño urgente y desesperadamente, y le exige que haga pipí. Ante su negativa, le da una nalgada. Luis hace un chorrito de pipí y sigue llorando y diciendo que quiere hacer más pipí pero abajo, en las plantitas. Nadia, totalmente frustrada y confundida y con lágrimas en los ojos, accede y lo lleva a que haga pipí abajo.

Nadia y yo discutimos qué podría haber hecho diferente. Para ella el problema era no haberlo llevado a hacer pipí en la escuela como era "la exigencia" de Luis. Yo opino distinto. Yo creo que lo que lo desorganizó fue que su mamá le dijera una cosa e hiciera otra. La pregunta es ¿cómo nos sentiríamos nosotros en su lugar? Además, hay varios "agravantes". En primer lugar, todos los niños pequeños están vulnerables al salir de la escuela, porque están cansados y llevan toda la mañana siendo "niños grandes"; cuando vuelven a estar con mamá se suavizan y se ponen más sensibles. Probablemente también tuviera algo de hambre. Todas estas condiciones los ponen en un estado menos razonable y más caprichoso. ¿Tendría entonces Nadia que hacer lo imposible para que hiciera pipí en la escuela? Claro que no, lo razonable era irse a la casa, pero lo que le hizo falta a Luis para calmarse fue una disculpa de parte de su mamá. Es muy probable que si Nadia se hubiera bajado del coche, lo hubiera mirado a los ojos haciendo contacto físico y le hubiera dicho: "Hijo, me equivoqué cuando te dije que era posible regresar a la escuela y me equivoqué cuando no te avisé que era necesario cambiar los planes y venir a la casa. Discúlpame, entiendo que te enoje el cambio de planes. ¿Puedo ayudarte a bajar del coche y subir a hacer pipí?", entonces

Luis habría reaccionado de otra manera. Esto no quiere decir que no habría habido llanto, probablemente sí; pero no el caos que los atrapó a los dos y los dejó sintiéndose culpables, tristes y desconectados.

No conectar con las emociones del niño, ignorarlas

Veamos otro error frecuente al disciplinar.

Mamá no le permite a Úrsula, de 3 años, llevar su patín del diablo a casa de la abuela. La sube al coche y Úrsula muy molesta empieza a decirle a su mamá que es tonta. Mamá trata desesperadamente de mantenerse ecuánime y no contesta, ignora los insultos de Úrsula. En realidad, Úrsula está intentando comunicarse, enviando un mensaje que expresa su frustración y enojo. En la medida que mamá la ignora, Úrsula va subiendo el tono, tratando de que su comunicación sea recibida. Joaquín, el hermano de Úrsula, también se subió enojado al coche, pues mamá no le quiso dar galletas para comer en el camino. Frente a la falta supuesta de mamá, Úrsula busca apoyo en Joaquín. "¿Verdad que mamá es una tonta, tonta, tonta?", continúa gritando Úrsula. "Sí, es tonta, es idiota", agrega Joaquín. Mamá sigue tratando de mantenerse serena a través de la fallida estrategia de ignorarlos. Respira hondo, pero cuando gira la cabeza para decir algo, no lo logra, pues Joaquín le suelta una patada en la cara. Mamá no puede más, regresa a casa y los encierra en el cuarto. Nadie va a casa de la abuela. ¿Qué pasó aquí? ¿Qué pudo ser diferente? ¿Qué sucedió que de estar bien y tranquilos (de hecho habían tenido una mañana muy agradable) en unos cuantos minutos esta situación escaló a algo tan horrible para todos?

Es probable que la madre de Úrsula haya asumido que si ignoraba el enojo de sus hijos, se les pasaría y se tranquilizarían. Sin embargo, toda nuestra biología nos programa para otra cosa. Cuando tenemos emociones intensas, los seres humanos estamos programados para buscar la conexión. Si la madre de Úrsula hubiera nombrado el enojo de ambos niños y lo hubiera validado, lo más probable es que este no hubiera escalado al nivel de la patada. Pero al momento de ignorarlo intensificó la emoción. El enojo sube de nivel, pues los niños necesitan la conexión emocional que les dé contención y que les muestre cómo regular sus emociones, así como las palabras que favorecen el funcionamiento integrado del cerebro y que nos permite mantenernos dentro de la ventana de tolerancia.

En defensa de la madre de Úrsula debemos decir que como sociedad no nos hemos ocupado nunca de entender y manejar las emociones intensas. Con frecuencia consideramos que es mejor fingir demencia y dejar que pasen sin engancharnos; pero cuando hablamos de emociones infantiles, el hecho de no engancharnos no nos debería conducir a ignorarlas, pues esto pone a los niños en una situación en la que toda su programación biológica del apego los hará buscar desesperadamente despertar una reacción en nosotros para sentir que estamos conectados emocionalmente con ellos, y desde esta perspectiva siempre es preferible una conexión desde el enojo que una desconexión (confío en que la película *Intensa-mente* sentará un precedente que favorezca que los adultos dejemos de ignorar el mundo de las emociones).

Otro error frecuente cuando hablamos de emociones infantiles es no tomar en cuenta lo que antes llamamos *condiciones de cuidado*. Frecuentemente, somos los adultos los que llevamos a los niños al límite de su ventana de tolerancia cuando no consideramos su cansancio, hambre, estado emocional (ya sea porque está irritable o muy emocionado). Cuando el niño está en cualquiera de estas situaciones, es importante recordar que su ventana de tolerancia estará muy reducida, y su cerebro inmaduro, menos capacitado para funcionar de manera integrada, por lo que no es un buen momento para tratar de enseñarle algo; en cambio, es una buena ocasión para reconocer y nombrar sus emociones, darle contención y, si es necesario, redirigir.

No dar espacio para que tomen sus decisiones y asuman las consecuencias

Muchas veces creemos que estamos dándole al niño el espacio para tomar sus propias decisiones y que así construya su propio criterio, pero cada vez que el niño toma una decisión, si esta no es la que nosotros consideramos correcta, podemos reaccionar de maneras muy interesantes para cualquier observador y muy confusas para cualquier niño. En lugar de respetar la decisión tomada, desplegamos diversas estrategias para coaccionarlos a fin de que hagan lo que pensamos que "deben hacer". En ocasiones simplemente los abrumamos con todo el peso de nuestra lógica adulta, como en el caso de Santiago, de 11 años, al que su papá le preguntaba: "¿Adónde quieres ir de vacaciones, a la montaña o a la playa?". "A la playa", contestaba Santiago, e inmediatamente su papá construía el argumento más lógico y contundente de por qué era mejor ir a la montaña. Al final Santiago simplemente aceptaba lo que su papá decía y se guardaba su deseo de ir a la playa; lo más interesante era que el papá se quedaba convencido de que en realidad Santiago quería ir a la montaña porque había visto las ventajas de este plan.

El respeto a los niños debe incluir que el adulto sea consciente de cómo existe cierto tipo de manejos que son irrespetuosos porque implican aprovecharnos de nuestra mayor capacidad argumentativa y lógica para hacer parecer que los deseos o anhelos de los niños son ridículas tonterías, o porque "les hacemos creer" que ellos eligieron cuando en realidad los manipulamos. Evidentemente, el papá puede elegir adónde ir de vacaciones, no es esto lo que está a discusión, él es el adulto, él puede decidir. El problema es hacer parecer que el niño también lo decidió.

Existen otras formas de coerción más cotidianas, cuando en lugar de *trabajar con* nuestros hijos, como propone Khon, esperamos obediencia disfrazada de autonomía; como cuando el niño no quiere comerse el brócoli. "*Okey*", dice su mamá aparentemente muy tranquila, "si no te comes el brócoli, entonces no hay postre". El niño lo piensa un momento, quizá piense algo como "Hoy realmente no quiero brócoli, prefiero dejar el postre que comer brócoli. Hoy solo de olerlo me dio guácala". Finalmente mira a su mamá y le dice "*Okey*, no como postre, pero tampoco brócoli". En este momento la madre siente que la ansiedad aumenta mientras piensa: "¡Oh, no! Si no come brócoli, no comerá verduras y eso es muy malo". Entonces agrega: "Bueno, si no comes brócoli, no hay postre y tampoco podrás ver televisión hoy". El niño lo vuelve a pensar y acepta, pero la madre ya está pensando qué "consecuencia" ponerle, pues en realidad no quiere que el niño tome su decisión y asuma sus consecuencias, lo que quiere es que coma brócoli.

Una de las razones por las que tendemos a presionar a los niños es por nuestros muchos miedos (ya hablamos de ellos en el capítulo anterior). Más de una vez, cuando pongo el ejemplo del brócoli, algún papá me pregunta: "Y entonces, si no quieren comer verduras, ¿que no coman?". Inmediatamente, frente a la decisión que consideramos equivocada, brincamos al peor escenario y nos imaginamos a nuestros hijos completamente fuera de control. Son pocos los niños que no comen ninguna verdura, y les aseguro que lo que ahí sucede es otra cosa, no un niño que "decidió" no volver a comer verduras nunca más. Recordemos que cuando trabajamos para cuidar la relación con los hijos, el vínculo es el principal motivador para que el niño crezca y haga lo que se espera de él, y por eso podemos estar seguros de que, aunque no siempre tome la decisión que nosotros hubiéramos querido, su cerebro está desarrollando las conexiones neuronales para funcionar de manera integrada y poco a poco tomará mejores decisiones.

Castigar

Un sexto y frecuente error al disciplinar es castigar. Cuando entendemos la disciplina como enseñanza y al niño como una criatura capaz de reflexionar y de resolver problemas, se vuelve claro que los castigos no son la mejor herramienta para educar, pues no generan reflexión ni construyen un vínculo entre padres e hijos. Evidentemente, el más disfuncional de todos los castigos es físico, como las nalgadas, pues es el tipo de castigo que, como dice Fraiberg, se autoperpetúa al instaurarse el ciclo de crimen y castigo: el niño resentido por los últimos golpes comete una falta y espera el castigo; cuando este no llega por alguna razón, la ansiedad aumenta y hace que el niño cometa una segunda falta, en ocasiones ligeramente más grave; entonces, quizá sienta que además ya merece las nalgadas por lo que no descansará hasta recibirlas, pero volverá a quedar resentido y enojado. Puede ser que el niño aprenda a cancelar sentimientos de culpa, pues cada vez que lo nalguean se cancela cualquier mala conducta que él haya tenido; es decir, se establece una dinámica de "pagar por el crimen y quedar a mano", lo que a su vez cancela cualquier posibilidad de reflexión sobre lo que sea que haya sucedido. En este ciclo no hay lugar para ningún aprendizaje consciente de lo que está bien o mal.

Muchas veces, cuando los padres llegan a las nalgadas o los manazos es porque no encuentran ningún otro recurso para abordar las faltas de los hijos, y si bien generalmente se sienten culpables, al mismo tiempo tienden a autojustificarse pensando "algo teníamos que hacer, ni modo que el niño rompa el vaso y no pase nada". Sin embargo, queremos dejar claro que la postura de este libro es que si le pegas a tu hijo, lo sacudes con violencia o lo humillas, estás dañándolo y estás dañando tu relación con él. Debes buscar ayuda para encontrar métodos más efectivos de disciplinar a tu hijo (actualmente son muchos los estudios que documentan cómo el uso de la violencia física daña el desarrollo del cerebro en construcción).

En teoría, los castigos funcionan porque corrigen o permiten que el niño aprenda "la lección"; sin embargo, estas ideas tendrían que revisarse incluyendo lo que ahora sabemos del desarrollo del cerebro, la teoría del apego y las emociones. Además, hay que preguntarnos qué tipo de hijo queremos tener cuando decidimos qué tipo de disciplina aplicar. Los castigos favorecen que el niño rija su conducta en función de un sistema cuyo motor es el miedo de que lo cachen; en estos casos, el niño no reflexiona en la falta o en el porqué de ciertas conductas, simplemente se ocupa de no ser atrapado. En cambio, cuando se combinan el hecho de que el niño se siente seguro del amor de sus padres con la motivación a cooperar a través de la reflexión y el diálogo frecuente, el niño desarrollará la capacidad de sentir culpa cuando considere que algo es indebido, lo que activará un sistema interno de alerta que muchas veces inhibirá el acto. Esto es lo que Fraiberg llama un niño con conciencia que poco a poco va desarrollando un control interno de sus conductas (evidentemente, para esto se necesita que la corteza vaya madurando). Justamente porque el control es interno y el órgano que lo práctica (el cerebro) está en plena construcción, este proceso estará lleno de fallas que requerirán más diálogo y más reflexión, y algunas veces también consecuencias.

"¡Ah!", dirán algunos, "¿no que nada de castigos?". Porque para muchos, castigos y consecuencias son sinónimos; de hecho, para muchos el problema se resuelve si a los castigos los llamamos consecuencias, y listo. Pero no es así de sencillo. Los castigos y las consecuencias son diferentes. La consecuencia es un hecho que se sigue o resulta de otro, y para que el niño aprenda, este hecho debe ser una consecuencia razonable y lógica de la mala conducta. La consecuencia nunca debe tener una carga de venganza o represalia, tampoco es necesario que al niño "le duela". La consecuencia no se pone al calor del enojo parental y con ganas de desquitarse. Se trata simplemente de que el niño vaya aprendiendo que las conductas tienen consecuencias; esto, aunque nos parezca poco, es suficiente para que el niño aprenda cuando el vínculo es bueno y hay espacio para el diálogo.

Aurelia va a ir a la panadería. Sus gemelos, Álvaro y Arturo, tienen 5 años y quieren ir con ella. Aurelia habla con ellos y les plantea que les dará la oportunidad de mostrar que ya están listos para ir a la panadería, que deben recordar que la regla de la panadería es que no se toca nada con la mano, el pan solo se toca con las pinzas. Los niños entran a la panadería e inmediatamente se excitan. En menos de cinco minutos ambos han tocado el pan con la mano. Aurelia les señala que han roto la regla y que por lo tanto deben salir de la panadería. Toma los panes, se apresura a pagar y salen. Una vez afuera, Aurelia les explica que al romper la regla han mostrado que todavía no están listos para acompañarla a la panadería, y que tendrán que esperar un tiempo para que crezcan y aprendan a controlar las ganas de tocar el pan. Dos días después Aurelia va de nuevo a la panadería (aunque no es estrictamente necesario que lo haga, decide hacerlo para poder aplicar la consecuencia). Le avisa a sus hijos, pero les aclara que esta vez no podrán acompañarla porque todavía sus manos no han aprendido a no tocar el pan, pero que ella está segura de que en unos meses podrán volver a intentarlo. Claro que Álvaro y

Arturo reclaman por no poder ir, pero luego se ponen a jugar, y aunque no sufran más que la pequeña frustración de no ir al pan, su cerebro integra la experiencia y queda marcada como significativa la regla de la panadería.

En ciertas ocasiones la consecuencia se presenta de forma natural, y los padres debemos confiar en que esto es suficiente para que el niño vaya aprendiendo. Por ejemplo, cuando en el parque un niño avienta a otro y este se pega y se le hace un gran chichón. Presenciar esto puede asustar y preocupar enormemente a cualquier niño. No necesita más regaños, sino contención emocional para poder procesar lo sucedido y también que le demos luego la oportunidad de repararlo. Por ejemplo, cuando ya esté tranquilo podemos sugerirle que le haga un dibujo al niño afectado para pedirle una disculpa.

Les damos muy pocas oportunidades a los niños de reparar, porque vivimos en una cultura muy preocupada por penalizar y hacer que el "delincuente" pague. Se descuida enormemente a la víctima y la posibilidad de reparación. La justicia restaurativa es un tema demasiado amplio para este capítulo y merecería un libro completo. Digamos tan solo que las prácticas restaurativas piensan en términos de las relaciones y no en términos individuales. Cuando alguien comete una falta, se piensa más en el daño a una relación que en las reglas rotas y la autoridad dañada.[9] Este enfoque busca abordar el conflicto dando el espacio para que el "victimario" tome conciencia del daño que causó y, al ser contenido por el tejido social, pueda asumir su culpa e intentar repararlo. Desde esta perspectiva lo importante es acompañar y ayudar al niño a restaurar el daño pidiendo disculpas y realizando alguna acción simbólica, como escribir una carta,

---

9 John Winslade y Michael Williams, *Safe and Peaceful Schools. Addresing Conflict and Eliminating Violence,* Thousand Oaks, Corwin, 2012.

hacer un dibujo, reparar la pieza rota, etc. (Ojo: nunca se debe forzar a un niño a pedir disculpas como fórmula social. El niño debe ser consciente del daño causado y debe estar dispuesto a intentar repararlo voluntariamente, proceso que se logra a través del tiempo y de la reflexión, no de amenazas y castigos).

Regresemos a los castigos, que es el tema de esta sección. Cuando el castigo es ilógico, vengativo o excede la tolerancia del niño, no importa que lo llamemos *consecuencia*, no hay manera de que este genere un aprendizaje. En el capítulo 4 hablamos de cómo el aprendizaje se da cuando hay seguridad emocional, y por tanto el cerebro puede funcionar de manera integrada; además, todo aprendizaje es efectivo a través del establecimiento de conexiones lógicas entre eventos e ideas;[10] cuando un niño se concentra en rumiar la profunda injusticia a la que es sometido por los padres al castigarlo de *x* o *y* manera, su cerebro no está funcionando de manera integrada, las emociones son intensas y la atención no está puesta en lo que él hizo, sino en lo que le hicieron. Los castigos dañan el vínculo y no favorecen la integración del cerebro. Las consecuencias pueden frustrar al niño (no ir a la panadería), pero si el niño las entiende y ve la lógica, habrá un aprendizaje. Si además los adultos consideramos resuelto el asunto una vez que se asume la consecuencia, podremos reconectarnos emocionalmente con nuestros hijos, y el vínculo se verá reforzado.

Otro de los grandes problemas con los castigos es cuando los ponemos al calor del enojo. Varias cosas pueden pasar, como poner un castigo que no solo no tenga lógica con lo sucedido, sino que además sea exagerado. Por ejemplo, cuando el niño tiene malas calificaciones y los padres le dicen que deberá dejar su clase de karate, que es su favorita, para ponerse a estudiar.

---

[10] H. Selma Fraiberg, *op.cit.*

Otra situación problemática con los castigos es cuando los padres los ponen en función de su angustia, pues también son desproporcionados y sin lógica. El niño de 9 años reprueba el examen de matemáticas y le dicen que no podrá recibir sus regalos de cumpleaños, que es en dos días, hasta que apruebe el siguiente examen de matemáticas.

La angustia de los padres es uno de los grandes obstáculos cuando se trata de entender la diferencia entre castigos y consecuencias, el miedo a ser incompetentes, a perder el control de nuestros hijos, el miedo a ser permisivo y a infantilizarlos son miedos muchas veces inconscientes y nos empujan a castigar para sentir que tenemos el control, aunque el control sea siempre una ilusión…

Un tercer problema es cuando los padres amenazan con castigar y luego hacen como que lo olvidaron y no lo cumplen, enviando un mensaje de ambigüedad y confusión para el niño. Esto no quiere decir que cuando nos equivocamos o ponemos una consecuencia poco lógica no podamos recapacitar. La cuestión es qué hacemos una vez que recapacitamos. Si respetamos la inteligencia y las emociones del niño, hablaremos con él, reconoceremos el error o la exageración y estableceremos la consecuencia adecuada. Los niños son grandes interlocutores si les damos la oportunidad. Cuando están tranquilos llegan a ser lógicos, razonables y empáticos, si eso es lo que nosotros les mostramos la mayor parte del tiempo.

Quiero hablar de un castigo que actualmente es muy bien visto por muchas personas: el tiempo fuera. El tiempo fuera se aplica cuando un niño ha roto los límites, entonces es retirado de la situación y se sienta silenciosamente durante un breve período en un lugar asignado para ello. El padre o la madre utilizan un temporizador, se abstienen de hacer juicios y permiten que el niño regrese a las actividades sin ninguna otra consecuencia cuando ha transcurrido el tiempo.[11] En realidad esta medida no es realmente distinta al viejo castigo de mandar a los niños al rincón, solo que con un nombre más sofisticado.

El tiempo fuera se justifica con el planteamiento de que el niño, al ser aislado, reflexionará sobre lo sucedido, rectificará y entonces estará listo para regresar a la interacción. Se considera que es una consecuencia no violenta, y sin embargo ahora sabemos que el aislamiento puede producir ansiedad y dolor emocional en un niño que lo que busca es conexión. Desde la teoría del apego sabemos que venimos programados para vivir conectados emocionalmente unos con otros, sabemos que las condiciones óptimas para la reflexión y el aprendizaje se dan cuando nuestros sistemas de alerta están apagados, porque nos sentimos seguros y confiamos en el otro, y también sabemos que muchas de las "malas" conductas de los niños son intentos de reconectar con su figura de apego. Aislar a los niños para que aprendan es contradictorio con lo que los niños necesitan según la teoría del apego y el enfoque del desarrollo del cerebro y la regulación emocional. El aislamiento social para una criatura altamente gregaria es definitivamente un castigo.[12] Un cerebro en crecimiento apenas está desarrollando la corteza que le permitirá hacer razonamientos complejos, ser empático y entender la causalidad; privar al niño de la ayuda del adulto no es lo que el niño necesita; en realidad el tiempo fuera es un castigo para prevenir que los adultos pierdan la calma, y cuando funciona es por eso: no por lo que favorece en el niño, sino porque al menos los padres logran mantener la calma al desconectarse emocionalmente del niño (Phelan

---

11 Donna Corwin, *The Time Out Prescription, A Parent's Guide to Positive and Loving Discipline*, Chicago Ill., Contemporary Books, 1996.

12 Sue Gerhardt, *Why Love Matters, How Affection Shapes a Baby's Brain*, Nueva York, Routledge, 2008.

Thomas, defensor del *time out*, enfatiza una y otra vez que sus estrategias son controles para la furia parental y para las malas conductas de los niños). Si el adulto hace su parte del trabajo, será raro que necesite aislar al niño, pues manteniendo la calma podrá *conectar* con él y al *validarlo* lo ayudará a tranquilizarse y *redirigir* su conducta.

Sin embargo, existen ocasiones en que un niño necesita salirse temporalmente del espacio social para lograr regular sus emociones; en estos casos la sugerencia es sentarse con él, hacerle saber que en ese momento sus emociones son muy intensas, pero que nosotros permaneceremos ahí hasta que esté un poco más tranquilo. Quizá podamos tocarlo suavemente y afirmar que entendemos su punto, que entendemos o al menos estamos tratando de entender qué lo llevo ahí. Mientras no esté calmado, no es el momento de enseñarle nada. En el caso de un niño mayor, se le puede pedir que se retire y que regrese cuando esté tranquilo y dispuesto a dialogar. Aquí vuelve a ser importante conectar y empatizar con su experiencia y luego darle el poder de decidir cuándo es el momento de regresar.

Actualmente, autores de diversas páginas web, como Rebeca Eanes (creativechild.com), sugieren que en casa tengamos una pequeña área con diferentes recursos para ayudar al niño a tranquilizarse: algunos cuentos, su música favorita, un *punching bag* para canalizar energía agresiva sin lastimar a nadie, piedras muy lisas que pueda acariciar, etc. Si preparamos esta área junto con nuestros hijos y hablamos de cuándo se recomienda utilizarla, entonces estaremos *trabajando con* ellos, y quizá de vez en cuando también nosotros podamos utilizarla.

Para cerrar, recordemos las palabras de Selma Fraiberg cuando dice que el éxito de cualquier método de disciplina depende de la relación del niño con sus padres. Cuando un padre se siente rebasado por problemas de disciplina debe sentarse y revisar qué está fallando, qué está alterando la relación entre el niño y los padres, y ha de recordar que siempre puede buscar ayuda de especialistas. El castigo no es la respuesta. La respuesta es reparar la conexión.

CONCLUSIONES

La capacidad para resolver problemas, lidiar con el conflicto, tolerar la frustración y adaptarse son básicas para encontrar la armonía entre las necesidades internas y la realidad externa. Estas características se desarrollan al disciplinar con respeto, conciencia y empatía. La opción es *trabajar con* nuestros hijos para resolver esos problemas que solemos llamar "malas conductas". Necesitamos tener muy claro que como papás tenemos que limitar determinadas conductas, pero siempre validando las emociones.

El camino es largo y cometeremos muchos errores, pero si reparamos y reconectamos con nuestros hijos, podemos estar tranquilos de que vamos en la dirección correcta, aunque necesitemos seguir trabajando en ejercer el tipo de disciplina que construye el cerebro, la inteligencia emocional y la relación. Cuando conectamos, validamos y redirigimos, estamos ayudando a nuestros hijos a desarrollar la autorregulación emocional, y un niño que crece así entrará en la adolescencia con muchos más recursos para enfrentar este nuevo período de crecimiento emocional y cerebral.

Lo que los niños quieren es conexión emocional y luego límites. Quieren un mundo predecible, comprensible y un adulto a cargo que conecte con ellos y entienda la frustración de tener que gobernar los impulsos y la frustración de ser el pequeño.

Los adultos necesitamos ser conscientes de nuestros miedos para detectar cuándo surgen activando ideas falsas y escenarios oscuros que nos llenan de angustia, lo que nos hace caer en la dinámica del castigo y la falsa ilusión del control. Debemos trabajar para poder mantener la calma y generar ese espacio que nos permita elegir nuestra respuesta para ser padres conscientes. Crecer como padres es crecer como personas.

Es muy importante que los padres recordemos que somos nosotros quienes estamos a cargo. Somos los que debemos tomar las decisiones importantes, y por eso los niños pueden confiar en nosotros. Debemos sentirnos la autoridad empática que nuestros hijos necesitan. Nuestro trabajo no es complacer ni castigar, sino, desde una relación amorosa, enseñar y dar opciones. Y por supuesto, divertirnos juntos y construir desde el juego y la risa la relación que merecen tanto ellos como nosotros.

CAPÍTULO 8

Doce mitos sobre la infancia

Confío en que los capítulos anteriores hayan dejado en el lector un marco de referencia que le permita abordar los mitos que a continuación comentaremos con el propósito de cuestionarlos y, con suerte, demostrar que están equivocados.

María Moliner define *mito* como: "cosa inventada por alguien que intenta hacerla pasar por verdad". Con frecuencia la relación entre padres e hijos se ve mermada por muchas "cosas inventadas" que generan creencias que tenemos respecto a la infancia y que damos por ciertas sin cuestionarlas. Estos mitos determinan la manera en que nos relacionamos con los niños y en que reaccionamos frente a las diversas dificultades que surgen en nuestra relación con ellos.

Este libro ha sido una invitación a cuestionar algunas de estas creencias, a mirarlas como mitos. Porque solo haciendo conscientes las ideas que tenemos sobre la infancia podremos cuestionarlas y, en su caso, cambiarlas. De lo contrario se van convirtiendo en leyes silenciosas e inconscientes que organizan nuestra experiencia y la relación con nuestros hijos, y que muchas veces nos roban la posibilidad de mirar con empatía, con humor y amor lo que sucede.

La propuesta es abandonar las falsas certezas que nos brindan los mitos, aunque sea por unos momentos, para permitirnos observar las conductas o acciones de nuestros hijos desde un lugar nuevo, más empático y menos enjuiciador. Si nos permitimos reconocer que montones de veces no sabemos por qué los niños reaccionan de cierta manera, estaremos dando el primer paso para abrir el espacio en la mente y preguntarnos, por ejemplo: ¿qué sucede en el interior de mi hija cuando reacciona de determinada manera? ¿Qué siente y piensa cuando actúa de cierta forma o me habla en ese tono?

La amplitud mental nos predispone a conectarnos con ellos, a ser empáticos, en lugar de brincar inmediatamente a "educarlos".

A lo largo de este libro hemos reunido elementos para cuestionar los siguiente doce mitos.

1. Educar o disciplinar a nuestros hijos es más importante que hacerlos sentir queridos incondicionalmente (el amor es obvio, ¿no?)
2. La educación o disciplina debe hacerse en el momento, de manera inmediata e instantánea
3. Los niños se portan mal o rebasan los límites porque
   a) quieren llamar la atención
   b) quieren manipularnos
   c) quieren hacernos enojar
   d) son caprichosos
4. Los niños solo aprenden con castigos
5. Si escuchas y negocias, te tomarán la medida
6. Cuando dicen mentiras buscan deliberadamente engañarnos y salirse con la suya
7. Las emociones de los niños son "infantiles", a diferencia de las de los adultos, y no debemos darles importancia
8. Hay cosas que no es necesario explicarles a los niños, porque no se dan cuenta de ellas y no las entienden

9. Son muy chiquitos para hablarles de sexualidad
10. Hay que evitar el sufrimiento de los niños a toda costa (¡Que no lloren!)
11. Tengo que detener el pleito entre los hermanos, de mí depende que se lleven bien
12. Todo su futuro está en mis manos

MITO 1

Educar o disciplinar a nuestros hijos es más importante que hacerlos sentir queridos incondicionalmente (el amor es obvio, ¿no?)

A muchos padres el amor que sienten por sus hijos les resulta tan evidente que rara vez se cuestionan si la manera de relacionarse con ellos los hace sentir amados. Esto puede convertirse en un problema, pues como dice Ariadne Brill,[1] los niños aceptan la orientación de los adultos cuando existe una conexión emocional y la guía se presenta de manera cálida.

Cuando los niños se saben amados incondicionalmente, cuando sienten el respeto y la aceptación, de manera muy natural buscarán la guía de sus padres (por supuesto que, no todo el tiempo, pero sí la mayor parte). Si existe una buena comunicación emocional, el enojo y la frustración podrán ser ventilados cuando se presenten, lo que evitará que esos sentimientos se acumulen y se traduzcan en conductas difíciles.

Se trata, como hemos dicho, de conciliar tanto las necesidades infantiles como las necesidades adultas a través de *trabajar con* nuestros hijos.

---

[1] Fundadora de la página web sobre crianza positiva, www.positiveparentingconnection.net

Justamente cuando los niños se ponen difíciles (condiciones de cuidado), lo que necesitan es la reacción empática de un adulto que reciba sus emociones y redirija sus conductas; al no sentirse juzgados ni amenazados tienen muchas más posibilidades de calmarse, y con ayuda, la mayoría de las veces pueden redirigir su conducta. Los juicios y las amenazas activan sus sistemas de sobrevivencia y el miedo (tallo cerebral y sistema límbico) y disminuyen su capacidad de aprendizaje y autorregulación al quedar desconectada la corteza. Claro que hay que limitar o detener ciertas conductas, pero sin invalidar las emociones, ni siendo irrespetuosos con el niño.

El verdadero diálogo es otra forma de interactuar que hace sentir al niño amado. (Recuerden que nunca hay que comenzar uno de estos diálogos con un *¿por qué?*, pues este busca explicaciones lógicas que no son las verdaderas respuestas de los niños, además de que las preguntas que empiezan con un *¿por qué?* tienen una carga de juicio.) Se trata de entender cuál es su punto de vista, qué siente o qué busca con determinada conducta; si realmente escuchamos con curiosidad y sin juicio, los sistemas de alerta se relajan y el niño, por su parte, entra en un estado receptivo que le permite aprender y modificar sus conductas.

Una vez más, como ya lo hicimos en el capítulo sobre la infancia, insistiremos en que jugar, bailar, cantar de manera improvisada, conversar y divertirnos con nuestros hijos es una manera fundamental de hacerlos sentir amados y de favorecer su cooperación y desarrollo.

MITO 2

La educación o disciplina debe hacerse en el momento, de manera inmediata e instantánea

Este mito de la inmediatez tiene dos caras: la primera es esta idea de que tenemos que educar en el momento preciso en que suceden las cosas, siempre educar, sin perder ni el momento ni la oportunidad para señalarles a nuestros hijos sus errores, lo que deberían hacer o lo que deberían haber hecho.

La realidad es que la educación no requiere esa inmediatez. Como vimos en el capítulo 6, educar no es adiestrar: los niños no son perritos que para entender que algo estuvo mal necesiten que les señalemos su error de manera inmediata y con el periódico en la mano. Vidal sugiere que, como padres, hagamos un trabajo interno para evitar esa ansiedad que nos empuja a actuar de manera precipitada sin entender que educar es un proceso que lleva tiempo, y sin que respetemos los ritmos específicos de crecimiento y aprendizaje que cada uno de los hijos requiere.[2]

Los niños van desarrollando la capacidad para la reflexión y el diálogo desde muy pequeños. En lugar de privilegiar la inmediatez, lo que deberíamos buscar es que tanto ellos como nosotros estemos con el estado mental que surge cuando nos sentimos seguros y que permite al cerebro funcionar de manera integrada, para entonces reflexionar sobre lo sucedido. Por supuesto que hay que detener ciertas conductas, sobre todo si ponen en riesgo la integridad del niño o el respeto a otros. Está bien plantear su inadmisibilidad en el momento, pero no es necesario en ese mismo instante hablar sobre lo sucedido y

---

2 Vidal Schmill, *Disciplina Inteligente. Manual de estrategias actuales para una educación en el hogar basada en valores*, México, Producciones Educación Aplicada, 2004.

explicarle al niño su error o su falta, sobre todo si las emociones están encendidas. Es mejor dejar la reflexión para después.

Un niño que se siente entendido y amado tendrá una conexión emocional con sus padres que lo motivará a darles gusto; cuando es así, los padres no deberán apelar a esa fuerza interna para manipular al niño. Por eso Siegel y Bryson proponen primero *conectar* y luego *redireccionar*. Conectar implica mirar a nuestros hijos y dejarnos tocar por su experiencia. Si recordamos lo visto en el capítulo 4, estamos hablando de conectar de hemisferio derecho a hemisferio derecho, en lugar de reaccionar desde la lógica y la razón del hemisferio izquierdo, que inmediatamente querría educar, enumerar las razones por las que sucedió el hecho y prever las maneras de evitar que vuelva a pasar. Se trataría de conectar con la experiencia emocional del niño, espejear los sentimientos y hacerlo sentir comprendido. Un "Sí, tienes razón, puedo ver por qué sientes lo que sientes" generalmente hace que el niño se relaje un poco y su estado reactivo ceda; entonces, y solo entonces, estará listo para reflexionar y aprender.

Cuando un niño está desbordado por alguna emoción, podemos estar seguros de que la corteza está "desconectada" y el pequeño está reaccionando desde sus sistemas automáticos de supervivencia, ya sea el sistema límbico o el cerebro reptil. En esos momentos los niños no necesitan "educación" sino contención, y esta se logra conectándose con el estado emocional del niño ("Enoja muchísimo que tu hermano te quite el juguete, tienes razón"). Esto hace que se sienta seguro y se abra al diálogo y la reflexión.

Si conectamos, insisto, el niño se siente comprendido y estará en condiciones de comenzar a calmarse (la mayoría de las veces); ya entonces podremos reflexionar con él y, si es necesario, hablar de las consecuencias de sus actos. Estas reflexiones pueden esperar hasta varios días. Una vez que la corteza se ha reconectado, la reflexión irá generando nuevos patrones neuronales que poco a poco le permitirán al niño reaccionar de manera diferente.

Ariadne Brill, en su libro *Twelve Alternatives to Time Out*, cuenta un hermoso ejemplo en el que plantea usar el arte como puerta para la reflexión y posponer la reflexión para un momento en que el niño esté receptivo:

> Una tarde, en el parque, mi hijo de 4 años corrió con algunos amigos hacia la barda detrás de unos árboles. Unos momentos después se oyeron risas y todos los niños corrieron de regreso. Con curiosidad le pregunté a mi hijo qué había sucedido. "Oh, nada", dijo el niño. La escena se repitió, y por la excitación en la carita de mi hijo supe que algo estaba sucediendo. "Yo no hice nada, fue el otro niño", fue la respuesta de mi hijo, pero cuando le describí lo que yo había observado sus ojitos se llenaron de lágrimas y me explicó que habían aventado unas piedras sobre la barda y casi le pegan a un coche. Me llené de miedo de pensar en lo que pudo haber sucedido. Conté lentamente hasta diez buscando la mejor manera de reaccionar para que mi hijo pudiera darse cuenta del error que había cometido y de que haberme mentido tampoco era una buena conducta. El momento del peligro había pasado, mi hijo estaba exaltado y por las lágrimas en sus ojos podía darme cuenta de que también estaba consternado. Decidí no decir nada en ese momento; le dije que podía jugar diez minutos más antes de irnos a casa, lejos de la barda, y que llegando a casa podríamos hacer un dibujo para hablar de lo sucedido y hacer un plan. Un poco más relajado jugó cerca de mí los siguientes diez minutos y luego nos fuimos a casa. Una vez en casa, mi hijo sacó unos plumones y una hoja de papel. Comenzó a dibujar el parque, sus amigos, los coches que pasaban y las piedras en el aire. Cuando terminó de dibujar miramos juntos lo que había hecho y yo le hice algunas preguntas, esperando que eso le permitiera hacer ciertas conexiones y entonces reflexionar. Hablamos del granizo

> de hacía un mes, y de cómo esas "piedras de agua" habían ocasionado ciertos daños que él había visto. Luego hablamos de lo que podría pasar si llovieran piedras, y finalmente le pregunté qué pensaba de lo que había hecho en el parque. La sonrisa que había permanecido en su carita desde que empezó a dibujar, desapareció, y me dijo: "Pude haber lastimado a alguien, no fue una buena decisión; aunque en ese momento fue divertido, no volveré a aventar piedras más que al lago, y solo cuando sepa que no voy a lastimar ni a una rana ni a un pescado. También sé que no estuvo bien decirte que yo no había sido. Perdón, mamá".

Este es el tipo de reflexión que un niño de 4 años puede hacer si lo acompañamos y le permitimos que él mismo haga las conexiones, en lugar de brincar a adoctrinarlo justo en el momento en que ambos estamos exaltados. Cuando los niños tienen el espacio para contar sus propias historias, pueden procesar sus emociones y los acontecimientos, y acceder a un aprendizaje profundamente significativo.

La otra cara de la inmediatez está relacionada con lo instantáneo. Se trata de la idea de que con decirlo una vez los hijos deberían entender, obedecer y aprender. Creo que este es de esos mitos que se desmoronan si contemplamos la verdadera naturaleza de cualquier aprendizaje, desde compartir nuestros juguetes o nuestra dona hasta memorizar la tabla periódica: aprendemos a través de la práctica y la reflexión.

Tengo la impresión de que hay dos fantasías asociadas a esta idea de la educación instantánea. Una es la de educar desde el sillón, es decir, basta con girar instrucciones u órdenes: "No toques ahí", "deja eso", "vete para allá", que es lo que yo llamo la fantasía de la autoridad absoluta; y la otra fantasía consiste en que basta decirlo una vez para que el niño cambie. Si esta estrategia funcionara, nadie fumaría y probablemente tampoco bebería refrescos.

Nada es inmediato en la educación... Bueno, quizás el miedo, pero, como ya dijimos antes, todo lo demás se consigue con el reforzamiento de los patrones neuronales que se van construyendo poco a poco. Lo que queremos que nuestros hijos aprendan hay que enseñarlo con el ejemplo y repetirlo una y otra vez, pero no cuando el niño está fuera de sí o agotado, sino en los momentos en que está receptivo. Igual que un saque en el tenis o la lección de historia, todos son aprendizajes que deben repetirse, practicarse y reforzarse, por lo que educar tomará tiempo: tiempo de conectar, tiempo de dialogar, tiempo de practicar y equivocarse, y el tiempo necesario para madurar y que el cerebro alcance su desarrollo completo. A esto hay que agregarle el tiempo de jugar y de reír, de darles toda nuestra atención durante un rato, en lugar de abandonarnos a nuestra tendencia moderna a "multitasquear" con teléfono o tablet en mano.

MITO 3

Los niños se portan mal o rebasan los límites porque quieren llamar la atención, manipularnos, hacernos enojar, o porque son caprichosos

Los padres, dice Daniel Siegel, con frecuencia responden a la conducta de sus hijos enfocándose en el nivel superficial de la experiencia, y no en el nivel más profundo de la mente.

Una y otra vez llegan los papás a contarme algún episodio conflictivo en casa, y cuando lo narran puedo escuchar entre líneas cómo están convencidos de que lo que hicieron sus hijos fue básicamente para hacerlos enojar, llamar su atención o manipularlos, interpretación que los molesta y les hace sentir que tienen que controlar a ese niño con urgencia. Cuando no confiamos en los niños, hacemos lo que sea por controlarlos.[3] Cuando pensamos que alguien nos quiere manipular, de manera automática tratamos de oponernos: a nadie le gusta sentirse empujado, ni siquiera por sus propios hijos.

Bettelheim explica que cuando suponemos que lo que hace el niño es una simple manera de atraer la atención, significa que no lo tomamos lo suficientemente en serio como para intentar averiguar qué le ocurre. Además eso hace al niño pensar que para nosotros es más importante la interpretación que hacemos de sus motivos que los motivos reales. Cuando los padres suponen que un niño actúa sin sentido, el niño lo acaba creyendo, se desconecta de sus verdaderas razones y se siente un tonto.

La realidad es que las motivaciones de las conductas de los niños son profundas, complejas y responden a niveles más complicados de la mente humana en construcción.

Otras veces les atribuimos una mente maquiavélica, como si los niños estuvieran intentando provocar cierta respuesta de nuestra parte. La mayoría de las veces los niños no quieren manipularnos ni retarnos; simplemente están reaccionando a algo que nosotros no percibimos o que no nos parece importante. La teoría del apego nos explica que los seres humanos tenemos la necesidad innata de una conexión emocional segura; el impulso para apegarnos emocionalmente está cableado en nuestros genes, en nuestro cerebro y nuestros cuerpos. Es tan básico para la vida, la salud y la felicidad como el impulso de conseguir comida o protección o tener relaciones sexuales.

¿Cuantas veces lo que parece un berrinche en realidad es una protesta por la desconexión emocional? (Recordemos a Lino, quien incurre en la travesura justo cuando la madre se desconecta emocionalmente por empezar a pensar en las cosas

---

[3] Alfie Khon, *Unconditional Parenting, Moving from Rewards and Punishment to Love and Reason*, Nueva York, Atria Books, 2005.

que tiene que hacer). El enojo, la crítica, las demandas muchas veces son llamados que hace el niño para restablecer la sensación de una conexión segura.

Las relaciones de apego deberían ser la fuente de nuestra seguridad emocional; nuestro cerebro las vive como las relaciones que garantizan nuestra supervivencia: ser ignorados es cuestión de vida o muerte. En estos casos un grito, un enojo o un pleito intenso serán siempre mucho mejor opción que ser ignorados o invisibles. Sentir que se pierde la conexión emocional con nuestra figura de apego amenaza nuestro sentido de seguridad, la alarma se activa en el sistema límbico y no pensamos, solo sentimos y actuamos buscando restablecer la conexión, aun cuando sea de forma negativa. Cuando no obtenemos una respuesta emocional de la figura de apego, estamos cableados para protestar. Además, las conductas que buscan obtener atención y generar la sensación de ser vistos son completamente apropiadas cuando hablamos de niños en desarrollo. Recibir atención, dicen Siegel y Bryson, es una necesidad infantil completamente normal. Cuando les brindamos atención a nuestros hijos y nos centramos en lo que están haciendo y sintiendo, satisfacemos una necesidad relacional y emocional muy importante, lo que los hace sentir conectados y reconfortados.

Mi trabajo, cuando escucho historias de lo que sucede entre padres e hijos, consiste en imaginar lo que sucedió en el interior del niño, lo que estaba sintiendo y probablemente las ideas que pudieron haber cruzado por su mente. Cuando explico esta visión a los padres, rápidamente noto cómo empiezan a ver el conflicto desde una perspectiva diferente, logran contemplar lo que sucede en el interior del niño, pueden darle un sentido distinto a lo que pasó, y lo mejor de todo es que el enojo disminuye y de manera natural surge la empatía.

No siempre es posible entender qué motiva la conducta de nuestros hijos o qué es lo que pasa en su interior para que reaccionen de determinada manera, pero siempre podemos cuidar de no concluir de manera automática que lo único que deseaban era hacernos enojar o manipularnos. Si logramos pensar "no entiendo" sin concluir nada, es más probable que nuestra reacción no refuerce la repetición de la conducta y nos lleve a buscar el diálogo.

Jacquie fue al centro comercial con sus dos hijos y su marido. Las dos últimas veces su hija Sonia, de 5 años, había salido corriendo repentinamente por los pasillos y en medio de mucha gente, a lo que le había seguido una persecución y una buena gritoneada por parte de su madre. Esta vez no fue diferente: de pronto Sonia salió corriendo y Jacquie fue tras ella, para terminar con los mismos gritos y ningún cambio en la conducta. Creo que es obvio que algo pasaba y por alguna razón esta secuencia le resultaba interesante a Sonia. Probablemente era el hecho de recuperar, aunque fuera de mala manera, el 100% de la atención de su madre justo cuando llegaban a un lugar en el que esta se dispersaba y ella se sentía sin contención. Qué fácil es confundir esta necesidad infantil de restablecer la conexión con la figura de apego con lo que generalmente consideramos el caprichoso y grosero "llamar la atención" de los niños.

Quizá no fuera la conexión el único motivador de la conducta de Sonia, tal vez también la animaba la sorpresa que le causaba cómo lograba hacer que su mamá se transformara en dos minutos y no acababa de entender ni cómo ni por qué sucedía esto. No es posible ni para los niños ni para los adultos explicar o comprender todas sus conductas, pero cuando se repiten es señal de que lo que debe cambiar es nuestra reacción. La siguiente vez, antes de salir al centro comercial, Jacquie se tomó el tiempo de explicarle a Sonia a qué iban a ir y cómo esperaba que se dieran las cosas; le dijo que si salía corriendo, ella la alcanzaría y la llevaría sin gritos ni regaños al coche, donde se quedarían sentadas y aburridas hasta que su papá y su hermano terminaran lo que habían ido a hacer. También le preguntó si había algo que pudieran hacer para que no saliera corriendo, y la niña pidió llevar su oso de peluche. Una vez en el centro comercial, Sonia no corrió (para muchos niños es más sencillo si se realizan este tipo de conversaciones mientras dibujan o moldean algo con plastilina, aun cuando esas actividades no estén conectadas con el tema).

Algunas veces, sobre todo si nos perciben dudosos cuando les explicamos cómo esperamos que se den las cosas, van a probar si lo que dijimos es verdad. Eso no significa que estén probando nuestra paciencia: están probando la consistencia y confiabilidad de su mundo, para saber si lo pueden predecir y así comenzar a autorregularse. Qué diferencia si pensamos en ellos como investigadores aplicando el método científico para poder entender, descifrar y predecir su mundo, en vez de pequeños maquiavelos que nos ponen a prueba y tratan de retarnos. Esa primera forma de mirarlos nos puede ayudar a reaccionar de manera consistente y tranquila, mientras que la segunda probablemente provocará enojo y reacciones defensivas. Opino que es más divertida la primera.

Otra creencia en relación con la mala conducta de los niños es que se da por puro azar, porque los niños son caprichosos y lo que hacen no tiene fundamento. Es curiosa la tendencia que tenemos a simplificar las razones de las conductas de las personas que nos rodean. En el capítulo 6 hablamos sobre los errores de juicio que obstaculizan el cambio a una parentalidad consciente, y entre ellos mencionamos *el error de la atribución fundamental* y *el prejuicio egocéntrico*. Como consecuencia de estos deslices tendemos a interpretar las fallas de nuestros hijos como fallas de carácter; las nuestras en cambio son fallas por causas externas, y aunque tratamos de ver su punto de vista, el nuestro es siempre el verdadero. Parecería que el hecho de no entender o conocer lo que hace que un niño actúe de cierta manera nos hace pensar de inmediato que no existe ningún motivo razonable o comprensible para que lo haga. Y sin embargo, como dice Bettelheim, lo primero que debemos hacer para comprender el comportamiento de nuestros hijos es aceptar que tienen buenas razones para actuar como lo hacen.

La conducta humana muy pocas veces es azarosa: suele existir una lógica oculta de la que muchas veces no somos conscientes. Muchos de nuestros motivadores son biológicos y están cableados en nuestro cerebro como consecuencia de años y años de evolución y supervivencia. Biológicamente buscamos sentirnos seguros, relajados; entonces nuestro sistema de interacción social se activa y podemos ser curiosos y juguetones. En un ambiente que nos hace sentir amenazados o en peligro constante, el cerebro se mantiene en estado de alerta, listo para atacar, huir o, peor aún, congelarse.

Sugiero siempre intentar ponernos en los zapatos de los niños y darles crédito de que sus conductas responden a reacciones automáticas de supervivencia, o bien a una lógica interna y oculta que explica por qué actúan de una u otra forma.

Cuando buscamos la lógica de las conductas, es muy importante recordar que la mente infantil no funciona como la adulta. Los niños viven, como vimos en el capítulo 3, en un mundo mágico e inestable cuya lógica no es igual que la de los adultos. En su cerebro la corteza aún no está madura, y es mucho más fácil que esta quede desconectada frente a las emociones intensas del sistema límbico o las sensaciones del sistema reptil.

Armando tiene 6 años. Es un niño lleno de energía, fanático del futbol, amiguero y líder, pero todavía tiene dificultades para regular la agresión. A la hora de la salida, la maestra está a unos metros de los chavos que esperan sentados a que vayan por ellos. No escucha lo que dicen, pero los ve conversar tranquilamente. De repente Armando se levanta a toda velocidad y sin ningún miramiento golpea con fuerza a su amigo Rodrigo, que también tiene 6 años. Rodrigo se cae de la silla y rompe en llanto. La maestra corre y separa a Armando del resto de los niños. ¿Qué pasó?

Lo que la maestra no sabía es que Armando llegó esa mañana a la escuela con un secreto: llevaba el iPod de su hermano y no se lo había pedido prestado. Se acercó a su amigo Rodrigo y le preguntó si podía guardar un secreto. Rodrigo dijo que sí. "No se lo pedí, así que mejor no digas nada", le advirtió. A la salida, mientras todos esperaban sentados que los vocearan para irse a casa, Rodrigo se dirigió al grupo y les dijo: "¿Saben qué? Armando trae el iPod de su hermano y ni siquiera se lo pidió". Armando reaccionó de manera inmediata y se lanzó contra Rodrigo, golpeándolo con fuerza. El resto de la historia ya lo conocemos: la maestra intervino y Armando fue el único castigado; la "traición" (probablemente inconsciente y provocada quizá por un momento de aburrimiento) de Rodrigo pasó desapercibida para los adultos, y nadie ayudó a Rodrigo a comprender cuál había sido su papel en la agresión que recibió ni lo que había hecho sentir a su amigo. Cuando conocemos la historia completa, sabemos que Armando no reaccionó azarosamente sino que tuvo motivos para hacer lo que hizo, y si queremos educar de manera integral, necesitamos tomar en cuenta las motivaciones de los niños, reflexionar con ellos y fijar las consecuencias de sus actos, en lugar de intervenir de manera parcial y sin empatía.

Educar teniendo en mente el escenario completo nos obliga a considerar la edad de nuestros hijos y su estado anímico a lo largo del día. En estas páginas ya hemos hablado de las condiciones de cuidado que deberíamos tener presentes (claro que con frecuencia lo difícil es tener conciencia de nuestro propio estado anímico y mental, lo que Siegel y Bryson llaman la música en nuestra película interna, pues a nosotros los adultos también nos afecta el cansancio, el hambre y el estrés).

Es importante recordar que los niños cambian año con año y momento a momento. Conductas totalmente aceptables en un niño de 4 años pueden ser muy preocupantes en uno de 8, por ejemplo en cuanto a compartir sus juguetes y sus cosas. Los niños también cambian mucho dependiendo de si tienen hambre, sed, cansancio, ansiedad, etc.; sabemos que una niña nunca será igual de razonable con hambre que sin ella, cansada que después de haber dormido bien, enojada que tranquila. Justamente por eso, los adultos deberíamos ser capaces de prever lo que solemos llamar *horas cero*, momentos donde el cansancio, las prisas, el hambre ponen a los niños en situaciones particularmente vulnerables (como ejemplo, la salida de casa por la mañana, al salir de la escuela, la hora del baño). Cuando los niños están vulnerables necesitan que nos conectemos con ellos, que seamos creativos y usemos recursos imaginativos para sacar adelante las rutinas (como el uso del temporizador para motivar a que un niño se vista, o cantar canciones tontas para que se cepillen los dientes). Además, son momentos en los que las reglas deben estar muy claras para que todo sea predecible. Recordemos que un niño vulnerable no está en capacidad de reaccionar desde sus sistemas más evolucionados: la corteza es más propensa a desconectarse, y cuando esto sucede los niños se ven dominados por sus sistemas menos evolucionados y por las emociones exaltadas. Nuestra ventaja es que estas son escenas predecibles, así que podemos tratar de colocarnos en un mejor lugar, no pelear con lo que va a suceder, mantener nuestras exigencias al mínimo limitándonos a seguir la rutina y las reglas y siendo empáticos con ellos.

Es mejor educar (razonamos, explicamos, ponemos consecuencias) cuando la corteza está en condiciones de realizar su trabajo integrador. De otra forma, nuestro trabajo debería limitarse a conectar, validar y detener las conductas inadecuadas.

MITO 4

Los niños solo aprenden con castigos

"El castigo es una manera de hacerles cosas *a* los niños, en lugar de trabajar *con* los niños",[4] dice Alfie Kohn. Toda nuestra cultura apuesta a la disciplina externa, y muy poco se habla de la autorregulación. Por eso algunos creen que tenemos que educar niños obedientes, cuando en realidad necesitamos niños autorregulados. Vidal Schmill[5] llama a los castigos el *cáncer de la educación:* cuando un castigo funciona, no hay un aprendizaje humano, lo que hay es un condicionamiento animal fundamentado en el miedo, y agrega que los premios y castigos son dos lados de una misma moneda que deberíamos sacar de circulación.

El problema con el castigo es que no favorece un aprendizaje significativo, tampoco que el niño entienda por qué hay ciertas conductas inaceptables, sino que simplemente aprende a esconderlas de sus padres para no ser castigado. Esto lo distrae de lo verdaderamente importante, a saber, aprender a detenerse o en todo caso a arrepentirse de lo que hizo para poder pensar en la forma de reparar. Un niño castigado alimenta fantasías de venganza.

Cuando tratamos de razonar con los niños esperamos que vean nuestra perspectiva adulta y se ajusten a lo que les pedimos o esperamos de ellos, pero con frecuencia esto no sucede: los

---

4 Alfie Kohn, *Unconditional Parenting*…

5 Vidal Schill, *Disciplina inteligente*…

niños no se someten a nuestra lógica, no se dan cuenta de que queremos "ayudarlos a entender lo que les conviene", actúan en función de su propia lógica e impulsados por su sistema de apego; entonces nos desesperamos y les aplicamos un castigo.

Cuando disciplinamos a través de los castigos, estamos olvidando todo lo revisado en este libro: olvidamos que el miedo bloquea el aprendizaje, olvidamos que el niño es una criatura capaz de reflexionar y resolver problemas. Dejamos a un lado que muchas de las malas conductas no son más que una petición de reconexión, que su cerebro está muy inmaduro y por eso tienen dificultad de controlar los impulsos, y que cuando los niños no hacen lo que les pedimos muchas veces no es porque no quieran sino porque no pueden, pues además de lo mencionado tienen sus propias tareas infantiles para crecer y madurar (recuérdese el capítulo 3, sobre la infancia).

En realidad, cuando castigamos estamos olvidando hacer hincapié en la relación y no en las conductas; cuando castigamos nos estamos olvidando de dialogar, de hablar y también de tomarnos el tiempo de escuchar. *Trabajar con ellos* requiere actuar de manera consciente y confiar en ellos. *Hacerles* cosas (castigarlos) es automático e inconsciente, y está motivado por nuestros miedos a perder el control y quita énfasis a lo verdaderamente importante: ¿cómo está nuestra relación con ellos?

Los niños tienen que experimentar, necesitan probar sus muy personales formas de hacer las cosas, y deben poner a prueba los límites y las reglas. Los niños necesitan experimentar con las consecuencias de sus actos. Recordemos que la mayor diferencia entre la consecuencia y el castigo es que la consecuencia es lógica, no tiene que doler, su objetivo no es producir sufrimiento; trabajo sí, sufrimiento no. La consecuencia, como vimos en el capítulo 7, es un hecho que sigue o resulta de otro. Cuando el niño percibe la lógica entre la conducta y la consecuencia, estamos promoviendo la reflexión; el niño aprende que sus actos provocan cosas, y cuando la consecuencia tiene que ver con reparar el daño, entonces el aprendizaje será: "Si me equivoco, puedo y debo resarcir el daño". Es importante que las consecuencias se apliquen sin enojo, con ese respeto silencioso que dice: "Quizá no entienda por qué actúas así, pero estoy segura de que tendrás tus razones, aquí lo que se espera de ti es... y por lo tanto tendrás que... (por ejemplo, que no tires el agua en el piso, y si lo haces, tendrás que limpiar lo derramado).

Muchas veces, cuando un niño no está siguiendo una regla, es muy útil no pensar en el asunto como una falta para hacernos enojar o provocarnos (mito anterior), sino en un problema a resolver juntos: ¿qué necesita aprender mi hijo para seguir esta regla?, ¿cómo necesita que yo lo ayude para que pueda seguir la regla o hacer lo que se espera de él? Además estas son preguntas que no tenemos que resolver de manera silenciosa en nuestro cerebro, sino que se pueden discutir con nuestro hijo, trabajando juntos para buscar soluciones.

La crianza y la disciplina son, pues, tareas que debemos enfrentar junto con nuestros hijos; los adultos estamos a cargo, sí, pero se trata de una tarea de colaboración. Por eso el famoso tiempo fuera, como ya dijimos en el capítulo anterior, no es un buen recurso educativo, pues se trata tan solo de un castigo. Ahora se sabe que es falso que en aislamiento o confinamiento los niños reflexionarán y verán el camino correcto. Como hemos repetido, el niño necesita, en primer lugar, sentirse seguro, y por lo tanto emocionalmente conectado, para poder reflexionar. Su cerebro inmaduro precisa la ayuda del adulto a través de la conexión y la validación para poder encontrar mejores maneras de actuar.

Cuando pensamos en educar, generalmente buscamos desarrollar el sentido de la responsabilidad en cada niño, es decir, su capacidad para ocuparse de sí mismo, de otras personas y del mundo en que vivimos. Queremos que piense en los demás, que cumpla sus compromisos, que piense en los más débiles. Construir el sentido de responsabilidad no es sencillo, pero el mayor error consiste en creer que se construye a base de castigos que duelan y no a través del diálogo, la reflexión y la conexión. Repito: un niño que se siente amado y entendido es un niño motivado para crecer y ser mejor.

MITO 5

Si escuchas y negocias, te tomarán la medida

Educar a nuestros hijos no es fácil, lo hemos dicho un sinnúmero de veces a lo largo de este libro. Por un lado, está todo el bagaje personal, lo que recibimos de manera inconsciente por la forma en que nos educaron a nosotros, el tipo de apego que nos caracteriza y la conciencia o falta de conciencia al respecto. Por otro lado, están los múltiples miedos que limitan nuestra objetividad y capacidad de aprendizaje; miedos a no saber, a ser incompetentes, a perder el control. Esta mezcla provoca que con frecuencia eduquemos desde la angustia, y entonces nos cerramos y nos olvidamos de lo que ya sabemos: los niños merecen ser escuchados, tienen algo que decir, es importante dialogar con ellos. En lugar de eso sentimos que tenemos que coaccionarlos, acorralarlos, pues es la única manera de que hagan lo que deben. ¿Qué nos hace pensar esto?

En gran parte la decisión entre una educación empática y consciente y una autoritaria e inconsciente reside en la visión que tengamos de la naturaleza humana. Cuando la visión es amarga y asume que los niños abusarán de nosotros si les damos la menor oportunidad, cuando se acepta que si uno no da un amor condicionado al desempeño, les estamos dando permiso para actuar de manera egoísta y demandante, entonces lo que hay en el fondo es una creencia cínica de que aceptar a nuestros hijos por quienes son simplemente los libera para ser malas personas, pues en el fondo eso es lo que son, malas personas. Estas creencias son todo un problema, pues como explica Khon, si la infancia es vista desde esta perspectiva, es más sencillo para los padres, aun los padres básicamente buenos, tratar a sus hijos de manera irrespetuosa. Si no puedes confiar en ellos, vas a buscar controlarlos a como dé lugar.

Lina no cree en los castigos, esas son sus palabras en la sesión, de hecho a los seis años de Martín nunca lo ha castigado. Sin embargo, Martín acaba de entrar a la primaria y ha estado olvidando llevar sus libros y cuadernos completos para hacer la tarea. Lina piensa que tiene que hacer algo para que esto deje de suceder y le ha dicho varias veces que debe llevar su material completo, pero Martín lo vuelve a olvidar. Entonces, presionada por un esquema mental que le dice que una madre no debe aceptar eso, le pone castigos a Martín, quien los acepta sin rechistar, pues su única preocupación es que su mamá no se quede enojada con él. "¿Debo enojarme o actuar enojada para que traiga el material?", pregunta Lina preocupada porque ve cómo se angustia Martín si ella se enoja. Hablamos en la sesión de cuáles son las circunstancias de Martín: recién ingresado a primero de primaria, tiene grupo nuevo y maestra nueva. Hablamos de cómo esto ya es un reto, a lo que se suma el orden de más libros y cuadernos de los que acostumbraba. Lina decide suspender los castigos, seguir hablando con Martín, dejarle claro que la tarea es su responsabilidad y que ella lo puede apoyar, pero es él quien la debe hacer. Decide ayudarlo a buscar estrategias para recordar llevar a casa todo lo necesario. Lina se siente más tranquila con estas opciones y se da cuenta de que los castigos eran el resultado de actuar desconectada de su relación con Martín y del conocimiento que ella tiene de su hijo.

La visión de este libro es muy distinta a la que sostiene el mito 5. Los niños aprenden lo que viven, y cuando se les trata con respeto y empatía crecen siendo seres confiables que merecen ser amados incondicionalmente. Son seres que no buscan arruinarnos el día, sino comunicarse con nosotros de la mejor manera que les sea posible, lo cual muchas veces se traduce en conductas que en efecto no nos gustan, pero no debemos perder de vista que su intención es comunicarse. Claro que en ocasiones los niños hacen cosas inapropiadas o francamente dañinas; por eso necesitan nuestra ayuda y guía.

Una vez más recurro a las palabras de Hendrix y Hunt, quienes dicen que cuando queremos ser padres conscientes nos interesa buscar un nuevo modelo en el que la relación padre-hijo esté en el centro, de manera que las necesidades de ambos sean tomadas en cuenta y encontremos un equilibrio entre ellas. El camino para encontrar este equilibrio es sin duda la negociación y el diálogo.

La verdadera negociación requiere que dos seres integrados puedan conectarse entre sí. Al negociar me abro a la experiencia del otro, y esto a su vez repercute y modifica a ese otro (¿se acuerdan de conectar, validar y redireccionar?). La posibilidad de conectar, requisito de la verdadera negociación, surge cuando suspendo los juicios, callo la mente y me abro a lo que sucede en el momento presente. La complejidad como padres es combinar ese lugar de adultos a cargo con el de "no saber", y querer aprender de nuestros hijos. El lío surge cuando la "misión de educar" nos coloca en ese lugar donde creemos saber lo que es bueno para el otro, lo que necesita y exactamente lo que está sintiendo, sin abrirnos a escucharlo y cerrando la puerta al diálogo.

Cuando escuchamos y negociamos los niños se sienten tomados en cuenta y más listos para cooperar. Sin embargo, es importante que el niño sepa que existen los "no negociables":

nada que ponga en riesgo la seguridad de un niño o que lastime o hiera a un tercero es admisible ni está en la mesa de negociación. También las reglas deberían ser no negociables, excepto en casos extraordinarios. Parte del arte de la negociación es saber cuándo detenerla. En el capítulo sobre la disciplina hablamos de la importancia de no hablar demasiado, de no alargar una conversación con el afán de convencer al niño y de saber detener la negociación cuando toma matices de discusión o de necedad. Muchas veces los niños usan estas discusiones como forma de expresar que algo no anda bien (como era el caso de Miguel y la larga discusión con su madre por el bloqueador solar) o como manera de mantenerse conectados. Cuando esto sucede, hay que tratar de entender lo que realmente les está pasando y actuar en consecuencia. Recordemos que muchas veces los niños no necesitan argumentos sino alternativas.

Lucas iba a comer a casa de sus primas una vez a la semana; las últimas veces, las primas, varios años mayores que Lucas, habían tenido invitados. Asimismo, de un tiempo para acá Lucas llegaba a la casa y rehusaba bajarse del coche. Para suerte de Lucas, su madre era una mujer paciente que no interpretaba su conducta simplemente como necedad y cansancio, aun cuando también hubiera algo de eso. Trató de imaginar qué era lo que hacía que Lucas se resistiera a bajarse del coche. En ese momento oyó las risas de los adolescentes dentro de la casa y tuvo una idea: quizá Lucas se sentía tímido frente a esos jóvenes que no le eran familiares y que cuando entraba trataban de ser muy amables con él saludándolo y diciéndole cosas. La madre le dijo a Lucas que podían jugar a que él era invisible, les diría a los adolescentes que hicieran como que no lo veían. Lucas se interesó por esta propuesta inmediatamente y sugirió ponerse el suéter en la cabeza. Eso hicieron: Lucas entró con el suéter en la cabeza, nadie lo interpeló, se sentó y así, escondido bajo su suéter, comenzó a comerse la sopa. Pasados unos minutos, le dijo a su mamá que ya estaba listo y se quitó el suéter. Todos siguieron platicando como si nada hubiera pasado y finalmente Lucas hasta participó en la conversación.

Esta viñeta es un buen ejemplo de lo que puede suceder cuando confiamos en nuestros hijos, respetamos quiénes son y lo que sienten, pero les damos un empujoncito para que no se queden atorados en sus dificultades. Nos tomamos el tiempo de entender y de ofrecerles alternativas.

MITO 6

Cuando dicen mentiras buscan engañarnos deliberadamente y salirse con la suya

"Las mentiras son uno de los temas cruciales de la vida familiar", dice Paul Ekman, experto en los temas de la mentira, las emociones y su expresión.[6] ¿Qué debemos hacer como padres cuando nuestros hijos mienten? Es una pregunta compleja, que solo debe responderse tomando en cuenta la edad del niño y el tipo de mentira, entre otros aspectos.

Alrededor de los 3 años, los niños realizan un gran brinco cognitivo: empiezan a entender que mientras que *yo* puedo saber o sentir algo, es posible que otras personas sepan o sientan algo diferente.[7] Este gran salto es justamente lo que permite que surja la posibilidad de mentir. Una vez que el niño es capaz de darse cuenta de que uno solo sabe aquello a lo que ha estado expuesto personalmente, descubre que si hace algo que los adultos no presenciaron, no podrán saber que él lo hizo. Al principio es frecuente que los niños simplemente quieran poner a prueba este descubrimiento, por lo que inventarán cosas para ver cómo reaccionan los padres, o guardarán información y esperarán a

---

6 Paul Ekman, *Por qué mienten los niños. Cómo los padres pueden fomentar la sinceridad* [Montse Ribas Casellas, trad.], Barcelona, Paidós, 1999.

7 Bruce Perry, *Born for Love*, Nueva York, Harper Collins Publishers, 2011.

ver si los padres se enteran o no. Cuando esto sucede, la intención del niño de 3 o 4 años no es mentir, sino comprobar su descubrimiento reciente e integrarlo a su comprensión del mundo.

Una vez que el niño llega a esa edad, sabe que los demás tienen pensamientos distintos y ven el mundo a través de otros ojos. También aprende que puede imaginarse las perspectivas de otro al preguntarse "¿cómo sería para mí si...?". Cuando un niño miente por primera vez, estamos frente a un logro clave del desarrollo cognitivo y de la inteligencia emocional. La mentira es la señal de que el niño ya puede considerar las cosas desde la perspectiva de otra persona. Este nuevo nivel de funcionamiento mental hace que este sea el momento perfecto (3 o 4 años) para invitarlos a reflexionar sobre las mentiras y la complejidad social de este tema. Está bien que un niño sepa que a veces es preferible ser amable que ser honesto. Recuerdo una caricatura infantil que abordaba el asunto: la princesa elefante estaba aprendiendo a decir la verdad cuando llegó de visita la duquesa hipopótamo y le preguntó si no era adorable su vestido nuevo, a lo que la pequeña elefante contestó sin dudar, para escándalo de sus padres, que era horroroso y la hacía ver inmensa. Las mentiras no son un tema sencillo y los niños necesitarán que hablemos muchas veces y de diferentes formas sobre el tema.

No todas las mentiras tienen la ingenuidad y el encanto de las de los niños pequeños: conforme crecen, sus mentiras se vuelven más complejas y adquieren la intención de engañar.

Ekman resume en nueve cuestiones los motivos por los que los niños (y los adultos) mienten:

- Evitar ser castigado.
- Conseguir algo que no se podría obtener de otra manera.
- Proteger a los amigos de problemas.

- Protegerse a uno mismo o a otra persona de algún daño.
- Ganarse la admiración o el interés de otros.
- Evitar crear una situación social embarazosa.
- Evitar la vergüenza.
- Mantener la intimidad.
- Demostrar su poder sobre una autoridad.

Es importante resaltar que el miedo a la furia de los padres es sin duda la causa más importante de las mentiras de los niños. Para que un niño pueda aprender de sus errores, tiene que sentirse suficientemente seguro de poder enfrentar sus debilidades. En muchos momentos, afirma Brazelton, cuando se ve amenazado por emociones intensas como el enojo, el miedo y la culpa, recurre a obvias distorsiones de la realidad tratando de ponerse a salvo ("yo no me robé las galletas"), aun cuando el adulto sepa claramente que sí fue él.[8] Por eso, si no queremos que los niños nos mientan, los adultos debemos tener cuidado en cómo preguntamos. Un niño que se siente acorralado es mucho más propenso a mentir. Cuando confrontamos a un niño con su fechoría, le estamos pidiendo que enfrente sus limitaciones y sus deficiencias y en ocasiones esto puede ser demasiado para cualquier niño, por lo que se protegerá mintiendo. Otras veces, sobre todo cuando se trata de niños mayores, dirán que ellos lo hicieron, pero que no fue a propósito. Es importante poder sentir empatía por el niño y no acorralarlo al punto de que tenga que mentir; sin embargo, también es importante que, aunque "no lo haya hecho a propósito", le pidamos que repare el daño en la medida de sus posibilidades.

---

8 T. Berry Brazelton y Joshua Sparrow, *Discipline The Brazelton Way*, Cambridge, Da Capo Press, 2003.

Existen muchas razones para mentir, así como muchos tipos de mentiras, y como padres está bien que no las metamos todas en un mismo costal. Muchas veces los niños pequeños cuentan historias fantásticas que no es necesario que confrontemos como mentiras; un simple "sería fabuloso que eso sucediera" le da al niño una salida digna al hacerle saber que sabemos que las cosas no fueron exactamente así.

En cambio, cuando los niños son mayores y tienen la intención de engañar, hablar explícitamente de las mentiras y del daño que estas causan se vuelve fundamental. Las mentiras pueden ir mermando la confianza, y este es el aspecto que debería ser el eje de las reflexiones sobre la mentira. Es importante que los niños sepan que cuando la confianza se rompe es muy difícil reconstruirla; por eso lo más importante de decir la verdad es conservar la confianza de las personas que amamos. Ya en otros capítulos hablamos de las muchas maneras de tener un rol activo en la educación moral de nuestros hijos sin necesidad de ser oradores profesionales. Existen los cuentos y las películas y las conversaciones alrededor de ellas. Existen los juegos de imaginar situaciones y discutir las diferentes formas de enfrentarlos o resolverlas.

Poner a prueba a los niños para que nos digan la verdad es una trampa contraproducente en la que es fácil caer y cuyo verdadero objetivo parecería ser probar la supuesta superioridad moral de los padres frente al hijo. Cuando sabemos que algo sucedió es importante abordar al niño con suavidad, evitando hacerle preguntas repentinas y aparentemente inocentes; la mayoría de las veces el niño mentirá simplemente para terminar la conversación y para mantenerse a salvo.[9] Es mejor

---

9 Thomas Phelan, *1-2-3 Magic: Effective Discipline for Children 2-12,* 4a. ed., Illinois, ParentMagic, Inc., 2010.

que el niño sepa lo que sabemos y desde ahí arranquemos la conversación, quizá dándole tiempo para reflexionar primero.

No decir la verdad en una situación de presión y vergüenza es absolutamente normal; si el niño dice ese tipo de mentiras, no significa que sea un criminal en potencia.

> Karla venía muy preocupada por su hijo mayor de 4 años. La habían llamado del Montessori porque Jorge había cortado un material y no había dicho nada. Cuando la guía le pidió ayuda para repararlo, lo hizo sin chistar, pero nunca reconoció haber sido él. Evidentemente, Jorge no estaba dispuesto a arriesgarse a perder el cariño de la guía por lo que había hecho y mejor no dijo nada. Karla trató de hablar con él, pero Jorge prácticamente fingía no escuchar nada. "¿Me entiende –preguntaba Karla–, tiene caso que le hable?". Claro que tiene caso hablarles, reflexionar con ellos, pero si queremos captar su atención, el primer paso es conectar con ellos, buscar la empatía. ¿Qué habrá pasado por la cabeza de Jorge mientras cortaba el material? ¿Habrá dimensionado lo que estaba haciendo o tan solo después se dio cuenta de que su acción no era reversible? ¿Se habrá angustiado cuando la maestra preguntó quién fue? Solo después de que un niño escucha lo sucedido desde su punto de vista, desde su propia experiencia, puede pasar a mirarla desde otro punto de vista y reflexionar con la mamá sobre lo importante de decir la verdad, etc. Resulta que constantemente les pedimos que vean las cosas desde la perspectiva adulta, sin antes nosotros tomarnos el tiempo de verlas desde la perspectiva infantil. Conectar, luego educar.

Todos mentimos; muchas veces lo hacemos de manera impulsiva o automática y ni siquiera nos damos cuenta de que nuestros hijos son testigos de nuestra mentira, como cuando nos oyen decir que no podemos ir a la junta en la escuela por el trabajo y luego nos quedamos descansando en casa, o cuando justificamos la impuntualidad por el mucho tráfico pero el niño sabe que no fue así. Este es otro aspecto que debemos tener en cuenta cuando oímos mentir a nuestros hijos. ¿No es eso lo que les hemos modelado?

Entonces, si todos mentimos, ¿no debemos hacer nada si nuestro hijo miente? Claro que no; en primer lugar, debemos cuidar nuestra reacción para no alimentar sus mentiras con nuestra furia; en segundo lugar, hay que considerar la edad y el tipo de mentira (no es lo mismo una mentira por proteger a alguien que una mentira para evitar una consecuencia previamente acordada); finalmente hay que plantearnos las tres preguntas comentadas en el capítulo 6:

1. ¿Por qué mintió mi hijo?
2. ¿Qué quiero enseñarle en este momento?
3. ¿Cuál es la mejor manera de enseñárselo?

Las mentiras, como todas las conductas de los niños, son una manifestación de su mundo interno y deben ser una invitación a reflexionar en lo que les está pasando y en cómo se encuentran nuestras conexiones emocionales con ellos. Ekman afirma que el sentimiento de culpa por mentir es más intenso cuando el mentiroso comparte valores y afecto con la víctima de la mentira, por lo que podemos afirmar que cuando el niño se siente querido y confía en sus padres, su tendencia a mentir será menor (*menor*, no inexistente: todos los hijos nos mienten de vez en cuando).

Cuando sospechamos que nuestro hijo nos está mintiendo, lo más importante es recordar que no hay que responder con una explosión de enojo por sentirnos engañados o traicionados. Hay que intentar comprender el motivo por el que miente el niño; quizá lo estemos presionando demasiado con las calificaciones y por eso no nos dijo que reprobó el examen, quizás en la escuela lo han estado molestando y él ha preferido no decirnos, etc. Muchas veces esa comprensión nos abre al diálogo. Hay que intentar, insiste Ekman, ver el mundo desde la perspectiva del hijo y ofrecerle un camino de vuelta al respeto hacia uno mismo; hay que evitar la humillación.

Así como es importante saber que una mentira de vez en cuando es inevitable, también hay que recordar que las mentiras frecuentes son una mala señal, y cuando el engaño se convierte en un esquema de conducta, algo le está pasando a nuestro hijo y necesita ayuda: la de sus padres y probablemente también la de un profesional.

La confianza está entrelazada con la mentira de formas muy diferentes, dice Ekman: el niño mentiroso traiciona la confianza de los padres. El padre a quien se ha mentido tiene que buscar la forma de perdonar a su hijo y permitir que se reconstruya la confianza. El padre desconfiado puede destruir la confianza del niño sincero en la justicia y el compromiso de los padres. Seamos extremadamente cuidadosos a la hora de decidir si les creemos o no a nuestros hijos.

MITO 7

Las emociones de los niños son "infantiles", a diferencia de las de los adultos, y no debemos darles importancia

Recuérdese que las emociones humanas constituyen el sistema fundamental de evaluación usado por el cerebro para ayudar a organizar su funcionamiento. Al recibir un estímulo interno o externo, el cuerpo y la mente responden y se produce una reacción en cadena a través de los distintos sistemas neuronales hasta la corteza cerebral; es un proceso automático que no se controla a voluntad y que existe desde el nacimiento.

No existen emociones "adultas" y emociones "infantiles": lo que cambia con los años y la madurez es la capacidad para diferenciar las emociones, permitiendo que lo que surge como una emoción primaria se convierta en una emoción categórica (como las de la película *Intensa-mente*). Es importante que como adultos entendamos que la reacción interna frente al estímulo es parte de la condición humana desde el nacimiento; en cambio, los recursos para regular esta experiencia y elaborarla solo se desarrollan paulatinamente. Por eso los niños nos necesitan para que seamos empáticos y nos conectemos con ellos. Nosotros podemos brindarles la posibilidad de que el mundo emocional esté regulado y podamos, a través de él, conectarnos unos con otros, sentirnos sentidos y hacer de lo emocional una experiencia integradora.

Las emociones de los niños pueden ser tan intensas como las nuestras. Quizá no sepan nombrarlas, quizá se limiten a las emociones primarias, pero la intensidad está ahí. Los niños generalmente logran nombrar cuando algo se siente bien o se siente feo; nosotros somos los que les exigimos muchas veces una elaboración para la que todavía no están capacitados, y en esta exigencia perdemos la oportunidad de conectarnos con su experiencia. Un clásico ejemplo de esto puede ser la niña que acaba de tener un hermanito y todos los sentimientos positivos y negativos que este acontecimiento le provoca. La pequeña no tiene los recursos cognitivos para expresarse verbalmente; ella simplemente transita de una emoción a otra conforme le llegan los estímulos: le permiten cargar al bebé y se siente la hermana grande más feliz del mundo; ve a su mamá amamantando a su hermanito y experimenta una sensación muy desagradable. Si su madre la ayuda, podrá irles poniendo nombre a las emociones que van surgiendo: alegría, orgullo, enojo, celos.

Cuando las emociones se ponen más intensas tenemos más necesidad de ser comprendidos y surgen los sentimientos más fuertes de vulnerabilidad. Si los papás no le ponen nombre, ni se muestran empáticos, ni conectan con lo que la niña está experimentando, es muy probable que ella se sienta confundida, avergonzada y enojada. Este mundo interno quedará revuelto y quizá lo único que registre la niña es el malestar que le produce el hermano o la profunda vergüenza de ser una "mala niña".

Como vimos, los niños necesitan tener la experiencia de comunicar su mundo interno usando un lenguaje para los estados mentales, como sentimientos, pensamientos y recuerdos, pues así se desarrolla la capacidad de percibir la mente propia y la ajena.

Con frecuencia nuestra reacción frente a las emociones o los sentimientos de nuestros hijos es pretender modificarlas o hacerlas desaparecer ignorándolas, algo que resulta muy poco probable si realmente entendemos lo que es una emoción y el complejo proceso que la gesta. Los niños pueden ir aprendiendo de manera muy paulatina a autorregularse, pero recordemos que durante toda su infancia y parte de su adolescencia nos necesitan para lograrlo. La mayoría de las estrategias que favorecen la regulación emocional inician cuando el adulto, al valorar la experiencia emocional del niño, se muestra empático: ¿Qué estará sintiendo mi hijo frente a esta situación con lo que él sabe y con el nivel de desarrollo en el que se encuentra? No olvidemos el efecto profundo que tiene en nosotros cuando alguien nos dice: "Comprendo por qué lo ves así", "Entiendo que esto te enoje" o "Sí, es normal que sientas eso": nuestra actitud defensiva disminuye casi automáticamente y nos abrimos así al diálogo.

Sara, de 10 años, tiene un gemelo llamado David con el que se lleva bastante bien, aunque son de temperamentos totalmente distintos. Sara es muy exigente consigo misma en el ámbito escolar, es cumplida y perfeccionista, y con las amigas es dulce y dócil; pocas veces pelea con ellas. En cambio, cada tanto entra en conflicto con Alma, su mamá, y desbordándose la agrede verbalmente. Después, cuando ha pasado la crisis y se calma, Sara se siente muy culpable y su mamá se queda dolida y con la impresión de que algo anda muy mal. Por ejemplo, un jueves Sara, David y su mamá fueron a comer a casa de los abuelos. Esto ya era un poco estresante para Sara, a quien le gustaba visitar a los abuelos, pero encontraba difícil la supervisión constante a la que la sometía la abuela en cuanto a qué comía y cómo lo comía. Sara no le ponía mala cara a la abuela y trataba de seguir sus indicaciones, pero Alma podía ver cómo esto iba irritando poco a poco a Sara. Ese día, para el final de la comida, Sara estaba agotada entre las exigencias de la abuela y el cansancio provocado por la autoexigencia a la que ella se sometía a sí misma en la escuela.

Cuando terminaron de comer, Alma sugirió ir empezando la tarea antes de salir a la clase de baile, clase que Sara adora. Mientras hacía la tarea, a Sara le surgió una duda que su mamá no supo resolver; esa fue la gota que derramó el vaso y las emociones de Sara empezaron a escalar; se puso furiosa, le dijo tonta a su mamá y le reclamó que nunca la ayudaba con la tarea. Su mamá mantuvo la calma, sobre todo no quería armar una escenita en casa de los abuelos, pero tampoco fue clara con Sara ni se conectó emocionalmente con ella. Después de esta descarga, Sara logró recuperar el control y siguió haciendo la tarea. Luego tuvieron que salir de prisa para llegar a la clase de baile. Cabe resaltar que, para ese momento, Sara estaba cansada, excitada y presionada. Cuando se estaban subiendo al coche, Alma, sin ser consciente de todos los agravantes en el estado mental de Sara, aprovechó para decirle que no le gustaba la forma en que le había hablado en casa de los abuelos. La corrigió sin haber sido empática con ella antes; ahí, en cuestión de segundos Sara se desbordó, empezó a decirle a su mamá que era la peor mamá del mundo, que la odiaba, etc. Alma, tratando de no engancharse, guardaba silencio y respiraba profundo (¿se acuerdan de la mamá de Úrsula en el capítulo 7, que, tratando de mantenerse ecuánime, no responde a los insultos de su hija cuando no la deja llevar el patín del diablo a casa de la abuela? Úrsula vive este intento de autocontrol como desconexión emocional y de inmediato intensifica su reacción). Esto, al igual que con Úrsula, provocó que Sara se desbordara aún más y agrediera a su mamá. ¿Qué era lo que estaba pasando? ¿Por qué Sara seguía agrediendo? Lo más probable es que Sara estuviera pidiendo contención y conexión, y su mamá, en un intento por no perder el control, guardaba silencio y en lugar de acercarse se alejaba emocionalmente (lo cual no es de sorprender si consideramos que estaba siendo atacada). Creo que Alma estaba atrapada por su intención de permitir que su hija se expresara (lo cual ella nunca tuvo permitido en la infancia), y su determinación de no ponerse ella también agresiva o violenta. Sin embargo, esto la paralizaba y la dejaba sin autoridad. Alma necesitaba contactarse con esa parte de ella que sabe que es inadmisible que un niño le hable así a sus padres (bueno, en realidad a cualquier ser humano). Al llegar a la clase de baile, Sara estaba bañada en lágrimas, y por supuesto rehusó bajarse así y exponerse a que la vieran en ese estado vulnerable. Alma le dijo que tenía diez minutos para calmarse. Sara no lo consiguió, así que se fueron, Sara sin su amada clase de baile y Alma bañada en insultos. La dejó en su casa y se fue a recoger a David. Cuando regresó, Sara le había escrito una carta llena de amor y arrepentimiento.

Probablemente Sara necesitaba que su mamá la parara en seco con convicción y autoridad: "No puedes hablarme así ni insultarme de esa forma. Puedo ver que estás muy enojada, pero con insultos no vamos a hablar". Este es el paso de la contención; luego viene la conexión. No queremos que se entienda que reconocer las emociones de los niños signifique dejarlas fluir de manera desbordada: eso no le hace bien a nadie, ni a ellos ni a los padres. Un niño desbordado necesita contención y muchas veces esta se da a través de los límites de lo que es aceptable y lo que no. La conexión en estos casos queda para un segundo tiempo; entonces sí podemos tratar de hacer sentir al niño que lo vemos y tenemos empatía con él. De hemisferio derecho a hemisferio derecho, espejeándolo pero tratando verdaderamente de imaginarnos cómo se siente, le podemos decir algo como "Veo que estás muy molesta. Claro, es horrible que tu mamá no te pueda ayudar con la tarea y también es horrible tener que salir a la clase sin haber acabado la tarea que a ti te gusta hacer con tanto cuidado. Tienes razón, la tarde no ha sido fácil, pero no me puedes hablar así".

Pero, por favor, no esperen magia: nombrar y conectar con la experiencia emocional del otro no siempre evita el conflicto o la crisis. El cerebro del niño tiene que trabajar más duro que el de un adulto para inhibir una conducta en curso, y hacerlo, además, suele producir frustración; no siempre es fácil salir de un estado mental difícil o conflictivo.

Paulatinamente, los niños desarrollan estrategias para manejar sus emociones, como la capacidad para reinterpretar el significado de un evento ("mi mamá no quiere a mi hermano más que a mí, le trajo un regalo porque es su cumpleaños"), pero es más fácil llegar a esto si en el camino el adulto lo ha acompañado a reinterpretar los eventos una y otra vez, conectando y validando sus emociones y ayudándole después a reflexionar sobre lo sucedido. En su libro *The Whole Brain Child,* Siegel y Bryson sugieren más estrategias para regular las emociones y recuperar un estado integrado de la mente. Además del efecto calmante que tiene nombrar la emoción, podemos invitar al niño a moverse corriendo o brincando para que al cambiar el estado físico también cambie el estado mental. No esperemos que el niño regule su emoción simplemente porque se lo pedimos: démosle herramientas y opciones para canalizar sus emociones.

Algo fundamental en este proceso de ayudarlos con sus emociones es el estado de nuestra mente. Siegel propone que el estado de la mente más maduro del adulto tenderá a propiciar procesos cerebrales similares en el niño; por eso es tan importante tener conciencia de cuál es, como dice Siegel, la música de fondo que suena en mi cabeza en cierto momento y que me predispone a estar o no paciente, a estar o no empático, a estar o no irritable.

Las emociones influyen en casi todos los sistemas del cerebro; hoy sabemos que es de vital importancia para el bienestar emocional trabajar en conocer nuestro mundo interno y así ayudar a nuestros hijos a conocer el de ellos. Hoy sabemos que la llamada inteligencia emocional es un elemento siempre presente en las personas que se consideran felices.

MITO 8

Hay cosas que no es necesario explicarles a los niños, porque no se dan cuenta y no las entienden

Los niños nos observan todo el tiempo: somos un referente fundamental para su sistema de evaluación elaborativa, nos miran para tratar de entender y descifrar sus propias emociones, el mundo y nuestras intenciones; su supervivencia depende de ello. Están cableados para notar cambios sutiles en nosotros, como el tono de voz, la expresión facial o la ausencia de ella, nuestros movimientos corporales. Las mentes de los bebés responden a las emociones de los adultos; las emociones son claves sociales que se envían y se reciben sin mucha conciencia. Esto puede ser fuente de muchos malentendidos; si no hablamos con los niños, ellos le darán un significado propio a lo que observan y reaccionarán en consecuencia. Un ejemplo clásico de esto es el niño que se siente responsable de la tristeza de su mamá que no tiene nada que ver con él, o del divorcio de sus padres porque nadie habló con él de lo que estaba sucediendo.

De acuerdo con Vidal Schmill: "Es una práctica muy extendida ocultar los problemas a los hijos. Claro que hay situaciones privadas de la pareja que no deben contaminarlos, pero hay otras, como enfermedades, limitaciones económicas, muertes, viajes, cambios de escuela, que deben ser compartidas por la comunidad familiar. Una actitud de 'aquí no pasa nada' cuando sí está pasando no protege a los hijos del sufrimiento; al contrario, lo perciben, y al no saber procesarlo se queda acumulado, encubierto, pudriéndose como agua estancada. Comunicar de manera madura los asuntos del hogar propicia la madurez de sus miembros, incluso de los más pequeños".[10]

Solo porque los niños pequeños no sepan articular sus preguntas no quiere decir que no sean conscientes de lo que sucede a su alrededor, o de las diferencias entre la dinámica de su familia y la de otras familias. Recordemos que hay muchos tipos de familia: con dos papás, dos mamás, solo uno de los padres o familias con un papá y una mamá. Hablar de estas diferencias entre las familias es siempre constructivo si lo hacemos aclarando que lo importante de una familia es que sus miembros se quieran y se cuiden unos a otros, independientemente de su orientación sexual, raza, edad, género, cultura o religión.

Una y otra vez preferimos creer que los niños no se dan cuenta, que no ven, no perciben y no atan cabos. Lo que nos cuesta explicar preferimos pensar que no lo notan.

> Martha acuerda con su esposo una separación temporal y él se sale de la casa. Me asegura que no es necesario explicarle nada a sus hijos, que tienen 6, 4 y 2 años, pues "de cualquier manera hay muchos días que mi esposo llega cuando ellos ya se durmieron y se va antes de que ellos se levanten". Dos semanas después me cuenta que su hija de 6, mientras estaba de visita en casa de un amiguito cuyos papás se habían divorciado, le dijo a la mamá:

10 Vidal Schmill, *Disciplina inteligente…*

"Tú y el papá de J. rompieron, ¿verdad? Mis papás no han roto". ¿Qué sabía esta pequeña que elige este tema de conversación con la mamá de su amiguito? ¿Qué habría percibido sin lograr preguntar con claridad? Los niños no necesitan los detalles ni las situaciones que solo incumben a los adultos, pero necesitan saber lo que sucede y saberse libres de culpa. Como decía una de mis queridas maestras: "La verdad es lo que nos estructura". Los niños nos observan todo el tiempo, nos analizan y hacen sus propias conjeturas, a veces equivocadas, pero muchas veces ciertas.

A veces el problema no reside en que les falte información, sino que ellos mismos han sido partícipes de una serie de eventos complejos y no logran aprehenderlos ni entender bien sus efectos y consecuencias. Cuando esto sucede es una excelente opción narrarles a los niños los hechos como si fueran un cuento de algo que le sucedió a otro, por ejemplo, a una familia de sus animales favoritos. Al hacerlo hay que asegurarse de nombrar las emociones que probablemente experimentó el niño con los sucesos. Eso permite a los niños tomar un poco de distancia, comprender e integrar lo que les ha estado sucediendo, dejar de estar siendo revolcados por la ola para poder mirar el mar desde fuera.

Carolina fue la primera hija y la primera nieta, todos estaban vueltos locos y se volcaron en ella en atención y regalos. Cuando cumplió 2 años nació su hermano, y para cuándo tenía 2 años 6 meses y 2 años 8 meses, respectivamente, nacieron los primos, hijos de los dos hermanos de su mamá. En un plazo de 8 meses pasó de ser hija única, nieta única y sobrina única, a ser una más. Carolina no podía entender que todo el mundo estuviera tan contento con esta bola de bebés incapaces de hacer nada de lo que ella hacía tan bien: ¡ni siquiera hablaban! Conforme pasaron los meses y el hermano fue aprendiendo a sentarse y hacer monerías, los papás observaron que Carolina pasaba de ser amorosa con el bebé a estar furiosa con él, y hasta llegaba a ser agresiva. La mamá entonces decidió contarle a Carolina "la historia de su vida", pero como si fueran osos que viven en un bosque, desde que la bebé osa fue muy esperada y querida por todos, hasta que su mundo maravilloso a mitad del bosque se vio "invadido" por todos estos bebés osos "inútiles". La madre puso atención en narrar la historia como si fuera la de los animales, e incorporando los sentimientos probables de Carolina, los "buenos" y los "malos", el amor, la rivalidad, los celos, el enojo, y después de validarlos tuvo cuidado de hablarle a la niña de cómo en el futuro eso de tener hermano y primos osos iba a mejorar, pues serían compañeros de juegos, y además la osita siempre sería la osa mayor y tendría ese lugar especial por haber sido la primera. Después de eso la mamá pudo observar cómo Carolina se relajaba, y aunque no fuera más amorosa con el hermano, al menos dejó de agredirlo.

Siegel explica que contar historias es muy poderoso porque al hacerlo los hemisferios funcionan de manera integrada y así se alcanza una narrativa coherente; al organizarse la mente surge la posibilidad de modular nuestras emociones y darle sentido al mundo. El hemisferio izquierdo busca construir la historia de lo que sabe; el hemisferio derecho procesa las emociones y la memoria autobiográfica. Al funcionar de manera integrada, la historia le permite al niño asimilar los eventos y las emociones que ha vivido. La sanación de una experiencia difícil sucede cuando el lado izquierdo trabaja con el derecho para contar nuestras historias de vida, pues se integra el sentido con las sensaciones corporales y las emociones fuertes (¿recuerdan en el capítulo 2 cuando hablamos de las entrevistas de los padres? Vimos que los padres que favorecen el apego seguro en sus hijos no necesariamente tuvieron una historia de apego seguro, y sin embargo han trabajado su propia vida para darle un sentido). El niño escucha la historia, preferentemente apoyándonos en muñecos o dibujos, o mientras se hace algo como colorear o acomodar algún juguete; a veces pregunta: "¿estás hablando de mí, soy yo?", y entonces se puede dar una respuesta ambigua como "¿tú qué crees?" o "¡qué niño tan listo!", y continuar con la historia como si nada. Otras veces simplemente parece que no están poniendo atención. No importa: tú sigue narrando, y ten por seguro que el efecto integrador está sucediendo. Cuando los niños son mayores es mejor que sean ellos los que narren lo sucedido, y que nosotros los ayudemos a incluir las emociones, las sensaciones corporales y la perspectiva de otros, pero siempre cuidando de no interrumpirlos ni imponer nuestra versión.

Es importante, una vez que hablamos con los niños, pedirles que nos digan qué entendieron. Pero más importante es tener siempre presente que cuando hablamos con ellos hay que hablar poco y escuchar mucho.

Otro aspecto que es importante no ocultarles a los niños es nuestro estado emocional. No necesitamos darles detalles ni convertirlos en nuestros confidentes, pero sí podemos pedirles que poco a poco vayan aprendiendo a ser empáticos con nosotros: los niños necesitan saber cuándo estamos tristes o preocupados, y necesitan saber que no son los causantes de esos estados emocionales, pero también es vital que sepan cuando han sido los causantes del pesar parental. "Los padres deben ser reconocidos como seres humanos cuyos sentimientos pueden ser heridos", dice Taffel. Los niños tienen que aprender cuál es el efecto de sus palabras y sus acciones en los demás, pero en particular en sus padres. Esperar que los niños sean empáticos *hasta con* sus padres es experimentado por los niños como una expresión del amor; debemos ser conscientes de que la relación padres-hijos es la herramienta más poderosa para cultivar los caminos neuronales que favorecen la empatía.

MITO 9

Son muy chiquitos para hablarles de sexualidad

Hablar de la sexualidad es difícil: hemos aprendido a ver escenas sexuales (televisión, cine, internet), a ejercer la sexualidad, pero casi nadie ha aprendido a hablar abiertamente del tema, y esto, cuando se trata de la crianza de los hijos, provoca que se convierta en un tema tabú. La mayoría de nosotros no creció en hogares en los que se hablara sobre sexualidad de manera natural; a esto hay que agregarle las ideas preconcebidas y las emociones que rodean la experiencia con la sexualidad de cada padre y de cada madre, y así podemos entender por qué es tan difícil para todos abordar este tema. Con todo es esencial saber abordar temas sexuales con nuestros hijos.

En mi experiencia, la mayoría de los padres y las madres están de acuerdo con que es importante hablar de sexualidad con los niños; las dificultades empiezan cuando hay que definir a qué edad empezar a hacerlo, pues con frecuencia los padres piensan que es mejor no arruinar la "inocencia" de los niños pequeños y creen que lo mejor es posponer la temida conversación para cuando sean más grandes. Sin embargo, cuando hablamos con ellos desde pequeños, el niño aprende que los padres son la fuente de información para la salud sexual, que son ellos quienes con naturalidad pueden responder a sus dudas respecto al cuerpo en particular y a la sexualidad en general, en lugar de tener que acudir a otros niños de su edad o al internet.

Lo cierto es que la sexualidad es un tema que deberíamos incorporar desde que son bebés, pues la sexualidad empieza en el cuerpo, y las pláticas sobre el tema empiezan por nombrar de manera correcta cada una de las partes del cuerpo, incluyendo los genitales, por supuesto.

Como todo, cuando se trata de niños, no existe una receta que resuelva qué decirles a que edad y de qué manera. El consejo más frecuente tanto en las escuelas como en internet es esperar a que el niño pregunte y contestarle solo lo que pregunte. Esa es una postura peligrosa, pues aunque en efecto existan niños que preguntan, la mayoría no lo hace, ya sea porque no han pensado en el tema o porque ya han percibido que incomoda o intimida a los padres. En este último caso, muchas veces la opción para los niños es preguntar de manera indirecta; por ejemplo, un niño preocupado por las diferencias sexuales puede intentar levantar la falda a las amigas o estar "obsesionado" con verles los calzones. O el caso de una niña de 2 años que constantemente pregunta quién es niño y quién es niña y por qué, y como las respuestas de los padres se enfocan en la vestimenta y el largo del pelo, la niña busca y encuentra entre los conocidos las personas que no cumplen estas reglas ("pero Beto tiene el pelo largo"). En realidad, lo que intriga a esa pequeña, al igual que al niño que levanta las faldas, son las diferencias sexuales. El problema es que casi nunca sabemos interpretar esas conductas como preguntas. Por eso es indispensable que como adultos seamos quienes iniciemos la conversación. No se trata de darles a los niños una cátedra, sino de iniciar un diálogo, y la mejor forma de hacerlo es preguntando: ¿Has notado cómo tu cuerpo es diferente al de Paco? ¿Qué has notado? ¿Te has fijado en que a la tía Gaby le está creciendo la barriga? ¿Por qué crees que esté sucediendo eso?, etcétera.

Preguntar nos permite averiguar qué sabe nuestro hijo o hija, qué ha escuchado, qué ha visto y qué le da curiosidad. Luego podemos abrir el espacio para que la niña nos haga preguntas, o podemos leer con ellos algún libro de educación sexual. Justamente porque sabemos que esta no es una conversación sencilla, sugerimos apoyarse en alguno de los muchos libros de sexualidad para niños que existen; es importante que los padres elijan un libro con el que se sientan cómodos y les agraden las ilustraciones. Si como papás nos damos cuenta de que el tema nos resulta muy difícil de abordar o nos provoca demasiada ansiedad, entonces podemos buscar ayuda y apuntar a nuestros hijos a algún taller de educación sexual. Estos talleres se imparten por edades, desde el preescolar hasta la preparatoria, pero hay que recordar que es mucho mejor iniciar cuando los niños son pequeños.

Hablarles de temas sexuales a los niños desde que son pequeños les permite crecer conociendo su cuerpo y sintiéndose orgullosos de él, enseñarles sobre las diferencias sexuales desde los 2 años ayuda a prevenir el abuso sexual. Además, los estudios muestran que los adolescentes que recibieron educación sexual de adultos en los que confían y desde una edad temprana son los que postergan más el inicio de su vida sexual, pues no necesitan hacerlo por curiosidad o confusión.

Empezar a hablar de sexo es hablar del cuerpo y de las diferencias anatómicas entre niños y niñas, y entre niños y adultos. Posteriormente, vendrá la pregunta sobre el origen de los bebés. Siempre es válido contestar algo como: "Qué buena pregunta. Voy a pensar bien en cómo te lo voy a explicar y luego platicamos", o "Voy a buscar un buen libro que me ayude a hablar del tema y luego te lo leo". Lo que definitivamente no debería suceder es esperar a que el niño vuelva a preguntar, pues así es como mandamos mensajes sobre nuestra incomodidad y ambivalencia. Si un niño de 4 años no ha preguntado todavía de dónde vienen los niños, no hay que esperar el momento perfecto para conversar con él. Como padres es nuestra responsabilidad iniciar la conversación, y podemos utilizar libros o *apps* si consideramos que estos recursos pueden hacer más fluido nuestro trabajo.

Esta conversación deberá repetirse varias veces, pues los niños tardan en entender y recordar toda la información. De hecho esta es una buena noticia: los padres pueden estar tranquilos de que no dirán de más, pues lo que a un niño no le interesa en cierto momento, no lo recordará más tarde.

Los expertos recomiendan apegarse a los hechos, no complicarse y usar la terminología científica correcta. Podemos decirles y explicarles todo lo que quieran oír; por lo general cuando han escuchado suficiente, ellos mismos cambiarán de tema o simplemente se irán a hacer otra cosa.

De manera natural los niños observan su cuerpo y se comparan con otros niños; se exploran a sí mismos y, si tienen dudas y curiosidad, también querrán explorar el cuerpo del otro. Esto es normal: su exploración es la manera en que descubren sus cuerpos y los límites entre ellos y el mundo. El papel de los padres es ayudarle a su hijo a reconocer lo que es apropiado, entendiendo por qué e identificando dónde están los límites.

La autoexploración y la masturbación son conductas enteramente normales y naturales cuya única condición debería ser practicarlas en privado y con las manos limpias. Cuando reaccionamos de manera punitiva o decimos cosas como "no seas cochino", estamos mandando mensajes contradictorios a nuestros hijos. Un niño que descubre que sus genitales le dan sensaciones agradables, pero que provocan rechazo u horror en las personas que ama, puede llegar a pensar que esas sensaciones son malas, que su cuerpo es malo y que él es malo.

Sin embargo, es importante saber que la masturbación no siempre se presenta asociada a la autoexploración y el placer. Cuando se presenta de manera compulsiva puede ser una manifestación de ansiedad. En estos casos lo importante no es la masturbación en sí misma, sino encontrar cuál es la fuente de ansiedad para el niño y solucionarla o buscar apoyo psicológico.

Cuando encontramos a nuestros hijos jugando "al doctor" o "al papá y a la mamá", no necesitan que reaccionemos castigándolos: necesitan que los ayudemos a identificar la frontera de lo apropiado y que les demos información. Esos juegos son la manifestación de su curiosidad y de su necesidad de entender, son una forma de preguntar de manera indirecta. La motivación fundamental de los juegos sexuales es la búsqueda de respuestas a través de la exploración del propio cuerpo y de los amigos. Por eso, cuando estos se presentan hay que atender la verdadera necesidad: información. Podemos redirigir en ese momento la atención de los niños hacia otra actividad si así lo deseamos, pero luego es indispensable retomar el tema y hablar sobre las dudas que el niño pueda tener o volver a leer juntos el libro de sexualidad dirigido a lectores de su edad.

Los niños, desde pequeños, necesitan identificar sus partes privadas (boca, pezones, genitales), y necesitan saber que nadie, ningún niño mayor y ningún adulto, puede tocarlos o pedir que los toquen en esas áreas. Es importante explicarles que es inapropiado que cualquiera los toque o les bese sus partes privadas o que ellos a su vez lo hagan. Claro que también hay que puntualizar que hay momentos en los que es correcto, como cuando le cambiamos un pañal a un bebé, o el doctor necesita revisarnos, siempre con mamá o papá presentes. Para ser congruentes con esta información, debemos evitar forzar a los niños a dar besos o abrazos a otras personas o a los extraños. Cuando no desean darlos, pueden mandar el beso o simplemente agitar la mano, pero deben tener claro que ellos son los dueños de su cuerpo, y por lo tanto ellos pueden decidir.

Es frecuente que los niños pequeños experimenten con diferentes roles, y esto puede incluir a los diferentes papeles de su propio género. Que un niño se quiera probar el traje de princesa o comprarse una muñeca, o que una niña prefiera jugar futbol, no es señal de ninguna patología ni de ningún riesgo. Sin embargo, esto suele poner muy nerviosos a los padres y en ocasiones surge la tentación de intentar controlar los gustos del pequeño, o cuando menos la intención de no "fomentar" estos gustos. Es importante que los padres sepan que apoyar los gustos y preferencias de sus hijos no tiene ningún efecto en la orientación sexual del niño o niña; en cambio, oponerse a ellos o intentar modificarlos sí genera un gran sufrimiento en los niños. El gusto por los juegos y juguetes del sexo contrario puede ser simplemente un gusto por ese tipo de cosas, sin tener ninguna otra implicación, y el reto será respetar así al niño o la niña sin pretender cambiarlo, pero tampoco empujándolo a definirse como algo diferente a lo que es: un niño o niña con ciertos gustos (la cuestión del género abarca todo un espectro, y no, como pensábamos antes, una dualidad). En otras ocasiones, el niño o la niña, desde los 2 años, puede identificarse *de manera consistente* con el género diferente al de su sexo físico (genitales); cuando es así, el niño o niña puede ser *transgénero* o de *género variante.* Esto no tiene nada que ver con la orientación sexual. Simplemente significa que el niño no se siente del sexo biológico que supuestamente es. Cuando los padres pensamos que este pudiera ser el caso de alguno de nuestros hijos, es conveniente buscar apoyo profesional, pues es importante no llegar a conclusiones prematuras. Nadie elige ser transgénero o ser una persona de género variante; las personas simplemente nacen así. Tampoco es algo que los padres puedan cambiar oponiéndose activa o pasivamente. En realidad, estos niños lo que necesitan, al igual que todos los demás, es una familia amorosa que los acepte tal y como son. Para la mayoría de las familias esto no es sencillo, por lo que nuestra recomendación es que como padres busquen apoyo psicológico para poder aceptar al hijo o hija que, siendo tal y como es, es perfecto.

La importancia de hablarles de sexualidad a los niños se puede resumir en estos cuatro puntos:

1. Construye la comunicación y la confianza entre padres e hijos.
2. Previene el abuso sexual.
3. Favorece la autoestima.
4. Evita que los adolescentes se precipiten a iniciar la vida sexual antes de sentirse listos para hacerlo.

Recordemos que la información que les proporcionemos a nuestros hijos es protección; si empezamos nombrándole al bebé las partes del cuerpo, estaremos iniciando una larga conversación que los protegerá aun en la adolescencia. Cuando les parezca pequeño su hijo para hablar con él del cuerpo y de la salud sexual, recuerden que mientras más tarden en iniciar esta conversación más difícil será, y para cuando lo hagan, su hijo ya tendrá información de diversas fuentes, y no necesariamente serán las mejores; además se habrá perdido la oportunidad de construir el canal de comunicación y confianza con sus padres.

MITO 10

¡Que no llore!

En ocasiones la gran dificultad que tenemos como padres es que no toleramos ver sufrir a nuestros hijos; entonces, al menor llanto nos angustiamos y sus lágrimas nos hacen reaccionar como si detenerlas fuera una cuestión de vida o muerte, olvidándonos de lo importante que es para los niños ir aprendiendo a posponer la gratificación y a tolerar cierto nivel de frustración.

En otros casos, las lágrimas o el enojo de los niños son interpretados por los padres como una clara señal de que están haciendo mal su trabajo, como si ser buenos padres implicara que nuestra familia siempre conviviera en armonía y nuestros hijos siempre estuvieran felices. Esto es simplemente imposible, por lo que a veces ser buenos padres implica estar dispuestos a ser los malos del cuento. Esto no es fácil, pero es necesario si queremos que nuestros hijos aprendan a posponer la gratificación, a regular sus impulsos y sus emociones, a ser pacientes y respetuosos, a no ser el centro de todo y a considerar a los demás.

En ocasiones, el llanto de los niños puede activar en nosotros memorias implícitas que nos provocan estados de angustia muy incómodos o francamente insoportables, por lo que estamos dispuestos a hacer lo que sea para que el llanto termine. Cuando este sea el caso, hay que buscar ayuda, pues nuestra angustia no está permitiendo que reaccionemos en función de lo que le sucede a nuestro hijo, sino en función de lo que nosotros sentimos, evitando que seamos los padres que los niños necesitan.

Existen distintos tipos de llanto, y como padres es importante saberlos distinguir. El llanto del bebé es un llanto que debe entenderse como una señal muy clara: el bebé necesita algo y hay que atenderlo. Dejar llorar a un bebé "para que haga pulmón" es una pésima idea: la segregación de cortisol en el cerebro que ocurre cuando se deja que un bebé llore sin parar puede dañar su cerebro en desarrollo.[11] Por eso a los bebés hay que arrullarlos, cargarlos, alimentarlos y asearlos, procurando que estén cómodos y se sientan seguros. Ya lo hablamos en el capítulo 2: ningún llanto infantil debe ser ignorado, pero qué hacer al respecto varía según la edad y el contexto. El llanto es una llamada a la conexión; esto no debe confundirse con la gratificación o con perder la contención y las reglas.

El llanto, la mayoría de las veces, no hay que detenerlo. Cuando es la expresión de una emoción simplemente hay que acompañarlo, tratar de entenderlo y validarlo, pero no necesariamente tratar de desaparecerlo o acallarlo. Esto es verdadero para la mayoría de los estados emocionales; sin embargo, nos cuesta mucho trabajo hacerlo. Como padres creemos que nuestro papel fundamental, además de educar, es resolverles a nuestros hijos las dificultades o lo que sea que les produzca una emoción intensa y difícil, y perdemos de vista que en muchas circunstancias lo único que podemos hacer es acompañar y compartir, pero sobre todo olvidamos que este acompañamiento ya es suficiente. Parecería que entender la experiencia interna de nuestros hijos es una minucia comparada con enseñarles las grandes reglas de la vida y con convertirlos en hombres y mujeres de bien; olvidamos que si conectamos con su mundo interior, si tratamos de entender lo que siente, piensa y quiere, y lo acompañamos, el vínculo entre él y nosotros se verá fortalecido. Esto es mucho más importante que detener las lágrimas.

---

[11] Sue Gerhart, *Why Love Matters, How Affection Shapes a Baby's Brain,* Nueva York, Routledge, 2008.

Es vital recordar que conectar emocionalmente con nuestro hijo no quiere decir permitirle todo, ni concederle todo. Tener empatía con su experiencia emocional no quiere decir olvidar las reglas o permitirle que nos insulte. Es fundamental ponerle atención al mundo interno del niño mientras sostenemos los estándares de sus conductas (no perderse en lo superficial, buscar las razones detrás de una conducta y desde ahí conectar y marcar los límites).

Hasta los 7 años, los niños creen con firmeza en el bien y el mal, y necesitan padres que apoyen esta percepción del mundo haciéndoles saber que existen reglas y acuerdos y que faltar a ellos está mal. Cuando los adultos somos permisivos, confundimos a los pequeños (2 a 4) y hacemos enojar a los mayores (5 a 7). Cuando estos niños llegan a los 10 años ya han abandonado esta claridad para adoptar una visión completamente relativista de los asuntos morales,[12] justificando cuestiones como "pegó porque lo hicieron enojar", "copió en el examen porque la maestra lo hizo muy difícil", "te puedo insultar porque eres mala".

Los niños necesitan aprender que hay cosas que están bien y cosas que están mal, necesitan saber cuándo sus padres consideran inadmisible una conducta aunque puedan ser empáticos con las razones que la motivaron. Cuando los padres fallan en esto, los niños crecen inseguros de que sus padres puedan guiarlos.

Desde la perspectiva del cerebro es importante recordar que este es un órgano en constante cambio, y mientras el niño desarrolla las zonas prefrontales que lo ayudarán a detener una conducta en curso o a inhibir una conducta antes de rea-

[12] Ron Taffel, *Childhood Unbound. The Powerful New Parenting Approach That Gives our 21st Century Kids the Authority, Love and Listening They Need to Thrive*, Nueva York, Free Press, 2009.

lizarla, necesita que los adultos cumplan esas funciones; la mayoría de las veces "girarle la instrucción" será insuficiente: hay que apoyarlo y con nuestra intervención, suave pero firme, ayudarlo a detener la conducta, o ser muy claros de por qué no debe hacer algo dándole alternativas de lo que sí puede hacer. El cerebro es cambiante, y estas intervenciones son la manera de irlo moldeando.

Si las madres que tienen dificultad para poner límites entendieran que los límites son una forma de profundizar en la conexión con los niños y hacerlos sentir seguros y contenidos, quizá podrían ser más claras. Estas madres necesitan saber que aunque su hijo llore y aunque se frustre, si hay empatía y conexión emocional, se sentirá acompañado y entendido. Como dicen Siegel y Bryson, "no puedes echar a perder a un niño dándole demasiada conexión emocional, atención, afecto físico o amor. Cuando nuestros niños nos necesitan, debemos estar ahí para ellos".[13] Pero en cambio sí podemos echarlos a perder con falta de contención y estructura. Nos pasa que, como dijimos en el capítulo 7, confundimos "proteger" con "dejarlo hacer de todo",[14] y no nos damos cuenta de que ser permisivo es una forma de maltrato, pues le hará más difícil al niño el camino a la madurez. Una vez más cito las palabras de Mathelin pues me parecen fundamentales; esta autora dice que el mensaje que deberíamos darles a nuestros hijos es "no te preocupes, puedes tener ganas de todo, yo estoy aquí para no dejarte hacer lo que está prohibido". Un

---

13 Daniel Siegel y Tina Bryson, *No-Drama Discipline. The Whole-Brain Way to Calm the Chaos and Nurture Your Child's Developing Mind,* Nueva York, Bantam Books, 2014.

14 Catherine Mathelin, *¿Qué le hemos hecho a Freud para tener semejantes hijos? Notas a los padres apasionados por el psicoanálisis*, Buenos Aires, Paidós, 2002.

adulto a cargo libera al niño para poder explorar el mundo y ser quien es. Los niños necesitan saber que hay alguien que se encargará de impedir el caos.

Los niños no necesitan ser controlados ni que decidamos siempre por ellos (ya hablamos de tener siempre voz, aunque no siempre voto), pero sí necesitan ser contenidos. Taffel describe esta contención como el resultado de las creencias de los padres, sus expectativas, su habilidad para comprender a sus hijos con precisión, así como el tiempo compartido y valorado por ambas partes. Cuando la familia no les da esta contención, los niños, y sobre todo los adolescentes, irán a buscarla con los iguales.

Además de la conexión, dicen Siegel y Bryson, debemos ayudar a nuestros hijos a tomar buenas decisiones y respetar las reglas siendo nosotros los que comunicamos con claridad los límites y los sostenemos. Los niños anhelan sentir una contención efectiva de nuestra parte, aun cuando luego se sientan enfurecidos cuando lo hacemos. Esta es otra forma en la que buscan nuestro compromiso emocional, a través de las reglas y la disciplina. No se trata de regresar a los límites dictatoriales de generaciones previas. Los niños de hoy quieren límites con lógica y diálogo, pero que sean consistentes y claros.

MITO 11

La rivalidad fraterna: Tengo que detener el pleito entre los hermanos, de mí depende que se lleven bien (además debo evitar que se lastimen gravemente)

Como padres generalmente tenemos la fantasía de que los hermanos se lleven siempre bien, se apoyen y se cuiden. Nos pone muy mal que se peleen y se agredan, y consideramos que nosotros somos los principales responsables de que la relación que tengan sea buena.

Arturo, un papá de 36 años, entra descompuesto al consultorio. Hace un par de días tuvo un episodio muy desagradable con sus hijos, sobre todo con Martín, el pequeño de 3 años. Él llegaba a casa después de una jornada de más de diez horas a relevar a su esposa, que tenía que ir a una junta a la escuela. Martín y su hermano mayor, Miguel, estaban jugando en el salón. Arturo describe:

> Podíamos oír las carcajadas hasta donde nosotros estábamos. Pero tras un breve silencio empezamos a oír los gritos furiosos de Martín, que insultaba a su hermano con un vocabulario de adulto enfurecido y sin control. Fuimos a ver qué pasaba, entramos y ambos niños guardaron silencio. "¿Qué pasó aquí?", pregunté muy molesto por el lenguaje que había escuchado; Miguel rápidamente contestó que Martín se había enojado y lo había insultado; Martín guardaba silencio, ni siquiera intentaba explicarse ["seguramente no podía", agrego yo a la narración de Arturo]. Esto me fue poniendo cada vez más furioso, no podía creer el vocabulario que había usado Martín, y mucho menos que lo hubiera dirigido a su hermano. "Pide una disculpa", le exigí a Martín, pero guardó silencio; quizá si yo no hubiera estado tan furioso habría notado el caos emocional en el que estaba Martín, la revoltura entre el enojo y el miedo, miedo de su propia agresión, miedo de mi enojo, y todo esto se traducía en una parálisis que yo leí como provocación. "Seguramente me está midiendo, me está provocando", pensé. No salió una sola palabra de la boca de Martín, ni para defenderse o justificarse ni para atacar nuevamente al hermano. Ante su negativa a pedir disculpas, decidí que había que castigarlo; lo tomé por la fuerza del brazo y lo llevé a su cuarto, donde lo dejé encerrado. Ahí no derramó ni una lágrima, y cuando regresé ya se había dormido sin pedir disculpas.

En la historia de Arturo podemos observar cómo interviene en el pleito de sus hijos sin saber qué ha pasado, y juzga los hechos simplemente por lo que él oyó: los insultos de Martín. También podemos ver cómo su intervención es parcial, como si Martín hubiera insultado a Miguel de manera gratuita cuando en realidad es poco probable que hubiera sido así.

Entonces, ¿cómo debemos intervenir, si es que lo hacemos, cuando nuestros hijos pelean? ¿Qué podemos hacer para favorecer una relación cordial? El gran reto frente a la rivalidad fraterna es intervenir lo menos posible "para impartir justicia". Es importante que nuestra intervención vaya dirigida a generar reflexión en los hermanos y ayudarlos a ponerse uno en los zapatos del otro, es decir, buscando activar los cableados neurológicos que favorecen la empatía. Seguramente promover la reflexión en el momento del pleito con frecuencia resultará imposible; por eso aquí regresamos a la fórmula que ya conocemos: CONECTAR-VALIDAR-REDIRIGIR, y reflexionar más tarde, a veces con los hermanos juntos, a veces con cada uno por separado, validando los sentimientos de rivalidad para así ayudarles a ir más allá de ellos.

Generalmente los hermanos están más o menos en igualdad de fuerza, o cuando menos suelen regularla con el fin de no lastimar seriamente al otro; por lo general no es preocupante que lleguen a los golpes de vez en vez mientras sean pequeños; los niños, como los cachorritos, necesitan medir sus fuerzas uno con el otro, y es raro que sea necesario intervenir realmente para proteger al menor. Además hemos de reconocer que la relación que tengan los hermanos es decisión de ellos; podemos no favorecer la rivalidad evitando ejercer de "juez magnánimo" que sin tener la historia completa llega a conclusiones y atribuye culpas y distribuye castigos, pero al final la relación que los hermanos construyan será su propia decisión.

Los pleitos entre hermanos, cuando aprendemos a no intervenir de manera parcial, casi siempre se resuelven ahí mismo, y además no se va acumulando gota a gota el resentimiento de ser el hijo no favorecido. Los hermanos van a aprendiendo a autorregularse, van midiendo sus fuerzas y calculando sus riesgos, exactamente igual que los cachorros al retozar.

¿Nunca intervenir? No, con frecuencia es necesario intervenir, pero en estos casos lo fundamental es no hacerlo para repartir justicia, sino para imponer la misma consecuencia a los dos participantes. Da lo mismo quién empezó o quién pegó, lo importante es que ambos estaban en la interacción desagradable, irrespetuosa o peligrosa, y lo que queremos detener es ese tipo de interacción. Después, calmados los ánimos, habrá que ayudarlos a reflexionar y a ponerse en los zapatos del otro, y si es necesario, invitarlos a pedir una disculpa o buscar la manera de reparar. Con frecuencia lo mejor es cuando la disculpa y la reparación se da en ambos sentidos.

Intervenir de otra manera nos pone en riesgo de evaluar de manera prejuiciosa lo que aparentemente sucedió, sin tomar en cuenta que quizá el chico venía molestando discreta y persistentemente al grande cuando este le pegó. O quizá lo que no vemos es que uno recurre a las palabras mientras que el otro, con menor habilidad verbal, recurre a los golpes. Como padres solemos ser mucho más sensibles a los golpes que a los insultos o miradas descalificadoras.

Se puede mandar a cada hijo a una habitación distinta, u ocuparlos en algo en lo que uno necesite ayuda. Otra opción es canalizar y reglamentar la expresión de la agresión; es decir, pueden pelear pero con almohadas (prohibido golpear la cabeza), o con guantes de box y un réferi, o en un cuadro de sumo (sin golpes, se trata de sacar al otro del cuadro trazado en el piso). En estos casos es muy importante dejar en claro que no se trata de ganar o perder, sino de sacar ese torbellino interior que probablemente está haciendo al niño buscar bronca. Para hacerlo es importante validar las emociones, algo como "están enojados, pero así no se pueden pelear; ya conocen la regla, en esta casa nos desahogamos sin lastimar al otro, así que vayan por sus almohadas y vamos a pelear 15 minutos". Se trata también de ayudarlos a transitar al juego: "Muy bien, pónganse en sus lugares. Damas y caballeros, bienvenidos a la lucha de almohadas. En esta esquina el luchador *x*, mejor conocido por su capacidad para dar vueltas de carro, y en esta otra el luchador *y*, famoso por saber decir largos trabalenguas...". Muchas veces lo que los niños necesitan es simplemente que les ayudemos a transitar de las emociones desbordadas a una manera divertida de canalizarlas.

Los hermanos en ocasiones se usan para descargar la frustración o el enojo que traen del mundo externo; es como si el pensamiento fuera: "lo puedo odiar y puedo soportar que me odie, que ya luego me reconciliaré". Cuando la frustración vivida en el mundo externo provoca agresión en el niño, no hay que bloquear su descarga, sino canalizarla. Se trataría de ir reflexionando con nuestros hijos sobre la empatía y el efecto de la agresión en los otros. Poco a poco podrán ir reconociendo que pueden dañarse si se usan como *punching-bag*, y que aunque la relación fraterna suele ser muy resistente, cada uno tiene un corazón vulnerable a las heridas. Se trata de que aprendan que es válida la descarga y la expresión del enojo si al hacerlo no lastimamos a nadie.

Otro elemento que suele activar los conflictos entre los hermanos es la necesidad de sentirse vistos por mamá y papá, así que esta es otra pregunta que debemos hacernos cuando los hijos entran en esos ciclos de un pleito tras otro: ¿los he hecho sentirse vistos últimamente?, ¿estoy emocionalmente conectado con ellos?, ¿les he dedicado tiempo individualmente?

¿Y los chismes? Ese es otro buen lugar para no intervenir desde el lugar del juez. Podemos comprender lo que nos cuenta el niño que viene a acusar, decir "uy, ¿te duele?" o "¡Qué mal que haya hecho eso!", poniéndonos realmente en su lugar y diciendo la frase con verdadera empatía, pero no usamos esa información para penalizar o sermonear al otro.

Es muy importante que los niños sepan que ir con la información no va a traerle una consecuencia o castigo al hermano, pues de ser así, el eterno chismorreo de unos y otros no terminaría nunca. El tiempo en familia se malgastaría en ese tipo de dinámicas y nunca quedaría nadie satisfecho. Esto no quiere decir que no escuchemos y estemos alerta para situaciones de abuso que definitivamente deben ser detenidas (y preferentemente comprendidas buscando el porqué de la conducta). Es importante considerar las diferencias de edad y de tamaño entre los niños, así como sus estilos y temperamentos.

Una forma de intervención que sí puede ayudar a construir la relación entre los hermanos es cuando actuamos como traductores: "Tu hermano se enojó porque en verdad quería jugar contigo", o cuando les ayudamos a ver el mundo emocional de los otros: "Tu hermana está nerviosa porque mañana entra a la secundaria". Estas descripciones pueden acompañarse de peticiones: "Tratemos de ser amables con tu hermano: le duele la boca porque le acaban de apretar los *brackets*". Como padres es válido pedir a la familia que sea considerada y cuidadosa con quien atraviesa un período de estrés o por dificultades personales; esta educación permite que el cerebro desarrolle las conexiones de la empatía.

Sin embargo, pretender que nunca haya diferencias entre los hermanos implicaría acabar con la relación. La agresión es parte fundamental de cualquier relación humana, y aprender a regularla y canalizarla –nunca a negarla–, hace de la relación un intercambio más rico a través del cual maduran los seres humanos.

MITO 12

Todo su futuro está en mis manos. Yo debo hacerlo un hombre o una mujer de bien

Una gran fuente de ansiedad parental es la creencia de que de uno depende *todo* el futuro de nuestros hijos: *yo* tengo que hacerlo una persona de bien.

Esta angustia y falta de confianza en los recursos de nuestros hijos provoca una profunda necesidad de control; queremos controlar sus acciones, sus pensamientos y sentimientos: "no te enojes", "tienes que amar a tu hermano", "no, tu maestra no es así, no pienses esas cosas" y por supuesto "no hagas *x*, haz *y*, y hazlo ahora".

En su libro sobre disciplina, Vidal Schmill describe cómo los padres muchas veces asumimos una gran carga moral porque creemos en la fantasía de que lo que hagamos o dejemos de hacer determinará el futuro, feliz o infeliz, de nuestros hijos.

Pues la noticia es que no existen pruebas concluyentes de que lo que hagas como madre o padre sea *el* factor que determina su felicidad o su integridad moral. Claro que somos una influencia importante, pero no la única. Actualmente, muchos expertos coinciden en que el resultado al final del crecimiento es la combinación entre la crianza y la disposición genética. Al final, los hijos toman sus propias decisiones y tienen sus propios aprendizajes, y en este proceso podemos acompañarlos, pero no controlarlos.

En realidad, el control es una ilusión. Por eso, a lo largo de este libro hemos hablado de que la alternativa es *trabajar con* nuestros hijos para resolver los problemas, cambiar nuestro enfoque y ver "los problemas de disciplina o límites" como algo que debemos resolver juntos, padres e hijos, motivándonos a conectar emocionalmente. Así es como se desarrollan las habilidades para enfrentar situaciones difíciles, así es como el cerebro construye y ejercita los cableados neuronales que le permiten funcionar de manera integrada y empática. Recordemos que a largo plazo no son los castigos, sino la reflexión guiada por los padres, lo que hará que los niños construyan una brújula moral de conducta y no solo un censor de miedo que haga que se oculten para actuar de cierta manera, o que tengan miedo a moverse y vivan paralizados, o que la misma angustia los haga vivir de manera impulsiva.

Debemos admitir, dice Taffel[15] que en última instancia no podemos controlar las conductas de los niños. Esto no es nada sencillo, sobre todo si consideramos que uno de los grandes miedos que tenemos es a perder el control de nuestros hijos o quedarnos impotentes frente a ellos. Somos capaces de engancharnos en batallas enormes y con frecuencia ridículas con tal de sentir que nosotros somos los que tenemos el control, como si eso fuera lo realmente importante. A lo largo del libro hemos insistido en que lo más importante y nuestro activo más poderoso es el vínculo de amor y confianza; la verdadera conexión viene cuando nos colocamos en ese lugar que dice "no puedo controlarte, al final es y será tu decisión". Cuando logramos entender esto, la lucha de poder desaparece, y podemos poner en el centro el amor y el vínculo. Se trata de reconocer nuestros

---

15 Ron Taffel, *Childhood Unbound. The Powerful New Parenting Approach That Gives our 21st Century Kids the Authority, Love and Listening They Need to Thrive*, Nueva York, Free Press, 2009.

propios límites sin por eso renunciar a nuestra opinión y nuestros sentimientos. Taffel le llama el *momento zen* a ese instante en el que frente a tu hijo asumes la paradoja de ser tan claro como te sea posible en relación a tus expectativas, al mismo tiempo que admites tus limitaciones; ya entonces le puedes hacer llegar tu amor y tu consejo. Cuando logramos esto dejamos de ser los policías de nuestros hijos para convertirnos en sus padres. Comparemos frases como "te prohíbo comer esa chatarra", con "ya hemos hablado muchas veces de qué es una nutrición saludable; qué comas y qué dejes de comer es tu decisión, y tu cuerpo es el que sufrirá las consecuencias". O "De ninguna manera debes golpear a tus compañeros" con "A mí los golpes me parecen la peor solución, me gustaría saber si puedes pensar en otras opciones… Claro que yo no estaré ahí para ver qué decides…".

El efecto de admitir las limitaciones es reconocer el afecto como el motivador fundamental de la buena conducta; si la relación es buena, los niños querrán complacernos, aunque cada tanto necesiten probar los límites y vivir las consecuencias de estas pruebas. La mejor preparación para la vida se la damos cuando nos comprometemos emocionalmente con ellos y compartimos nuestra vida cotidiana y las historias de nuestra familia, cuando los escuchamos, resolvemos los conflictos que surgen de la convivencia cotidiana y nos divertimos juntos.

La vida no siempre es armoniosa y fluida, pero debemos tener cuidado de que el conflicto y las dificultades no activen nuestro ánimo controlador, lo cual no quiere decir que en ciertas ocasiones los niños no requieran un límite firme y tajante basado en nuestra experiencia y sentido común.

Otras veces sucederá que no haya nada que podamos hacer para "arreglar" las cosas cuando nuestros hijos están en un mal momento. Ahí lo único que podemos ofrecer es nuestra presencia. También puede suceder que no nos quieran cerca; entonces, lo mejor que podemos hacer es comunicarles nuestro amor, darles su espacio y estar disponibles cuando ellos estén listos para hablar de lo sucedido.

El antídoto para la necesidad de control es la confianza. Cuando logramos hacer a un lado nuestros miedos, ansiedades y nuestras falsas creencia, para cuidar el vínculo de amor y conexión, podemos confiar en nuestros hijos, en lo que son y en lo que les hemos ido enseñando a través del diálogo y del ejemplo.

CAPÍTULO 9

Los niños y las pantallas, ¿y nosotros?

No somos antipantallas, somos proconexión.

KIM JOHN PAYNE

Lo más triste de la vida actual es que la ciencia acumula conocimientos más rápido de lo que la sociedad acumula sabiduría.

ISAAC ASIMOV

¿Por qué incluir este capítulo? Como sabemos, la situación con las pantallas y las redes siempre ha sido compleja y delicada; sin embargo, desde la pandemia, el uso de la tecnología se volvió exponencial y pareciera que, hasta cierto punto, hemos perdido el control.

Actualmente, vivimos en un mundo muy diferente del que habitamos hace cientos de años. Bruce Perry[1] describe de qué manera el mundo moderno que inventamos nos aleja tanto de nuestras capacidades genéticas como de nuestras preferencias y cómo esto nos genera conflictos. El reto que enfrentamos hoy es que el ritmo de invención supera al ritmo con el que podemos resolver problemas. Y uno de estos problemas es nuestra relación con las pantallas y cómo ha empobrecido nuestra *salud relacional* en la casa, en el trabajo y en la escuela, puesto que pasamos horas y horas frente a las pantallas; en promedio, 11 horas al día, según señala Perry. El resultado es desastroso: una población más ensimismada, más ansiosa y más deprimida.

Pero, amantes de la tecnología —o sea, casi todos—, no dejen de leer; sabemos que, como dice Lucas Raspall, las pantallas no son la puerta al fin del mundo ni hay que librar una batalla contra la tecnología (curiosamente, la publicación aparece en su cuenta de Instagram). Lo vital, por un lado, es regular

[1] Bruce Perry y Oprah Winfrey, *¿Qué te pasó? Trauma, resiliencia y curación*, México, Diana, 2023.

su uso, es decir, desarrollar lo que Bruce Perry llama *higiene tecnológica*: tener claro que estamos aprendiendo a manejar una tecnología superpoderosa —en ocasiones, altamente adictiva—, y que esto requiere que, además de tomar decisiones conscientes y activas, encontremos estrategias para regular *eso* que los desarrolladores quieren que consumamos sin límite. Por otro lado, resulta esencial que cultivemos las relaciones y la conexión humanas, las interacciones cara a cara y la capacidad para vivir completamente el ciclo relacional descrito por Tronick y Gold:[2] *armonía, ruptura* y *reparación*.

Cuando hablamos de los niños y las pantallas, parecería que el problema es cómo se relacionan nuestros hijos con los recursos digitales, pero la realidad es todavía más compleja, ya que el primer impacto que ellos reciben de las pantallas es la manera en que distraen a los adultos. Por eso, en este capítulo, empezaremos hablando del impacto de las pantallas en los padres, para después hablar del que tienen en los bebés, los niños y, finalmente, los adolescentes. Cerraremos con algunas sugerencias específicas de qué y cómo hacer para tratar que nuestros hijos usen de manera segura las redes y las pantallas.

LAS PANTALLAS Y LOS ADULTOS

Las pantallas, el internet y las redes nos regalan infinidad de recursos y posibilidades, además de no una, sino cientos de ventanas al universo: la oportunidad de resolver dudas y de zanjar discusiones en cualquier momento echando un vistazo a Wiki-

---

[2] Ed Tronick y Claudia M. Gold, *El poder del conflicto. El secreto de los altibajos en las relaciones y cómo construir intimidad y confianza*, México, Paidós, 2021.

pedia o la de saber de nuestros seres queridos al instante con un mensaje de WhatsApp; en fin, son una forma de sentirnos permanentemente conectados con lo que no está en el aquí y el ahora, aunque con el resultado paradójico de desconectarnos de lo inmediato y, por supuesto, eso incluye a nuestros hijos. Somos una generación de "padres altamente distraídos",[3] sin embargo, sabemos que estar presentes para otro ser humano es el mayor regalo que podemos darle, pero entonces, ¿cómo nos protegemos de la manera en la que las pantallas secuestran nuestra atención y presencia?

Bruce Perry, en su libro de conversaciones con Oprah,[4] habla sobre la dificultad para estar verdaderamente presentes y del impacto negativo que esto tiene para lograr un desarrollo saludable, puesto que los seres humanos, desde el nacimiento, necesitan presencia y conexión. También describe que el cerebro de los infantes está tratando de entender cómo funciona el mundo y que, al ser criaturas sociales, una parte esencial en este proceso es el sentido de pertenencia, el cual se desarrolla cuando recibimos señales que indican que somos importantes y que formamos parte del clan. Esto requiere darle atención al infante, deambulador o niño, pero no una atención dividida, sino totalmente comprometida: te veo, te escucho y estoy aquí contigo. Los cuidados desdeñosos generan una sed insaciable de amor y una incapacidad para amar, pues no puedes dar lo que no has recibido.

Un ejemplo muy claro de lo que pasa cuando los padres y las madres se desconectan del bebé se observa en el video del paradigma de la cara fija (disponible en YouTube). Al respecto,

---

3 Kim John Payne, *El alma de la disciplina. Crianza con simplicidad. Para una guía cálida, firme y calmada, desde pequeños hasta adolescentes*, México, Pax, 2021.

4 B. Perry y Oprah Winfrey, *op. cit.*

Tronick y Gold[5] aclaran que los padres o madres en el celular no replican este paradigma, pues su atención está en algo más, es decir, un padre usando el celular está distraído, mas no ausente. La forma en que los niños interpretan al padre o a la madre en el teléfono móvil tiene sus raíces en una historia de interacciones momento a momento desde su desarrollo más temprano. Esto quiere decir que la reacción del niño está arraigada en su historia relacional.

En mi opinión, necesitamos trabajar nuestra relación con las pantallas desde dos perspectivas; por un lado, estaría lo que Perry llama *higiene tecnológica*, y por el otro, la curiosidad para descubrir lo que hay detrás de cuándo y cómo usamos las pantallas y las redes.

a) Higiene tecnológica. Necesitamos prácticas sociales, reglas para determinar cómo y cuándo utilizar las redes y las pantallas (igual que las prácticas de higiene de los cirujanos que se implantaron en el siglo XIX), que nos indiquen zonas y momentos libres del teléfono, así como dosificación del tiempo en pantalla y formas para curar nuestras redes (a quién seguimos, qué tipo de información dejamos que entre a nuestro cerebro, etcétera).

b) Observación y curiosidad. Es decir, ¿cómo uso las redes?, ¿en qué momento saco el teléfono y me desconecto mirando su lisa superficie?, ¿qué necesidad estoy cubriendo con el uso del celular?

Tronick y Gold[6] hacen una magnífica descripción de cómo, dependiendo de nuestra propia historia relacional, la sensa-

---

[5] E. Tronick y Claudia M. Gold, *op. cit.*
[6] *Idem.*

ción de desconexión o el cansancio nos puede empujar a utilizar las redes. Las historias relacionales individuales determinan el grado de estrés que se experimenta por la desconexión producida por la falta de atención de la pareja relacional, y esto sucede igual en un niño que en un adulto, ya sea que la pareja se desconecte para echar un vistazo al móvil o para mirar el periódico. Si luego de esto, la persona recurre a su propio dispositivo para calmar sus sentimientos de angustia frente a la conexión perdida, entrará en un círculo vicioso. El uso del móvil produce entonces una mayor desconexión, no solo aumentando la ansiedad, sino también privando a la persona de los efectos calmantes de la conexión cara a cara. La ansiedad producida por la desconexión nos puede llevar una y otra vez a la pantalla. En estos casos, Tronick y Gold nos dicen que el problema primario es el estrés relacional generalizado, no el dispositivo.

De lo anterior, lo importante sería ponernos curiosos respecto a cómo y cuándo usamos las redes y pantallas. Si simplemente tratamos de eliminar "el síntoma" sin averiguar lo que está detrás de esas conductas, no resolveremos lo que está limitando nuestra capacidad para mantenernos conectados con nuestros hijos (o bien, a ellos con nosotros).

El *modelo de regulación mutua* explica que a un padre o a una madre, que se encuentra desbordado por las necesidades de sus hijos y que no cuenta con el apoyo necesario, le será muy complicado establecer las interacciones y la conexión que sus niños necesitan, por lo que estos tardarán más en desarrollar las habilidades de autorregulación, lo que se manifestará en conductas desreguladas, berrinches y un patrón de sueño impredecible. La falta de sueño y los conflictos constantes estresarán más a los padres, quienes se volverán emocionalmente inaccesibles, y la dificultad de los niños para manejar sus propias emociones y conductas se exacerbará. El estrés de ser madre o padre de un infante fuera de control puede empujar, tanto a los adultos como a los niños, al uso de la tecnología. Así, el teléfono no es la causa del problema, sino el resultado de esta historia de interacción momento a momento, caracterizada por un desajuste no reparado. La solución no es prohibir el acceso a las pantallas (aunque probablemente sí lo es regularlo), sino buscar el apoyo necesario para lograr estar presentes y disponibles para nuestros hijos.

Perry[7] afirma que la desconexión de nuestros hijos es una enfermedad, pues los estamos criando en un medio relacionalmente empobrecido y con sobrecarga sensorial, debido a la proliferación de la tecnología basada en pantallas.

Anhelamos la conexión y la buscamos en las redes sociales: tuiteamos, posteamos, damos "me gusta", coleccionamos "amigos" o seguidores y recorremos al infinito las *apps*, pero el anhelo no se satisface. Para Bruce Perry, una parte de la ansiedad que experimenta nuestro mundo moderno es resultado del constante bombardeo de novedades, en especial, las novedades sociales, y de la ausencia de balance que brinda la conexión relacional. Las interacciones hechas en redes son, con frecuencia, huecas y están motivadas por nuestra necesidad de pertenecer, pero lo que generan es una conexión que no satisface el anhelo de conexión.

Sin embargo, el uso problemático del celular puede ser, con frecuencia, la respuesta a problemas preexistentes de falta de apoyo, de depresión y ansiedad. El empleo excesivo de la tecnología, según Tronick y Gold, puede entenderse no como el problema en sí, sino como el síntoma de un problema subyacente. Cumple una función adaptativa. Y una vez que entendemos la necesidad detrás de la conducta, podremos abordarla

---

7 B. Perry y Oprah Winfrey, *op. cit.*

para atenderla y, de esta manera, resolver el uso desmesurado de la tecnología.

"Nuestra excesiva dependencia de la tecnología y las redes sociales puede ser un síntoma de un movimiento social y cultural que nos aleja del 'batidillo' normal de las relaciones humanas. Si es así, solo la inmersión en las relaciones puede aportar una solución".[8]

Payne[9] propone 10 estrategias para colocar la conexión con nuestra familia por encima de la conexión con las pantallas:

1. Anticipa. Si estás esperando un mensaje importante, avísale a tu hijo.
2. Ten un plan B. Si debes tomar una llamada mientras estás con tu hijo, conecta con él realizando alguna actividad sencilla que luego pueda continuar solo. Procura que la llamada sea breve y asegúrale a tu hijo que, si no te interrumpe, esta será aún más breve.
3. Agradece. Dale las gracias por esperarte.
4. Sé respetuoso con la persona que llama, expresa tu interés y la necesidad de llamarla en otro momento, pues estás con tu hijo.
5. Reconecta con tu hijo después de la llamada, no es necesario algo grande, un apapacho o un comentario sobre lo que está haciendo es suficiente.
6. Echa un vistazo a tus mensajes, pero no te desconectes por completo y avísale a tu hijo que puede esperar.
7. Si necesitas revisar tu celular, hazlo cuando tus hijos estén absortos en la actividad que están realizando.

---

8 E. Tronick y Claudia M. Gold, *op. cit.*, p. 182.

9 K. J. Payne, *op. cit.*

8. Designa, a lo largo del día, tiempos libres del celular, por ejemplo: la hora de ir a dormir, las comidas o cuando hacen la tarea.
9. Si tu hijo tiene celular, invítalo a seguir reglas similares.

Disminuir nuestro tiempo en pantalla implica volver a sentirnos cómodos con, simplemente, pasar el rato en familia. No necesitamos entretener a nuestros hijos ni generar experiencias extraordinarias, necesitamos reaprender a estar juntos en un mismo espacio donde cada uno haga lo que requiera, pero compartiendo comentarios y observaciones. Kim John Payne[10] afirma que existe una conexión entre las familias con relaciones fuertes y el bajo uso de las pantallas.

LAS PANTALLAS, LOS BEBÉS Y LOS DEAMBULADORES

Muchos estudios citados por Markham, Payne y Perry detallan que los niños menores de 3 años no deben ver pantallas porque afectan el desarrollo del cerebro.

El cerebro, explica Perry, está organizado de tal manera que la visión es el sentido dominante. Las imágenes pueden evocar respuestas poderosas porque nuestro cerebro tiene predilección por contenido visual colorido y en movimiento. Cuando se combinan estos dos elementos en una pantalla, la atención del observador queda inevitablemente atrapada. Esto, aclara el mismo Perry, no es necesariamente malo, sino hasta que se vuelve tan placentero y atractivo para el cerebro que empezamos a priorizarlo entre otros estímulos sensoriales menos in-

[10] Kim John Payne, *Being at Your Best When Your Kids Are at Their Worst: Practical Compassion in Parenting*, Colorado, Shambhala Publications, 2019.

tensos y estimulantes. Un infante o bebé que prefiere la pantalla se perderá de otras formas críticas de aprendizaje. Necesita explorar para determinar el sabor, textura y olor de las cosas, debe conocer el mundo a través de *todos* sus sentidos. Ninguna pantalla desarrollará el lenguaje como la conversación con otro ser humano; no permitas que ningún vendedor de tecnología te convenza de que su producto es mejor que la conexión humana, mucho menos mejor que la conexión contigo (aun cuando, comprensiblemente, estés cansado).

Cuando los bebés y los niños pequeños utilizan las pantallas, empiezan a tener la experiencia de que, con el menor toque, hacen que cosas mágicas sucedan, pero esto, como nos dice Payne, no es verdad. Si quieres que algo suceda en el mundo, necesitas utilizar tu cuerpo y tus sentidos para lograrlo: la fuerza, los músculos, el cuerpo empleando herramientas. La falta de esta información puede ser un elemento más en las dificultades sensoriales de muchos niños hoy en día. Los niños necesitan jugar con palos, construir fuertes, experimentar el entorno con su cuerpo, tener experiencias físicas donde haya una correspondencia entre, por ejemplo, el peso de un objeto y el esfuerzo para levantarlo, entre correr o brincar y sentir el corazón latir más fuerte como resultado del ejercicio. Este tipo de experiencias y sensaciones les permite mapear su cuerpo y el mundo. La consciencia corporal es muy importante a cualquier edad, ya que es una de las maneras en las que procesamos las emociones y regulamos nuestro sistema nervioso: hacer cosas con el cuerpo nos conecta con él, realizar cosas en pantalla nos desconecta, sobre todo si lo hacemos antes de tener la experiencia corporal.

Lucas Raspall sugiere, en su cuenta de Instagram, estar conscientes de las asociaciones que hará el cerebro de los pequeños si resolvemos cierta situación dándoles una pantalla:

- Si le das una pantalla cada vez que come, no sabrá qué come, si le gusta o no, ni reconocerá si tiene apetito o ya está saciado.
- Si le das una pantalla cada vez que se frustra o se siente mal, no tendrá la posibilidad de fortalecer los recursos para saber qué siente, por qué y cómo gestionar sus emociones.
- Si le das una pantalla cada vez que se aburre, perderá el estímulo necesario para activar la creatividad y desplegar distintas formas de juego.

LAS PANTALLAS Y LOS NIÑOS

Educar en tiempos de internet representa un gran reto para las familias. Las pantallas, si se emplean correctamente, pueden convertirse en una valiosa fuente de información y aprendizaje; si se utilizan de manera incorrecta o como una forma para evadirse, favorecen el aislamiento, la dependencia, el sedentarismo y el acceso a contenidos inapropiados para menores. Las familias, nos reporta Sonia López,[11] debemos favorecer que nuestros hijos accedan al mundo digital de manera gradual y con la formación (y conexión, si se me permite agregar) necesaria para que puedan sumergirse en él y emplearlo responsablemente. Debemos evitar que las pantallas se conviertan en la única alternativa frente al aburrimiento o que provoquen una desconexión del mundo real que lleve a un aislamiento; con frecuencia, el verdadero antídoto para eso es la conexión con nosotros, con los cuidadores, ya sea jugando o leyendo, es decir, haciendo algo

---

[11] Sonia López Iglesias, "Ocho claves para educar a nuestros hijos de forma responsable en el uso de la tecnología", *El País*, 2021.

juntos (lo sé, no siempre será posible, pero recordemos que, a veces, iniciarlos en una actividad puede tomar 10 o 15 minutos, y luego ellos pueden seguir jugando durante un largo rato).

Nuestra mayor preocupación, afirma Payne, debería ser cómo las pantallas interrumpen la sintonización y el apego. La pregunta no es, necesariamente, cuál es el peligro de las pantallas, sino qué queremos para nuestros hijos.

Cuando un niño pasa demasiado tiempo en una pantalla, tendrá una gran dificultad para entender que las otras personas tienen necesidades, pues los centros de la empatía en el cerebro no se desarrollan igual.[12] Las interacciones cara a cara informan y estimulan el córtex prefrontal medial, donde se encuentra la capacidad para la conexión social. Es esencial no subestimar el rol que representa tener acceso a los músculos del rostro, las expresiones faciales, la voz melódica, el parpadeo y los movimientos de la boca.

Bruce Perry menciona que una de las cosas que olvidamos con frecuencia es el poder y la importancia que el contacto físico tiene para el crecimiento tanto físico como emocional; contacto que, obviamente, las pantallas son incapaces de proveer. Asimismo, el uso indiscriminado y el tiempo desmedido en pantalla no favorecen el desarrollo del lenguaje, la atención y la concentración. La Academia Estadounidense de Pediatría (AAP, por sus siglas en inglés) exhorta a que los niños de 18 a 24 meses eviten pasar tiempo frente a las pantallas, a menos que sea para comunicarse por videollamada y acompañados siempre de un adulto; también sugiere que el tiempo de exposición a las pantallas en los niños de 2 a 5 años no exceda una hora al día.

Otro problema con las pantallas es que obstaculizan que el niño viva a su familia como su base segura (recordemos la

[12] Kim John Payne, *Being at Your Best When Your Kids…*

teoría del apego revisada en el capítulo 2), que es lo que permite que los valores familiares sean el punto de referencia para los infantes. Así, los niños quedan expuestos a los anuncios y a la manipulación de los publicistas que quieren restringir a los padres respecto a la capacidad de compra y al tiempo de uso de las pantallas. Limitar el tiempo en pantallas y cuidar a detalle qué ven nuestros hijos debería ser de vital importancia para todos, pues se trata de que sean los valores familiares los que conformen la brújula que les permitirá a los niños tomar decisiones, no los mensajes de los publicistas.

Otro criterio interesante respecto a la edad correcta para usar pantallas es el que nos ofrece Markham en una entrevista publicada en su página Aha! Parenting.com; para ella, los niños pequeños no deberían conectarse con las pantallas más que en situaciones excepcionales. En su opinión, no es sino hasta que el hábito de la lectura se arraigue que el niño puede empezar a interactuar con pantallas y tecnología.

No es novedad que competir con las pantallas resulta extremadamente difícil, pues la estimulación que ofrecen aumenta en el cerebro los niveles de dopamina, activando todo el *eje de gratificación*. El niño se acostumbra a una mayor estimulación debido a que obtiene más placer y más gratificación. Esta es una de las razones por las que el uso de las pantallas se asocia con las adicciones, como veremos cuando hablemos de las pantallas y la adolescencia.

La reacción emocional intensa que un niño tiene al suspender su tiempo en pantalla es una muestra del valor negativo y desmedido que se les ha conferido a estos artefactos.

Eddie tenía 8 años cuando Martha, su mamá, me comentó que estaba desesperada por las explosiones de este cuando era momento de dejar de jugar

Fortnite. Se enfurecía, gritaba, insultaba y se desregulaba por completo (¿se acuerdan de los desbordes emocionales cuando la corteza se desconecta y el niño reacciona desde las estructuras subcorticales, activando sus respuestas de sobrevivencia? Pues así reaccionaba Eddie, como si su vida estuviera en peligro). Ambos vinieron a platicar conmigo. Comenzamos hablando de los videojuegos y de lo increíble que eran, para luego preguntarle a Eddie si tenía consciencia de lo difícil que era dejar de jugar y sobre lo que sucedía entonces en su cuerpo. Eddie dijo que sí, que era muy difícil, incluso cuando desde el principio supiera cuánto tiempo tenía permitido jugar. Le pedí que cerrara los ojos y se imaginara jugando feliz y que su mamá llegaba a decirle que era tiempo de dejarlo; después, le ofrecí papel y colores para que dibujara lo que pasaba en su cuerpo en ese momento (utilizamos la técnica de la galleta de jengibre desarrollada por Maggie Kline, descrita en su libro *Brain-Changing Strategies to Trauma-Proof Our Schools*).[13] Con el dibujo, Eddie tomó consciencia de la intensidad de lo que sentía y comprendió que necesitaba ayuda para dosificar los videojuegos: una cosa era "querer" jugar y otra muy distinta "necesitar" jugar, como si fuera cuestión de vida o muerte.

Entonces, acordamos que necesitaba reglas que lo ayudaran a regular su uso de videojuegos, confiando en que con el tiempo lo podría hacer él solo. Firmamos un contrato donde se comprometía a no jugar videojuegos entre semana y a ver en total 40 minutos de videos. Llegamos a esto en consenso y acordamos que, si no lo cumplía, la consecuencia sería restar un día de videojuegos o videos el fin de semana.

Me complace compartirles que Eddie cumplió el contrato y que, eventualmente, pudo volver a jugar entre semana no más de 20 minutos diarios, sin reaccionar de manera desbordada cuando era el momento de dejar de jugar.

Me encanta esta viñeta porque es un claro ejemplo de cómo resolvemos problemas con nuestros hijos sin imponerles de-

[13] Maggie Kline, *Brain-Changing Strategies to Trauma-Proof Our Schools: A Heart-Centered Movement for Wiring Well-Being*, California, North Atlantic Books, 2020.

cisiones. Sin embargo, no olvidemos que hasta los 12 años (aproximadamente) somos nosotros, los adultos, quienes tomamos las decisiones; esto no quiere decir que las impongamos, sino que sostenemos el espacio para poder pensar juntos y para hacerlos sentir profundamente escuchados y, al final, porque tenemos la visión de largo plazo y la capacidad para mantenerlos seguros. Somos nosotros los que tomamos decisiones para mantenerlos a salvo, pero lo hacemos pensando en su seguridad, sus necesidades y sus expectativas. Es esencial, dice Payne, escuchar cuáles son los deseos de nuestros hijos alrededor del uso de las pantallas; para ello, podemos pedirles que defiendan su postura y argumenten lo que están pidiendo. Solo si los hacemos sentir escuchados y que realmente tomamos en cuenta sus necesidades, ellos estarán en condiciones de escucharnos a nosotros para llegar a acuerdos que consideren las necesidades de toda la familia.

Entre los 9 y 13 años, describe Payne, suceden transformaciones importantes en el cerebro. El cuerpo calloso (eso que une los dos hemisferios) se engrosa y se generan nuevas conexiones que permiten establecer la causa-efecto en situaciones sociales y emocionales, pero para hacerlo, los niños necesitan estar involucrados con la familia. Antes de esto, lo que dominaba era una perspectiva egocéntrica, donde el niño se sentía la causa de todo lo que sucedía en su universo, sin embargo, ahora empieza a entender que tiene un impacto en el mundo y en las relaciones, y que esto también sucede a la inversa.

Quiero subrayar la importancia del juego no estructurado y del contacto con la naturaleza para el desarrollo integral de las infancias. Jugar en la naturaleza le da al niño la oportunidad de tener un solo foco de atención, en lugar de un multifoco. El mundo digital les pide que constantemente dividan su atención, pues les ofrece varias historias a la vez. *Estar en la naturaleza* les permite realinear su habilidad para mantener un único foco de atención, lo que es inmensamente importante para su aprendizaje, pues garantiza la mielinización de esa parte del cerebro que posibilita el foco único: el lóbulo frontal. El tiempo en la naturaleza y el juego son los dos antídotos para la división de la atención a la que se obliga a los niños hoy en día. Las pantallas suelen tener un ritmo rápido y fragmentado, con varias historias a la vez.

Es importante entender que, en la relación con las pantallas, la edad y el nivel de desarrollo del cerebro son fundamentales, pues mientras más pequeño sea el niño, la posibilidad de que su cerebro deje de desarrollar ciertas capacidades cuando usa las pantallas será mayor. En el caso de los menores de 12 años, dice Payne, su cerebro no tiene la capacidad de moderar o de manejar su tiempo en las redes, no poseen las habilidades ejecutivas del lóbulo frontal que les permiten decir “suficiente” para desconectarse y hacer la tarea o bajar a cenar. Con la madurez fisiológica y cognitiva, además de nuestro acompañamiento, pueden desarrollarlas, como sucedió con Eddie que, después de unos meses de cumplir el contrato, llegó a nuevos acuerdos con su mamá.

Al igual que con nosotros mismos, es importante preguntarnos constantemente si las dificultades que enfrentan los niños son causadas por la tecnología, o bien, si son las dificultades de diversas áreas (relacionales, sensoriales, etc.) las que generan un uso excesivo de las pantallas. La respuesta a esta pregunta conllevará maneras muy diferentes de abordar la situación.

LAS PANTALLAS Y LOS ADOLESCENTES

En sus investigaciones publicadas este año (2023), Common Sense Media reporta:

> Los resultados refuerzan lo que hemos constatado una y otra vez a lo largo de esta investigación: los adolescentes que ya están en situación de riesgo o se enfrentan a problemas de salud mental son más propensos a tener experiencias negativas con las redes sociales. Pero esos mismos adolescentes también son más propensos a valorar los beneficios de las redes sociales, como encontrar recursos, comunidad o apoyo. Y aunque algunas plataformas presentan más dificultades que otras, son las características que suelen ser universales en todas las plataformas —como compartir la ubicación o los filtros de fotos— las que parecen tener una mayor influencia en las experiencias de las chicas con las redes sociales, tanto positivas como negativas.

Como podemos ver, la situación es compleja y amerita observar con detenimiento la relación de los adolescentes con las pantallas y las redes. Para educar a los adolescentes en la era digital, sin caer en el odio a la tecnología, debemos recordar en todo momento que requieren de alguien que los acompañe, les explique y les enseñe a pensar críticamente.[14] El reto es educar para la vida *online,* no rendirnos y dejarlos solos. Dejarlos solos es negligencia, y la negligencia es maltrato.

La velocidad a la que estamos inventando el mundo le está ganando a la habilidad para entender el impacto de estas invenciones.[15] No tenemos claro el impacto de las redes y de los teléfonos inteligentes en el cerebro de nuestros hijos pequeños y adolescentes, y lo que es peor, nos hemos declarado incompetentes para acompañarlos y guiarlos, con la justificación de que ellos son los *nativos digitales.* La innovación tecnológica parece crear un cisma entre generaciones. Aunque lo que definitivamente ya estamos entendiendo es el nefasto impacto

---

[14] Eva Bailén, "El reto de educar a los adolescentes en lo digital sin caer en el odio a la tecnología", *El País,* 2023.

[15] B. Perry y Oprah Winfrey, *op. cit.*

que conlleva para el desarrollo social pasar 11 horas frente a una pantalla.

Una buena pregunta para plantearles a los adolescentes es: ¿Quién quieres que maneje tu cerebro: tú o las compañías de tecnología que diseñan *apps* y juegos adictivos?[16]

Así pues, no se trata de dejarlos solos, sino de estar ahí para hacer las preguntas con la claridad de que la mayoría de los adultos no sabemos lo suficiente sobre tecnología, pero sí sobre la vida y el balance. Se trata de sostener el espacio de nuestros adolescentes con curiosidad y sin juicio para que puedan autoobservarse: percibir si logran desconectarse de las redes sin desregularse, entender si las usan para desconectarse de una experiencia interna demasiado estresante. Se trata de darles una educación emocional y mediática que permita mirar sus hábitos digitales (y yo... ¿estoy consciente de los míos?).

A partir de los 13 o 14 años aproximadamente, debe haber un cambio en cómo nos relacionamos con nuestros hijos y en la manera de acompañarlos. En esta fase, plantea Payne, somos una guía, por ello, les preguntamos: "¿Cuál es tu dirección en la vida? ¿Hacia dónde te diriges?"; y cuando algo no va bien, los cuestionamos: "¿Qué pasa? ¿Esto es una distracción de la dirección que quieres tomar o es una nueva dirección?". Para mí, es importante subrayar aquí el respeto con el que nos dirigimos a los adolescentes, al igual que con los niños, es decir, los consideramos interlocutores válidos y nos interesamos en su perspectiva e intención; cuando les hacemos preguntas queremos realmente escuchar sus respuestas, sin interpretar ni asumir, sino pidiéndoles que nos ayuden a entender.

---

[16] Debbie Steinberg Kuntz, entrevista en internet con la Dra. Shefali Tsabary, 2023.

En esta edad, los adultos podemos ayudar a los jóvenes a darle dirección a lo que hacen; no pretendemos que no usen pantallas y redes, sino que las empleen con cierta dirección, como dice Payne, a hacer del *networking* social un activismo social. Invitarlos a que utilicen las redes como un vehículo para ir hacia donde quieren. Como dijimos antes, nuestros hijos nos necesitan, aun en este tema en el que, con frecuencia, consideramos que saben mucho más que nosotros; por tanto, hay que acompañarlos y ayudarlos a detectar cuando el tiempo en redes es excesivo, cuando la calidad de la información es muy pobre o cuando están perdiendo su dirección porque están demasiado distraídos.

Necesitamos estar conscientes del poder de las redes y pantallas, conscientes de la necesidad de acompañamiento y contención cuando tienen que aprender a manejar un recurso tan poderoso y potencialmente adictivo. Debemos monitorear con regularidad los sitios y la manera en que están manejando sus redes. No hacerlo es negligencia, y la negligencia en la crianza es una forma de violencia. Queremos seguir hablando con ellos sobre lo que sucede en las redes y en su vida en general, haciéndoles sentir que somos un recurso para ellos. Como dice Payne, "ser proconexión y no antipantallas".

Un muy buen ejemplo de los riesgos implícitos en las redes y del uso del *smartphone* es este texto publicado por la especialista en adolescencia Casey O'Roarty, en su boletín del 7 de abril del 2023, donde cuenta que su hijo fue víctima de sextorsión.

La sextorsión se produce cuando alguien te amenaza con distribuir material privado o sensible (por ejemplo, desnudos) si no le das dinero. Esto está ocurriendo. Les pasa mucho a nuestros hijos.

Y antes de que pienses "Mi hijo sabe más" o "Nuestro *software* de vigilancia es lo suficientemente bueno", debes saber que esto le ha pasado a mi hijo. Y hemos tenido todas las conversaciones. Y tenemos límites de pantallas y pláticas sobre su uso. Y le pasó a él.

Fue terrorífico. Estaba asustado. La gente que se metía con él era espabilada y le hizo creer que su vida se iba a acabar de verdad si no enviaba dinero. Acudió a su hermana y luego, juntos, vinieron a mí.

Finalmente, mi hijo decidió tomar un camino empoderado y hacer público en sus redes sociales lo que le estaba sucediendo. Optó por hablar y dejar que otros que estaban pasando por lo mismo que él supieran que no estaban solos. Hay más detalles en esta historia; fue turbia, sin duda, pero al final, mi hijo creció a través de esta experiencia.

Lo más trágico de esta tendencia a la sextorsión –y es algo que va en aumento– es que muchos de nuestros hijos, de nuestros chicos, no creen que puedan contárselo a sus padres. Se sienten acosados, amenazados, asustados y avergonzados, y están solos para afrontarlo. Por eso quiero asegurarme de que tengas conversaciones sobre esto con tus hijos. Tienen que saber que los ayudarás sin culparlos, avergonzarlos o humillarlos si se encuentran en este tipo de situación. Tienes que asegurarte de que te crean.

Hay una razón por la que nuestros hijos no comparten con nosotros lo que les pasa: no se sienten seguros de hacerlo. Nuestros adolescentes van a cometer errores, no hay forma de evitarlo; y si consideran que no puedes aceptarlo y ayudarlos sin hacerlos sentir peor de lo que ya se sienten, no van a acercarse a ti.

Esto puede ser de vida o muerte. Hay demasiadas historias de jóvenes que son víctimas de sextorsión y que ven como única salida acabar con su vida. Se puede prevenir. Asegúrate de estar ahí para ellos.

Y sí, mantén conversaciones sobre cómo estar seguros en internet, establece límites, consigue un buen *software* de control y advierte que tus hijos probablemente metan la pata. Tienen que saber que puedes dar la cara por ellos cuando lo hagan. No des por sentado que lo harán, habla de ello. Y luego vuelve a hablar de ello.

Payne sugiere acercarnos a nuestros hijos y preguntar: "¿Cómo va todo?, cuéntame, ayúdame a entender este mundo del que yo no conozco tanto, ayúdame a entender". Hay que aprender a escuchar y a dejarlos hablar respecto a los límites que piensan que deberían tener en cuanto al uso de las pantallas y toda esta conversación. Al igual que cuando eran pequeños, debe suceder en un momento donde ambos cerebros, el del adulto y el del adolescente, estén integrados y con capacidad de conexión. Hay que escuchar con interés en su lógica para ayudarlos a discriminar entre lo que los mantiene en ruta y lo que los distrae.

Alrededor de los 13 años, el poder de la influencia de los iguales aumenta, obviamente esto se ve potencializado con las redes sociales; con todo, en este momento, los jóvenes poseen más recursos para manejar la presión social que unos años atrás. Sí marca una diferencia que nuestros hijos empiecen a utilizar redes sociales dos o tres años antes. De hecho, autores como Payne y Markham consideran que no deberíamos darles teléfonos inteligentes antes de los 16 años. Payne pregunta por qué les entregaríamos antes de esta edad la herramienta más poderosa que la humanidad ha inventado. Para él, es muy importante empezar, en primer lugar, con una computadora, y solo después con el teléfono, pues el hecho de que el móvil esté disponible todo el tiempo lo hace mucho más difícil de regular. Incluso prestarles por momentos el celular de alguno de los padres genera una diferencia que favorece la capacidad para regularlo.

Mantengámonos cerca de nuestros hijos, dialoguemos con ellos, tratemos de entenderlos, aun cuando nos parezcan "grandes" o cuando sean temas en los que sentimos que no sabemos nada y creamos que no tenemos nada que decir…

Recordemos, además, como dice Payne, que las redes sociales generan cámaras de resonancia que nos aíslan de las opiniones de personas distintas a nosotros, creando una tendencia a relacionarnos con los que hacen eco a nuestras ideas y pensamientos.

Las pantallas y la adicción

Cuando hablamos de pantallas, es importante considerar su potencial adictivo, y para hacerlo me gusta la definición que nos regala Payne: "La adicción es una tendencia creciente y compulsiva a evitar el dolor, el aburrimiento, el aislamiento o la soledad, sustituyéndolos por estímulos externos".

Usamos de manera adictiva las pantallas en lugar de encarar lo que hay en nuestro interior, generamos una estimulación externa con ellas. Si una pantalla, dice Payne, provee la estimulación necesaria para que nunca nos sentemos de manera silenciosa con nosotros mismos, esta tiene, definitivamente, un potencial adictivo.

Markham sostiene que los creadores de los videojuegos los hacen deliberadamente adictivos; por ejemplo, el pulso de nuestros hijos aumenta simplemente al pensar en Fortnite. Frente a esta situación, lo único que puede permitirle a un adolescente respetar los acuerdos respecto a los videojuegos es la relación con nosotros, sus padres, más si el vínculo es de amor, confianza y con límites claros (y con todo, es probable que fallen). Al igual que Payne, Markham vuelve a subrayar la importancia de la conexión.

Cuando un adolescente rompe su palabra respecto a los videojuegos o al uso de redes, no hay que tener miedo de utilizar el término *adicción*, pues como dice Markham, cualquier cosa que te haga anular repetidamente lo que valoras (tu palabra, tu integridad, tu relación con tu madre) para hacer algo por una buena sensación momentánea es una adicción.

La retroalimentación instantánea es adictiva, y la producción de dopamina, que se segrega con cada sonido que nos notifica que tenemos un mensaje, o que recibimos un "me gusta" o que tenemos un seguidor, también es adictiva.

Evidentemente, este es otro factor por el que a menor edad, mayor es la vulnerabilidad de los niños frente a las pantallas, pues están más indefensos a lo que Payne llama *el coctel de dopamina, adrenalina y cortisol* que genera su uso.

Es importante recordar, como menciona Markham, que es normal que los adolescentes nos mientan (no olviden el Mito 7), pero eso no quiere decir que no vamos a exhortarlos a reparar lo que hagan, en lugar de enfurecernos con ellos y de llenarlos de calificativos que los devalúen. Así, la invitación es encontrar la manera en que van a reconstruir la confianza. A continuación, un ejemplo de conversación propuesto por Markham en el caso de un joven que no cumplió con los acuerdos sobre el uso de los videojuegos.

Era muy difícil para ti resistirte, y yo no me di cuenta y no te ayudé. Y era tu responsabilidad decirme que estabas tentado a romper la promesa que me hiciste y que necesitabas mi ayuda para cumplirla. Siempre te ayudaré. Desde que rompiste tu promesa conmigo, nuestra relación necesita algo de trabajo para reconstruir la confianza entre nosotros. Te perdonaré y estaré aquí para apoyarte, pero eres tú quien tiene que hacer el trabajo para reconstruir la confianza entre nosotros. De esto que sucedió, aprendí que eres tan adicto al Xbox que incluso traicionarías nuestra relación por jugar más. Así que no más Xbox hasta que nuestra relación esté reparada. De verdad.

En ese momento, podrás usar el Xbox durante cortos períodos, pero tendrás que demostrarme tu habilidad para dominar el canto de la sirena. Así que antes de que vuelvas a usarlo, firmaremos un acuerdo al respecto. Por ahora, lo vamos a guardar.

Y también quiero reconocer que, aunque tomaste la decisión de traicionar nuestra confianza yendo en contra de nuestro acuerdo, creo que yo también he hecho cosas que han dañado nuestra relación (aquí se sugiere que reconozcamos lo que hemos hecho nosotros para distanciarnos de nuestro hijo). Eso es un síntoma de la brecha que hay ahora entre nosotros. Creo que esa brecha es en parte culpa mía.

Quiero disculparme por cualquier cosa que haya hecho y que haya creado conflicto entre nosotros. Y me comprometo contigo a hacer todo lo que pueda para reconstruir nuestra relación.

Tú tendrás que hacer lo mismo –esta reparación tiene que venir de ti–, pero sé que nuestra relación es una calle de doble sentido. Quiero que me digas qué es lo que te impide sentirte cerca de mí. Eso no significa que pueda darte todo lo que quieres: soy tu madre y tengo que mirar por el bien de todo tu ser, no solo por lo que tú quieres en un momento dado. También significa que siempre te escucharé y te comprenderé. Nunca podría querer a nadie más de lo que te quiero a ti y no hay nada más importante para mí que tengamos una relación fuerte. Incluso cuando no pueda darte lo que quieres, te prometo que te daré algo mejor: un padre que te entiende y cree en ti, pase lo que pase.[17]

Como pueden ver, no se trata de castigar, sino de crear una nueva regla y de darle el apoyo a nuestro hijo para que pueda mantener su palabra. (En el caso de las mujeres es probable que el problema no sean los videojuegos, sino las redes sociales y el tiempo que pasan en ellas, pero lo demás se mantiene).

CONCLUSIONES

Recordemos el concepto de Perry, "higiene tecnológica", y también lo que dice Raspall, no se trata de satanizar las pantallas y las redes, sino de estar conscientes de su impacto y sus riesgos

---

[17] Laura Markham, *When Preteens Break Your Video Game Rules*, Aha! Parenting.

para que, con determinación y conciencia, trabajemos en regularlas estableciendo en casa normas de uso que sigamos todos.

Estemos conscientes de que lo que parece ser una solución a corto plazo (distraerlos con las pantallas) sí puede tener un impacto en el desarrollo y la salud mental de nuestros hijos. La solución no es solo regular el uso de las pantallas, sino promover activamente los momentos de conexión familiar, esos momentos uno a uno, los de convivencia alrededor de los juegos de mesa, de cocinar juntos, armar un fuerte, en fin, todas las actividades que permiten una inmersión e interacciones cara a cara.[18]

Como hemos visto, resulta esencial entender que considerar las pantallas el problema es dejar fuera la mitad de la ecuación; como dicen Tronick y Gold, hay que tomar en cuenta si el uso desmedido o desregulado de las pantallas es la punta del iceberg, es decir, el síntoma que indica una problemática más profunda, o si en verdad son nuestro problema. Para hacerlo, necesitamos ser compasivos y curiosos con nuestros hijos y con nosotros mismos, la invitación es abrazar el batidillo emocional que implican las relaciones humanas y desde ahí actuar.

¿Qué hacer?

Laura Markham, en su magnífica página Aha! Parenting.com, sugiere que nos hagamos las siguientes preguntas: ¿Qué aparatos electrónicos vas a permitir en tu casa? ¿Cómo puedes enseñar a tus hijos a utilizarlos de forma responsable? ¿A qué edad es apropiado presentar cada tipo de pantalla y aplicación a tu hijo? ¿Cómo vas a modelar la relación que quieres que tus

---

[18] E. Tronick y Claudia M. Gold, *op. cit.*

hijos tengan con la tecnología? Es responsabilidad de los padres gestionar la actividad de sus hijos en internet porque se trata de una esfera pública (a diferencia de un diario, que es privado), lo que significa que los adultos deben mantenerlos a salvo y enseñarles a ser ciudadanos digitales responsables.

En términos prácticos, o para saber por dónde empezar, aquí algunas sugerencias para ayudar a nuestros hijos a usar correctamente la tecnología basadas en el artículo de Sonia López Iglesias[19] y en la página de Laura Markham:

1. Edúcate a ti mismo para tomar las decisiones difíciles: usa controles parentales, pídele a tu hijo que te "amigue" en todas las redes sociales, establece el mayor nivel de privacidad posible en todas las *apps*, infórmate sobre cómo funciona cada red social para acompañar a tu hijo.
2. Establece, junto con ellos (véase viñeta de Eddie), normas y límites de uso que sean claros y firmes, incluyendo el empleo de controles parentales, no porque no confíes en ellos, sino porque entiendes lo increíblemente difícil que es regular el tiempo en pantallas y *apps*.
3. Mantén conversaciones diarias con tu hijo cuando utilice por primera vez una red o tecnología para revisar qué surge y cómo lo maneja.
4. Establece un horario que permita respetar el descanso y las horas de sueño (los celulares deben permanecer fuera de la habitación de los adolescentes siempre, recordemos que la Sleep Foundation recomienda nueve horas de sueño para los jóvenes).

---

19 Sonia López Iglesias, *loc. cit.*

5. Deja claro que internet debe ser un espacio de convivencia positivo; esto implica hablar una y otra vez sobre el respeto como la principal forma de relacionarnos en línea y en persona. Ser cruel en línea o esparcir rumores es igual que hacerlo en persona.

6. Educa a tu hijo. Asegúrate de repetir, una y otra vez, que lo que postea en línea es permanente; que lo más seguro es no compartir contraseñas con nadie, ni con amigos; que no debe publicar su ubicación ni decir en línea lo que no diría en persona, si puedes, utiliza ejemplos para cada caso. Invítalo a confiar en su intuición y a buscar ayuda con algún adulto para cualquier tema que le preocupe, incluyendo algún tipo de *bullying*.

7. Protege a tus hijos de la pornografía. Es esencial que asumas que, si tu hijo tiene acceso a internet, eventualmente verá pornografía, la cuestión es cuándo (estadísticamente, la edad es 8 años). Por eso, es fundamental que antes de que la vea, ya hayas hablado con él de este tema.

8. Interésate en conocer los contenidos que les llaman la atención. Recordemos la frase de Payne "ayúdame a entender", "cuéntame más...", etc. Infórmalos y haz que tomen consciencia sobre los peligros del uso incorrecto de internet (*grooming, sexting*, ciberacoso y, como vimos antes, sextorsión).

9. Pacta con ellos espacios y momentos en casa libres de conexión de pantallas y sé el mejor ejemplo de su uso.

10. Ofréceles planes alternativos que giren en torno a la conexión. Recuerda: no somos antipantallas, somos proconexión.

11. Mantente atento a las posibles señales que te alerten que tus hijos usan las pantallas en exceso: disminución

de la comunicación familiar, progresivo aislamiento social, cambios bruscos de humor, apatía, desmotivación, incremento o pérdida de peso, cansancio o bajo rendimiento académico.

12. Revisa si el problema son las pantallas, o bien, si las pantallas son el refugio o síntoma de una problemática más profunda (no tienes que esclarecerlo tú, siempre puedes pedir el apoyo de un terapeuta experto en niños y adolescentes).
13. No dejes de mantenerte actualizado y curioso, ¡tu hijo te necesita!

CONTRATO

PARA EL BUEN USO DEL TELÉFONO CELULAR

Este contrato tiene por objetivo regular el uso del teléfono celular. Al firmarlo, yo ______________________________
(nombre del niño)
me comprometo a cumplir las siguientes cláusulas:

1. Contestar siempre las llamadas de mis padres.
2. No usar el teléfono celular mientras hago tarea o estudio, en los momentos de convivencia familiar ni antes de dormir.
3. Dejar de usarlo a las ______________ (horario acordado) de lunes a viernes y a las ______________ (horario acordado) los fines de semana.
4. No tenerlo en mi cuarto durante la noche.
5. Cargar la batería del celular en ______________ (espacio del hogar) y no usarlo mientras se encuentra cargando.
6. Instalar únicamente las siguientes aplicaciones con la autorización de mis padres: ______________________________
____
____
7. Agregar a mis padres a las redes sociales que uso sin restringirles mis publicaciones ni el contenido que comparto.
8. No enviar ni reenviar mensajes con contenido ofensivo o inapropiado.
9. Confiar plenamente en que mis padres me ayudarán cuando necesite apoyo, tenga algún problema o alguien me esté molestando.
10. Repararlo si se estrella, rompe o sufre algún otro tipo de daño.

En caso de incumplir con alguna de las cláusulas, acepto que ______________________________
(nombre de los padres)
decomise(n) mi teléfono celular por el tiempo que considere(n) necesario.

ACEPTO

______________________________	______________________________
Nombre y firma del hijo(a)	Nombre y firma del padre/madre

Conclusiones

La parentalidad exitosa se encuentra en los momentos humanos que conducen a la risa, las lágrimas que conducen a los abrazos, los retos que conducen a las soluciones y los errores que conducen al aprendizaje.

L.R. KNOST

Gracias por haber llegado hasta aquí, gracias por querer ser un mejor papá o mamá. Espero que hayas disfrutado del recorrido. Me encantaría preguntarte qué te llevas, qué te resultó útil de esta lectura.

No existe una única manera correcta de ser papás. Mi intención al escribir este libro solo es evidenciar ciertas creencias erróneas sobre la infancia para poder abrir el espacio mental y emocional que nos permita dirigir a nuestros hijos una mirada nueva, más empática, y así cuestionarnos lo que antes dábamos por sentado de manera inconsciente.

Es importante revisar qué es lo que verdaderamente creemos, porque al hacerlo podemos llegar a ser conscientes. Los consejos o propuestas como las que te presentamos en este libro pueden resultarte útiles, pero para que los cambios perduren a largo plazo, es necesario que para ti tengan un sentido profundo y que trabajes por incorporarlos a tu vida.

A lo largo de estas páginas hemos insistido en que lo más importante en el proceso de crianza es la relación que los padres construyen con sus hijos, y si leíste este libro, es porque estás tratando de construir una relación a través de la presencia consciente y empática, que te permitirá estar emocionalmente conectado con tu hijo. Recuerda que habrá muchos momentos difíciles en los que reaccionemos desde las creencias antiguas, desde lo que recibimos siendo niños. No te rindas, sigue trabajando para conectar, validar y reflexionar con tu hijo.

Quiero destacar que cuando hablamos de conectar no se trata simplemente de nombrarles a los hijos lo que están sintiendo y mucho menos hacerlo con la intención de que esos sentimientos desaparezcan. Si nombramos sus emociones, es necesario tener la intención de sintonizar con ellos tratando de entender la manera específica en que están sintiendo lo que les estamos nombrando. Después de conectar podemos buscar soluciones junto con ellos. Si nombramos mecánicamente la emoción, en realidad lo que estamos buscando son estrategias para que se calmen. Los niños lo sabrán y es probable que se enojen.

No es sencillo transmitir esto por escrito, y sin embargo es absolutamente esencial. Permítanme tratar de dar un ejemplo. Frente al enojo de nuestro hijo podemos decirle: "Ay, ya te enojaste". En efecto le estamos describiendo lo que está sintiendo, pero si lo decimos con cierta irritación que implica un "aquí vamos de nuevo", sin realmente valorar el porqué de su enojo, definitivamente no estamos conectando con él. Si le decimos "Ay, ya te enojaste" y nuestro tono refleja una genuina preocupación por esa experiencia difícil que nuestro hijo está pasando, entonces no solo le estamos nombrando lo que siente, sino que también estamos conectando. En el primer caso simplemente se le devuelve al niño su sentimiento con la expectativa de que se regule mágicamente; en el segundo lo recibe y se le hace saber que lo ayudaremos o lo acompañaremos mientras logra manejarlo.

Recordemos que la esencia de la regulación emocional, como la describe Gerhardt, es que alguien responda a lo que te está pasando en el momento, procesando los sentimientos junto contigo. En el caso de nuestros hijos esto implica un reconocimiento de la totalidad del niño, es decir, de su aspecto psicológico, cognitivo y emocional. ¿Cómo se logra esto? Estando verdaderamente presentes en la interacción, sabiendo que en ese momento nuestro hijo está tratando de manejar algo complejo y difícil en su mundo interno, recordando que sus conductas no son gratuitas, ni sus dificultades, caprichos.

Esta manera de estar presentes y la posibilidad de hacer la pausa antes de reaccionar son, en mi opinión, los dos grandes retos que como papás enfrentamos. De ahí parte todo lo demás si queremos ser capaces de ser padres empáticos y conscientes. Ser empáticos nos permite conectar con ellos y ayudarlos a regularse emocionalmente. Ser conscientes implica saber qué me está pasando a mí y qué es lo que podría estarle pasando a nuestro hijo, además de mantener en mente el momento evolutivo del niño y sus condiciones de cuidado.

Dada la dificultad de lo que describimos, es importante realizar un trabajo personal, ya sea a través de un proceso de autoconocimiento, como las psicoterapias, o a través de un trabajo con el propio estado mental, como sucede en las prácticas de atención plena y meditación. La práctica consciente y reflexiva de las artes marciales también puede ayudar.

Trabajar en desarrollar la pausa tiene que ver con aceptar que muchas veces no sabemos qué está pasando en el mundo interior de nuestros hijos, y que por eso, en lugar de brincar a conclusiones falsas, debemos siempre perseguir el porqué profundo de su conducta, y mientras lo hacemos tenemos que espejear el sentimiento que vemos en ello: "Estás enojado, lo entiendo, es horrible que tu hermano vaya al futbol y tú no".

Son muchos los caminos y muchos los estilos parentales, pero las que no varían son las necesidades infantiles básicas. Los niños nos necesitan para ayudarles a desarrollar una buena regulación emocional. Ellos se apoyarán en nosotros para regularse en la medida que nosotros estemos en esencia bien regulados. Cuando nos regulamos tenemos la capacidad de permitir que los sentimientos corran por el cuerpo libremente, mientras conservamos la capacidad mental de notarlos y pensarlos, para así elegir si los actuamos o no. No es una cuestión de fuerza de voluntad, sino de integración del funcionamiento cerebral. La mente no controla ni niega los sentimientos, sino que los reconoce y los usa para guiar su conducta. Por eso es tan importante que exista una congruencia entre nuestro tono de voz, nuestro lenguaje corporal y nuestros sentimientos. Cuando nuestras palabras dicen algo distinto a nuestras emociones, como cuando usamos un tono dulce pero realmente estamos furiosos, el niño se sentirá confundido y tendrá una mayor dificultad para regularse. Recordemos que la capacidad de regulación emocional es la base del bienestar.

Cuando estamos bien regulados, podemos poner nuestra energía en la solución de los problemas. Este es el otro gran eje de la relación con nuestros hijos, ¿cómo vamos a resolver juntos las muchas dificultades en las que tenemos que ayudarlos en este largo camino de respetar las reglas, regular sus impulsos y tomar en cuenta las necesidades propias y ajenas? La invitación es colaborar con ellos. Nosotros como adultos somos los que tenemos claros y presentes los objetivos a largo plazo, pero podemos incluir a los niños y sus opiniones cuando se trata de elegir la forma de llegar ahí.

Dialoguemos con ellos, es decir, seamos breves en nuestras intervenciones y luego escuchemos lo que tienen que decir. Tratemos de entender cuál es su punto de vista y cuál es su lógica, entonces podremos ser empáticos sin perder de vista nuestro objetivo final.

Recordemos que los problemas conductuales suelen ser problemas de conexión; por eso cuando estos aparecen es importante no solo revisar nuestro estilo al disciplinar (que es enseñar), sino también preguntarnos cómo está nuestra conexión con ellos: ¿cuándo fue la última vez que nos reímos juntos? ¿Cuándo, la última vez que tuvimos un proyecto por resolver o construir o cocinar que nos diera placer a todos? ¿Cuándo, la última que nos quedamos dormidos estando acurrucados en la cama? ¿Cuándo fue la última conversación que nos permitió saber algo que ignorábamos de él?

Otro aspecto que quiero resaltar antes de despedirme es la importancia de reparar la conexión. Todos sabemos, porque lo vivimos cotidianamente, que es imposible vivir juntos sin tener roces, malentendidos o francos enojos. Todo esto va a suceder con nuestros hijos y es normal, incluso necesario. Lo que nuestro hijo necesita aprender es que siempre existe la posibilidad de reparar; esto es, fundamentalmente, volver a hacerlo sentir amado, restableciendo la cálida conexión entre ambos. Una vez restablecida la conexión podemos hablar de lo sucedido sin que las emociones desbordantes nos secuestren, buscando lo que podríamos haber hecho diferente y haciendo planes sobre qué hacer la próxima vez en una situación similar, es decir trabajar juntos en solucionar el problema.

Reparar la conexión es esencial para hacer sentir querido al niño y para construir las condiciones de apego seguro que le permitan crecer, salir al mundo y prosperar.

No te desanimes, ser los mejores padres que podamos ser es, sin duda, el mayor reto de la vida y el más valioso. Se trata de levantarnos todos los días convencidos de que queremos trabajar para tener una mejor relación con nuestros hijos, siendo compasivos con ellos y con nosotros mismos, y conservando (o desarrollando) el sentido del humor.

Recuerda:

- Obsérvate a ti mismo, sé consciente de tu estado mental (la música que está sonando en la película de tu mente) y de lo que sientes.
- ¿Qué es tuyo y qué es de tu hijo?
- Haz pausa y pregúntate:
  i. ¿Por qué actuó así mi hijo?
  ii. ¿Qué quiero enseñarle?
  iii. ¿Cuál es la mejor manera de enseñárselo?
- Conecta-valida-redirige.
- Reflexiona con ellos en el momento correcto (cuando el cerebro no está desbordado por las emociones).
- Busca el porqué profundo de las conductas.
- Se trata de resolver juntos los problemas.
- Confía en ti mismo y en ellos. Sabemos que no es una tarea sencilla, así que para poder acompañarte en el trajín cotidiano, hemos diseñado una "hoja de refrigerador", con la idea de que la recortes y la pegues en un lugar bien visible, justamente como el refri.
- Recuerda que según Knost:[1] La solución para cada problema de parentalidad comienza con estas pequeñas palabras. *Conexión*: "Estoy aquí"; *comunicación*: "Te escucho", y *cooperación*: "¿Cómo puedo ayudarte?"

[1] L. R. Knost, *The Gentle parent: Positive, Practical, Effective Discipline*, Orlando, F. L., Little Hearts Books, 2013.

Bibliografía

Aamodt, Sandra y Sam Wang, *Welcome to Your Child's Brain. How the Mind Grows from Conception to College*, Nueva York, Bloomsbury, 2011.

Ainsworth, Mary, "Attachments across the life span", *Bulletin of the New York Academy of Medicine*, 61 (9), 1985, pp. 770-881.

Bailén, Eva, "El reto de educar a los adolescentes en lo digital sin caer en el odio a la tecnología", *El País*, 2023.

Barocio, Rosa, *Disciplina con amor. Cómo poner límites sin ahogarse en la culpa*, México, Pax, 2004.

Bettelheim, Bruno, *Diálogos con las madres de niños normales* [Antonia Kerrigan, trad.], Barcelona, Barral Editores, 1971.

Bowlby, John, *Una base segura*, Buenos Aires, Paidós, 1989.

———, *El vínculo afectivo*, Buenos Aires, Paidós, 1976.

Brazelton, T. Berry y D. Joshua Sparrow, *Discipline The Brazelton Way*, Cambridge, Da Capo Press, 2003.

——— y Greenspan, I. Stanley, *The Irreducible Needs of Children, What Every Child Must Have to Grow, Learn, and Flourish*. Cambridge, Da Capo Press, 2000.

———, *Cómo entender a su hijo. Aprenda a interpretar y manejar las reacciones y problemas comunes de la infancia* [Gisela Wulfers de Rosas, trad.], Bogotá, Norma, 1997.

Brill Ariadne, *Twelve Alternatives to Time Out: Connected Discipline Tools for Raising Cooperative Children*, libro electrónico, Positive Parenting Connection, 2014.

Corwin, G. Donna, *The Time Out Prescription, A Parent's Guide to Positive and Loving Discipline*, Chicago Ill., Contemporary Books, 1996.

Cozolino, Louis, *The Social Neuroscience of Education: Optimizing Attachment and Learning in the Classroom*, Nueva York, W.W. Norton & Company, 2013.

_______, *The Neuroscience of Psychotherapy, Building and Rebuilding the Human Brain*, 2a. ed., Nueva York, W.W, Norton and Company, 2010.

Ekman, Paul, *Por qué mienten los niños. Cómo los padres pueden fomentar la sinceridad* [Montse Ribas Casellas, trad.], Barcelona, Paidós, 1999.

Faber, Adele y Elaine Mazlish, *How to Talk so Kids Will Listen and Listen so Kids Will Talk*, Nueva York, Avon Books, 1982.

Fraiberg, H. Selma, *The Magic Years, Understanding and Handling the Problems of Early Childhood*, Nueva York, Scribner, 2008.

Frankl, Viktor E., *El hombre en busca de sentido*, Barcelona, Herder, 2013.

Gerhardt, Sue, *Why Love Matters, How Affection Shapes a Baby's Brain*, Nueva York, Routledge, 2008.

Ginott, G. Haim, *Between Parent and Child* [Rev. Ginott, Alice and Goddard, H. Wallace], Nueva York, Three Rivers Press, 2003.

Go To Educational Technology, *Sex Education: It's More Than Learning About How Babies Are Made!*, Libro electrónico, 2013.

Goleman, Daniel, *La inteligencia emocional. Por qué es más importante que el cociente intelectual*, México, Punto de Lectura, 2003.

Hendrix, Harville y Helen Hunt, *Giving the Love that Heals, A Guide for Parents*, Nueva York, Pocket Books, 1997.

Johnson, Sue, *Hold Me Tight: Your Guide to the Most Succesful Approach to Building Loving Relationships*, Londres, Hachette Digital, 2011.

Kabat-Zinn, Myla y Jon, *Everyday Blessings, The Inner Work of Mindful Parenting*, Nueva York, Hyperion, 1997.

Knost, L. R., *The Gentle Parent: Positive, Practical, Effective Discipline*, Orlando, F. L., Little Hearts Books, 2013.

Kohn, Alfie, *The Myth of the Spoiled Child, Challenging the Conventional Wisdom about Children and Parenting*, Boston, Da Capo, 2014.

———, *Unconditional Parenting, Moving from Rewards and Punishment to Love and Reason*, Nueva York, Atria Books, 2005.

Levy, M. Terry y Michael Orlans, *Attachment, Trauma and Healing, Understanding and Treating Attachment Disorder in Children and Families*, Washington D.C., CWLA Press, 1998.

López Iglesias, Sonia, "Ocho claves para educar a nuestros hijos de forma responsable en el uso de la tecnología", *El País*, 2021.

Markham, Laura, *When Preteens Break Your Video Game Rules*, Aha! Parenting.com

Mathelin, Catherine, *¿Qué le hemos hecho a Freud para tener semejantes hijos? Notas a los padres apasionados por el psicoanálisis*, Buenos Aires, Paidós, 2002.

Moliner, María, *Diccionario de dudas del español*, 4a. ed., Barcelona, Gredos, 2016.

Payne, Kim John, *Being at Your Best When Your Kids Are at Their Worst: Practical Compassion in Parenting*, Colorado, Shambhala Publications, 2019.

———, *El alma de la disciplina. Crianza con simplicidad. Para una guía cálida, firme y calmada, desde pequeños hasta adolescentes*, México, Pax, 2021.

Perry, Bruce, *Born for Love*, Nueva York, Harper Collins Publishers, 2011.

Perry, Bruce y Oprah Winfrey, *¿Qué te pasó? Trauma, resiliencia y curación*, México, Diana, 2023.

Phelean, W. Thomas, *1-2-3 Magic: Effective Discipline for Children 2-12*, 4a. ed., Illinois, ParentMagic, Inc., 2010.

Rosemond, K. John, *The Well-Behaved Child: Discipline That Really Works!*, Nashville, Thomas Nelson, 2009.

_______, *The New Parent Power!*, Kansas City, Andrews McMeel Publishing, 2001.

_______, *¡Porque lo Mando Yo! Educación y disciplina con amor: ármelos y prepárelos para un futuro difícil*, México, Libra, 1993.

Schmill, Vidal, *Disciplina inteligente. Manual de estrategias actuales para una educación en el hogar basada en valores*, México, Producciones Educación Aplicada, 2004.

Sears, William y Martha Sears, *The Baby Book, Revised Edition: Everything You Need to Know About Your Baby, from Birth to Age Two*, Nueva York, Little, Brown and Company, 2013.

Serrano, Ana, *Ayudando a crecer. Guía para alimentar el desarrollo oportuno de los niños de cero a tres años*, México, Producciones Educación Aplicada, 2004.

Siegel, J. Daniel y Tina Payne Bryson, *No-Drama Discipline. The Whole-Brain Way to Calm the Chaos and Nurture Your Child's Developing Mind*, Nueva York, Bantam Books, 2014.

_______, *The Developing Mind. How Relationships and the Brain Interact to Shape Who We Are*, 2a. ed., Nueva York, The Guilford Press, 2012.

_______ y Tina Bryson, *The Whole Brain Child. 12 Revolutionary Strategies to Nurture your Child's Developing Mind*, Nueva York, Delacorte Press, 2011.

_______ y Mary Hartzell, *Parenting from the Inside Out. How a Deeper Self-Understanding can Help you Raise Children who Thrive*, Nueva York, Tarcher-Penguin, 2004.

Taffel, Ron, *Childhood Unbound. The Powerful New Parenting Approach That Gives our 21st Century Kids the Authority, Love and Listening They Need to Thrive*, Nueva York, Free Press, 2009.

Tronick, Ed y Claudia M. Gold, *El poder del conflicto. El secreto de los altibajos en las relaciones y cómo construir intimidad y confianza*, México, Paidós, 2021.

Winnicott, W. Donald, *Conozca a su niño. Psicología de las primeras relaciones entre el niño y su familia*, Buenos Aires, Paidós, 1991.

_______, *The Child, the Family and the Outside World*, Nueva York, Addison-Wesley, 1985.

Winslade, John, y Michael Williams, *Safe and Peaceful Schools. Addressing Conflict and Eliminating Violence*, California, Corwin, Thousand Oaks, 2012.

Páginas en Internet:

American Psychological Association, apa.org

Markham, Laura, Aha! Parenting, www.ahaparenting.com

Sonkin, Daniel, www.daniel-sonkin.com/articles/emotion_contagion.html

Brill, Ariadne, www.positiveparentingconnection.com